口絵 1●上エジプトの景観
テーベ西岸からナイル河方向を望む。砂漠の縁にあるのは、ラメセウム（ラメセスII世の葬祭殿。筆者撮影）

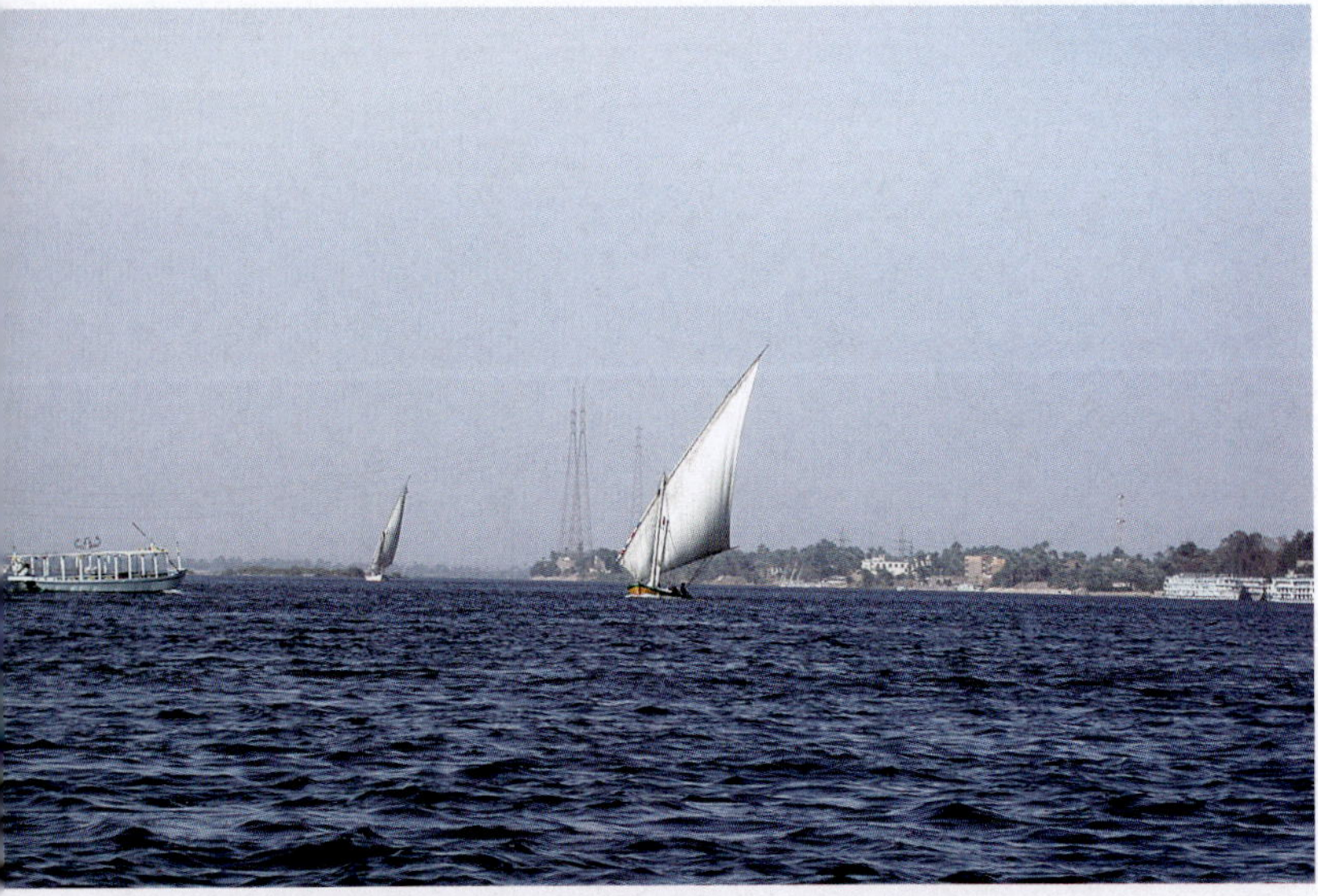

口絵２●ナイル河の景観（上、筆者撮影）
口絵３●「カセケムウィ王の砦」（下、第二王朝時代、ヒエラコンポリス遺跡。筆者撮影）

口絵４●「装飾土器」（上、彩文土器、ナカダⅡ期。中近東文化センター提供）
口絵５●「装飾土器」（上、彩文土器、ナカダⅡ期。中近東文化センター提供）

口絵6●ゲベル・エル=アラク出土のナイフ（右＝表、左＝裏、ナカダⅢ期、ルーヴル美術館蔵）

古代エジプト　文明社会の形成◉目次

口絵
目次　i
はじめに――文明の原型　vii
第1章……古代エジプトの自然環境……3
1　空から眺めたエジプト　3
2　エジプトの気候　5
3　ナイル河の増水　6
4　エジプトの景観　9
第2章……古代エジプトの歴史概観……18
1　農耕・牧畜のはじまり（続旧石器時代：前一二〇〇〇～五三〇〇年頃）　21
2　ナイル河流域における農耕・牧畜の定着（新石器時代：前五三〇〇～四二〇〇年頃）　24
3　社会の複雑化（先王朝時代：前四二〇〇～三一〇〇／三〇〇〇年頃）　26
4　統一国家の誕生前夜（ナカダIII期：前三三〇〇～三一〇〇／三〇〇〇年頃）　36

5　王朝国家の萌芽期（初期王朝時代：前三一〇〇／三〇〇〇～二六八〇年頃）　40
6　王朝国家の開花期（古王国時代：前二六八〇～二一九〇年頃）　52
7　第一中間期以降（前二一九〇年頃～三〇年）　60
第3章……古代エジプトの生活様式……65
1　農　業　66
2　牧畜業　79
3　狩猟・漁労・採集　85
4　調　理　91
5　住　居　99
6　衣服と装い　103
7　生活のサイクル　109
8　生活様式の確立と発達　111
第4章……古代エジプトの王と国家……114

1　王権　115
2　巨大王墓　133
3　官僚組織　160
第5章……古代エジプトの集落と外国……180
1　古代エジプトの都市と集落　180
2　外国との交易と交流　199
第6章……古代エジプトの宗教……215
1　神々の崇拝　215
2　葬制と来世観　230
第7章……古代エジプトの文字と図像表現……245
1　文字　245
2　美術　260

3　職人と工房組織　278
終　章……古代エジプト文明の形成……287
1　文明形成を見る視点　287
2　前からの視点　290
3　後からの視点　292
4　生活様式の成立　296
5　外国からの影響　297
あとがき　305
古代エジプト文明への理解をさらに深めるための文献案内　309
索引（逆頁）　347

はじめに――文明の原型

いわゆる「古代エジプト文明」は、前三一〇〇年頃つまり今から約五〇〇〇年前に始まり、前三〇年にエジプトがローマ帝国の属州になって終わった。すなわち、世界最古の文明の一つである。そしてその中心となった場所は、アフリカ大陸北東部のナイル河下流域であり、現在エジプト・アラブ共和国が存在するところである。

さて、このエジプトに発祥した古い文明は、どのような文明であり、どうしてそのような文明ができたのだろうか、という文明の形成について明らかにしようと思うとき、おそらくその文明を育んだ環境、人間、歴史を相互関係の中で捉える必要があるであろう。

というのも、まずは人間は食べて生きていかなければならず、そのためにはどうしても自然あるいは社会的な環境に生活の糧を左右されざるを得ないにちがいない。しかし、現代社会にもいろいろたつきの方法があるように、実際どのような方法で生計を立てていくかということを中心とする生活様式は、同じ環境の中でも一通りではないであろうし、なぜ過去の人々がその特定の生活様式を選ぶことになってしまったのかは、必然あるいは偶然を含む歴史的な展開を見てみないと分からないであろう。ましてや、文明のようなさらに込み入った事象を扱うとなれば、本来選択肢には無数の可能性があったに違いない。

このように考えてくると、一つの文明をある程度掘り下げて見るために、文明を作ったのは紛れもなく人間であるが、まずはそれを取り巻き選択範囲を規定する自然環境、その中で実際に選択された生活様式、そして生活基盤の上に築かれた文明ができあがってきた歴史的過程を見ていく必要があると思われる。

そのようなわけで、本書では環境とそれに適応した生活様式をまずは考えるが、それとともにあるいはそれよりも重要な要素として、とくに文明形成の歴史的過程を考えていくことの必要性を強調したい。というのは、同じ条件の中でも本来は無数に存在したであろうはずの選択肢の中で、ある特定の組み合わせを人間が選んでできあがってしまったのが各々の文明でように思われるからである。あるいは別の選択も不可能ではなかったはずであり、実際に古代エジプトよりも前と後の時代には同じ土地でも異なった選択が行われていたことは、それをはっきりと示す。また、実際にさまざまな要素がそろって古代エジプト文明ができあがるまでには、長い時間がかかっていた。このような意味で、古代エジプト文明は必然と偶然を人間が織りなした歴史的な産物であったとしか言いようがない。

本書では，古代エジプト文明の形成過程を明らかにすることが目的なので、取り扱う時期を主に農耕・牧畜がはじまった新石器時代から王朝時代初期の古王国時代までに限定し、とくに統一国家出現直後の初期王朝時代に重点を置いた。また、文明は社会的な現象であるため、当時の社会を描き出すことを心がけた。

本書の構成は、内容的に四つに分かれる。

第1章において、まずは古代エジプトの文明が生まれたナイル河流域の自然環境について簡単に述べる。それは私たちが住む日本とはかなり違っている。そしてこれを認識することなしに、当地で形成された文明を理解することは難しいであろう。

第2章では、エジプトにおける人類の歴史を、主に新石器時代以降、すなわち農耕・牧畜の誕生から古代エジプト王朝時代の終わりまでについて概略的に記す。後に述べるような農耕・牧畜を基盤とする古代エジプトの生活様式の成立や、古代エジプト文明の諸特徴が形成されていった過程を理解するためには、まず全体的な歴史の展開を念頭に置いておく必要があり、従来一般的に用いられている考古学的な時期区分や王朝時代の時代区分にしたがって、概略的な歴史像を描いておくことが有益であると思われるからである。

第3章では、古代エジプトの生活様式について述べる。現在のような環境改変の手段をあまり持たなかった古代人の生活はおおいに環境に適応せざるを得ないものであり、その意味で環境に大きく左右された。詳細に見れば時期的な変化はあるが、同じような生活様式が概ね近年まで続いてきたことからも、それは裏付けられる。古代エジプトの生活様式は、今日の日本とは大きく違っていたので、まずはこの章において読者に古代エジプトの生活に関するイメージを描いて頂くことは重要である。

そしてこの生活様式が、文明の基盤を支え、その形成に深くかかわってきたことが確実である。そこで、その後の文明形成について論を進めるためにも、基本的な古代エジプト人の生活様式について語ってみることにする。さらに、この章の中で、いつ頃こうした生活様式ができあがってきたかという、歴史的な生成過程も明らかにしてみたい。

第4章以降では、古代エジプト文明の特徴とその生成について述べる。古代エジプト文明の性格を、まずは基本的ないくつかの特徴を挙げることで明らかにし、さらにそれぞれの特徴がどのような歴史的経緯で生まれてきたのかについて述べる。というのも、古代エジプト文明は明らかに当地で確立された生活様式の上に成り立っているが、その文明の独自性を理解するためには、文明ならではの諸要素の出現こそが重要であったと考えられるためである。

したがって、本書においては第4章以降の古代エジプトの特徴とその発祥に関する記述が最も中心となる部分であり、分量にして本書の半分以上を占める。ここで取りあげる王権観、巨大王墓、文字、官僚組織、都市、交易、宗教、葬制、美術、工房組織のトピックは、いずれも古代エジプト文明の重要な特徴である。それらの多くは、王朝時代が始まった前三〇〇〇年頃に少なくともその萌芽と呼ぶことができるような原型ができあがり、その後約三〇〇〇年にわたって継続した王朝時代の間、保持されてきた。そうした意味で古代エジプト文明の本質的な部分であるとともに、別書を参照して後のエジプト史と比べることによって、本書では扱わなかった古代エジプト史内部の発展を知るための鍵にもなると思われる。

最後に終章において、本書のまとめとして、古代エジプト文明の原型がどのように形成されてきたのかについて論じてみた。

BC	エジプトの時代区分	王朝区分	下ヌビア	上エジプト 南部	上エジプト 中部	上エジプト 北部	下エジプト 南部	下エジプト デルタ	パレスチナの時代区分
	後期旧石器時代								後期旧石器時代
10000	続旧石器時代								続旧石器時代
				エルカブ文化		カルーン文化			先土器新石器時代
5000	新石器時代			ターリフ文化		ファイユーム文化	メリムデ文化		土器新石器時代
							オマリ文化		
4000	金石併用時代			ナカダ文化 I期	バダリ文化				金石併用時代
	初期青銅器時代		Aグループ文化 初期	II期		マーディ・ブト文化		(ブト遺跡)	
3500									初期青銅器時代I期
			古典期	III期	エジプトの文化的統一				
		第0王朝							
3000		第1王朝	末期	エジプトの政治的統一					初期青銅器時代II期

注：太字体：農耕・牧畜文化

表1●古代エジプト編年表

地中海
パレスチナ
テル・アヴィヴ
アシュケロン
テル・エラニ
エン・ベソル
アレクサンドリア
ブト
下エジプト
テル・イブラヒム・アワド
ミンシャト・アブ・オマル
テル・エル=ファルカ
コム・エル=ヒスン
メリムデ
カイロ
ギザ
マーディ
北部
メンフィス
トゥラ
サッカラ
ヘルワン
ダハシュール
タルカン
シワ・オアシス
ファイユーム
シナイ半島
上エジプト
東部砂漠
西部砂漠
メイル
デル・エル=ゲブラウィ
ファラフラ・オアシス
中部
バダリ
紅海
アクミン
ナガ・エル=デイル
南部
アビュドス
コプトス
ナカダ
ワディ・ハンママート
ダックラ・オアシス
カルーガ・オアシス
アルマント
テーベ
ゲベレイン
エル=カブ
エスナ
ヒエラコンポリス
エドフ
アスワン
エレファンティネ
第1急湍
ドンゴラ・オアシス
ナブタ・プラヤ
サヤラ
下ヌビア
アブ・シンベル
クストゥール
ブーヘン
ワディ・ハルファ
0
300km
第2急湍
上ヌビア（スーダン）

図1●古代エジプト全図

古代エジプト　文明社会の形成

第1章　古代エジプトの自然環境

1　空から眺めたエジプト

どのような文明も、それを育んだ環境の影響を受けずに成立することはあり得ない。とくに人類が意図的かつ有効な環境改変手段をたいして持たなかった初期の文明については、そうである。古代エジプト文明も、砂漠とナイル河に特徴づけられる環境と深く結びついていた。

ナイル河周辺のエジプトを含むアフリカ大陸北東部は現在、地中海沿岸地方を除くと、平均年間降水量がわずかに二〇～三〇ミリメートルという極度に乾燥した地域である。今日の日本と比べれば、この数値はほとんど雨が降らない環境であることを示す。その乾燥した砂漠の中を、世界最長の大河ナイルが南から北に向かって、エジプト南部の「大屈曲部」と呼ばれる途中で東に向かってやや出っ張ったところがあることを除けば、ほぼ一直線に北上していく（xiii頁図1）。遙か南方の赤道アフリカ近くに水源を持つナイル河は、一年中水が涸れることなく、ナイル河の両岸にだけは植物が繁茂し、動物が生息し、人間も居住することができた。

考えれば、雨の降らない砂漠のまっただ中を大河が流れているというのは不思議な光景である。今日飛行機や人工衛星から眺められるエジプトは、砂漠のやや赤っぽいサンド・ベージュとナイル河畔の緑との明瞭なコントラストを見せる（口絵1）。その緑の部分の形は、ちょうど古代エジプトの象徴である「ロータス（睡蓮）」が細長い茎の上に一輪の花を付けている姿に良く似ている。一筋になってエジプトを北上してきたナイルが、地中海の手前で三角州を形成していて、この三角州がちょうど上向きに開いた睡蓮の花のように見えるのである。つまりこれはナイル河が作り出した景観であり、もしも古代の人々が上空から見ることができたならば、概ねこれに近い景観を目にすることができたであろう。」

古代エジプトの人々は、ナイル河に沿った緑色に見える部分を「ケメト（黒い土地）」と呼び、それより外の「デシェレト（赤い土地）」と呼ばれる砂漠の世界と明瞭に区別していた。赤茶けた砂漠の中に、ナイル河が運んできた沖積土が着色した黒い土地に緑の植物がおい茂げっており、そこがまさに古代エジプト文明の主要な舞台であった。

2 エジプトの気候

現在のエジプトは、北部のカイロ付近で年間平均気温が二一・八度と日本の沖縄くらいである。しかしながら、乾燥した砂漠気候における平均気温の数値は、実際の体感気温とは大きく違う。それは一つには、エジプトにも季節があるからであり、もう一つは一日のうちにも砂漠気候特有の日照に応じた著しい気温変化があるからである。

日本人にとってはともすると常夏の国と思われがちのエジプトは、緯度からすると日本の沖縄くらいに相当する位置にある。同じ北半球にあるため、実際には日本と同じように冬には寒く、夏には暑い。しかしその季節性は、春夏秋冬という四季によって特徴づけられる日本の季節とはずいぶん異なる。夏至の六月下旬頃に最も気温が高くなり、冬至の一二月下旬頃に最も気温が低くなるが、日本の春や秋に相当するような、夏と冬の間の中間的季節は短い。

また、日本のような湿度の高い地域とは異なり、乾燥した砂漠の温度は日照に応じて短時間のうちに大きく変化する。したがって、夏にも冬にも、日中には温度が高くなるが、夜間にはずっと温度が下がることになる。このような短時間の温度変化は、エジプトの気候の大きな特徴である。

しかしながら、最も日本と異なる特徴は、そもそも自然と生活の季節性が、温度や降水量といった当地の天候だけに左右されるわけではないことである。人々の生活を左右する重要な季節性は、エジプト・ナイル河流域においては、ナイル河によってもたらされていた。

3 ナイル河の増水

古代エジプト文明が始まる遙か以前から、ナイル河は毎年夏季に著しく流水量が増える現象を起こした。このナイル河の流水量の変化こそが、ナイル河流域の人々にとって生活に最も大きな影響をあたえる季節性の源泉であった。

ときに「氾濫」あるいは「洪水」と呼ばれてきたこの現象は、実際にはゆっくりとした河川流水量の増加が引き起こす水位の上昇と川幅の増大である。氾濫や洪水という言葉からイメージされるような破壊的側面は少ないので、おそらく「増水」と呼ぶ方が適しているであろうため、本書ではこの用語を用いることにした。そしてこの増水は、ナイル河流域の人々の生活にとって、災害などでは全くなくて、むしろ豊かな実りをもたらす恵みだったのである。

ナイル河水源地方のエチオピア高原付近は、モンスーンの影響で夏季に集中的に雨が降る。簡単に言えば雨季と乾季があったわけであるが、下流のエジプトではこの雨季に対応して、毎年初夏から増水が始まった（図3）。増水の量やピークの時期は、毎年の雨量や流域における場所によって異なったものの、概ね毎年六月下旬頃からナイル河はゆっくりと水量が増し、九月頃に満水を迎えると、一〇月もしくは一一月頃には次第に水量が減って再び元の水位に戻った。増水は水位の上昇を招くだけではなく、冬場の水路からあふれた水が周囲の沖積低地を冠水させたため、増水時には川幅が大きく広がることになった。冬場に水が少ないときのナイル河は二キロメートル前後の川幅であるが、夏の増水時には一〇〜二〇キロメートルにもなり、大河の様相を顕わしたのである（図2）。つまりナイル河は、冬の低水位の時と夏の高水位の時とで全く別の風貌を持っていた。ちなみにこの増水は、二〇世紀半ばに上流にアスワン・ハイダムが建設され、水量がコントロールされるようになったため、現在では起こらなくなってしまった。

古代の人々にとってナイル河は、いわば命の源泉であった（口絵2）。後述するように、人々は生活用水と農業用水の大半をナイル河に依存しており、主要な食糧となる植物や動物もほぼ全てこの水によって育まれていた。さらにナイル河は、当時の交通にも重要な役割を果たした。砂漠の中や夏場の増水で冠水した沖積低地の中を陸路で進むよりも、ナイルに浮かべた舟の方が、遙かにスムーズに人や物品の移動を可能にした。とくに重量のある物品を運ぶ際には、舟の方が効率が良かった。した

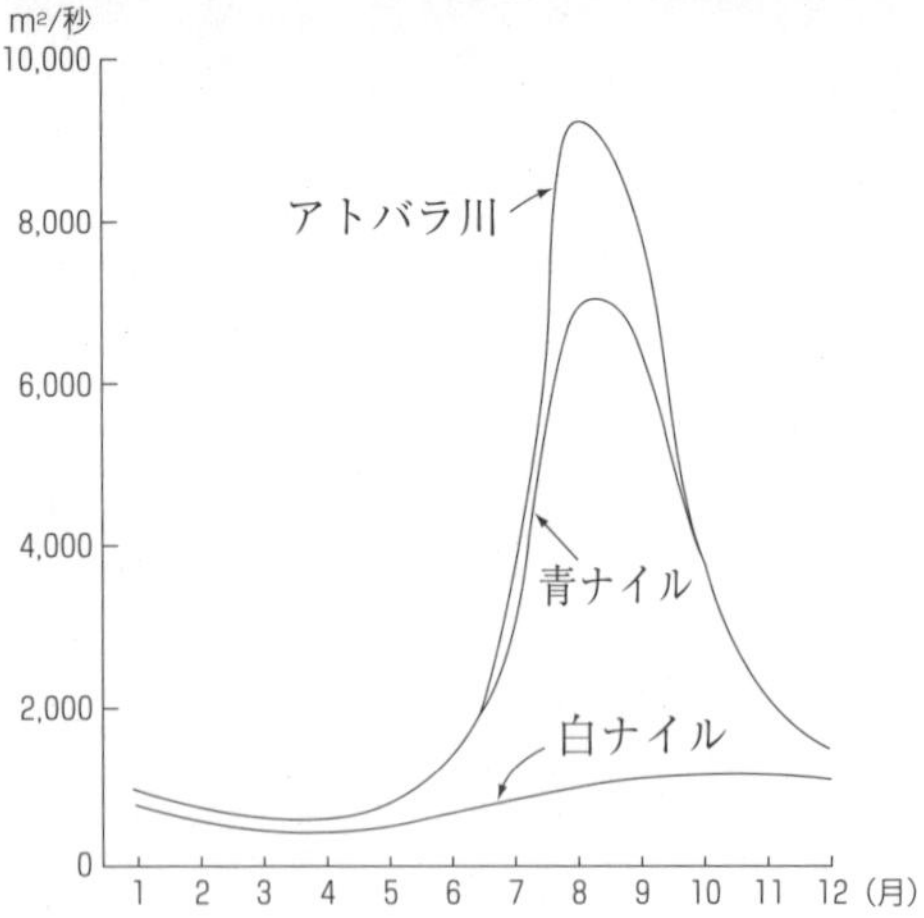

図2●増水時のギザ（上）
図3●ナイル河流水量の月別変化（下、中島　1983：第28図）

がって、ナイル河はエジプトのハイウェーとしての役割も担っていたのである。

そして後述するように、ナイル河の恩恵を直接受けた流域が、古代以来エジプトの人々の生活圏の中心であった。

4 エジプトの景観

ナイル河流域の地形は、河によって造られた独特の景観を呈していた。その景観は、ナイル河が一筋となって流れる現在のエジプトの首都カイロよりも上流の地域と、川筋が扇状に広がって流れるカイロ以北のデルタ（三角州）地帯とでは、だいぶおもむきを異にしていた。古代エジプトの人々も、この景観の違いとそれに応じた植生や風土、さらにはそれに根ざした文化の違いを十分認識していたのであろう、古くから国土を南部上流域の「上エジプト」（エジプト語では「タ・シェマ」）と北部デルタ地帯の「下エジプト」（エジプト語では「タ・メフ」）の二つに分けて考えていた。実際に、王朝時代以前にはこれら二つの国土にそれぞれ異なる文化が芽生え、王朝時代になっても上下エジプトの違いは、生業、文化、習俗などの様相に現れていたようである。

上エジプト

古代に「上エジプト」と呼ばれたデルタより南のナイル河を中心とする河谷は、周囲の石灰岩台地を幅広く河が削り込んで形成されたまさに「谷」である。その中央を流れる河と両岸の高い石灰岩台地との比高差はしばしば一〇〇メートルを越え、何万年という長い期間に川幅が変化したため、両者の間にはいくつもの河岸段丘ができている。

河谷内部には、ほぼ中央を流れるナイル河を挟んで、両側に一〇〜二〇キロメートルの沖積低地が帯状に伸びている。この沖積低地には、河が上流から運んできた暗褐色の肥沃な沖積土（古代エジプト人が「黒い土地」と呼んだ）が厚く堆積し、比較的水分が豊富なために集中的に植物が生育している。

このナイル河両岸の沖積低地は、内部における比高差は小さいものの、川の近くがやや高くなって「自然堤防」を成し、それより遠くが低くなった地形を呈している（図5）。川の流路が何度か変わったので、自然堤防が沖積低地のあちこちに点在することになった。こうした自然堤防のような微高地の頂部付近は増水時にも冠水しないために、古代以来人々はここに好んで集落を築いてきた。

川から離れたところはやや低くなっているため、しばしば増水後にも水が滞留する湿地ができていた。王朝時代に、このような湿地にはパピルス草や葦が生い茂り、魚や野鳥が棲んでいて、人々はパピルスで造った舟を浮かべて野鳥狩りや魚捕りを楽しんだという。

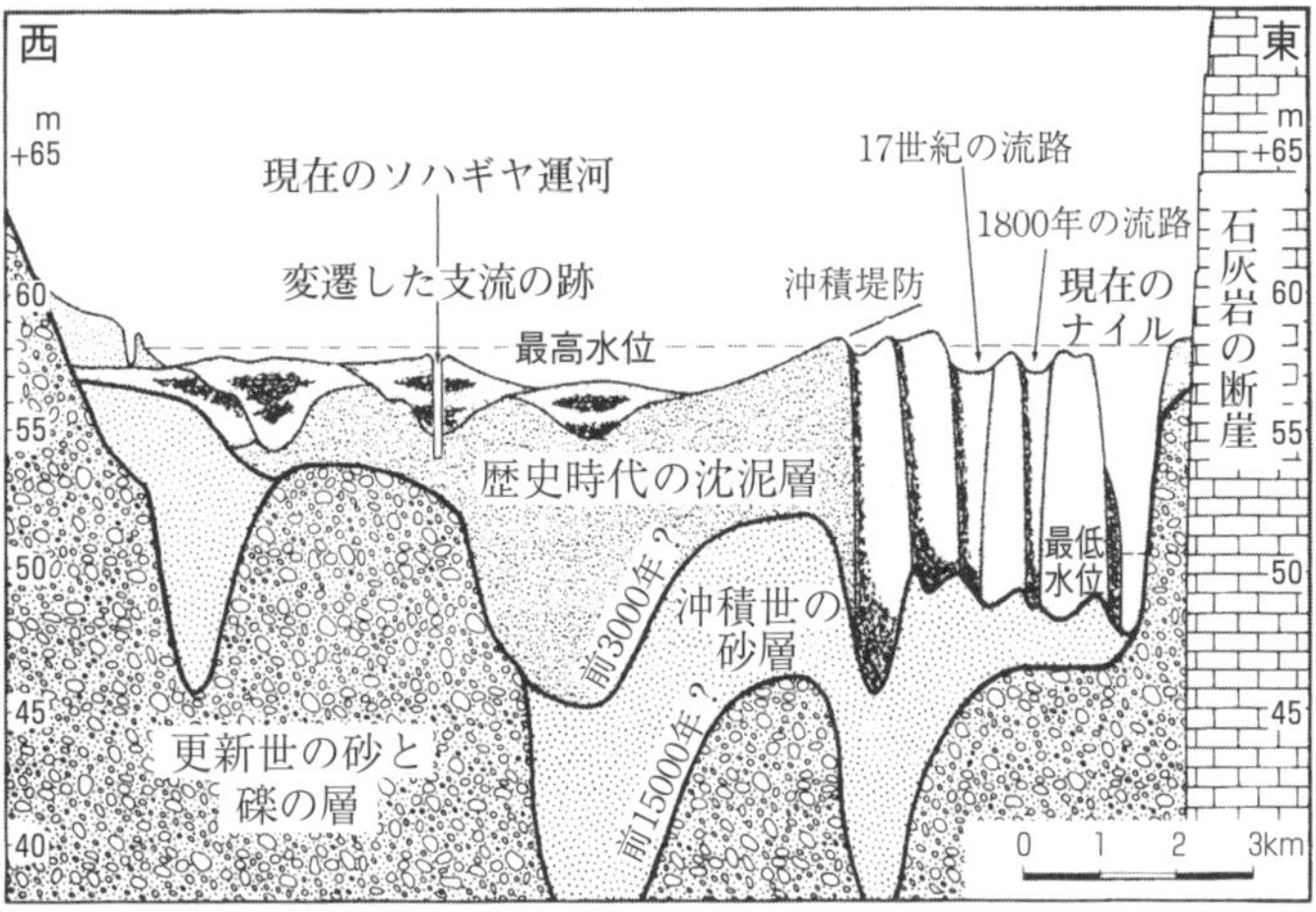

図4●上エジプトの河岸段丘（上、テーベ西岸。筆者撮影）
図5●上エジプト、ナイル河谷の断面図（下、Butzer 1976 : Fig. 1）

沖積低地の東西の外側には、「低位砂漠」と呼ばれる砂漠が広がっている。ここは低い河岸段丘面であり、沖積低地とあまり変わらない標高にあるにもかかわらず、増水位のナイル河の水がそこまで及ばないために、乾燥してほとんど植物が生えない不毛の砂漠になっている。古代の人々は、この低位砂漠の沖積低地に近い縁辺部にしばしば集落を営んだほか、通常ここに集団墓地を造って死者たちを葬っていた。

低位砂漠のさらに外側には、広大な砂漠がナイル河の両岸に広がっている。先にも述べたように、低位砂漠はその外側の砂漠から、所によって一〇〇メートルを越える高い段丘崖によって隔てられている（図4）。この段丘崖は、時にはナイル河から遠く離れて視界に入らないものの、たいていは河近くに屏風状にそびえ立ち、ナイル河近辺の景観をそれより外の世界から境界づけており、当時の人々にナイル河の恩恵を常に実感させることになったであろう。

現在も上エジプトの河谷の中に立つと、河谷中央にナイル河を、その両岸に緑豊かな沖積低地＝耕作地を、そしてその外側にサンド・ベージュの砂漠を、一望のもとに眺めることができる。上空からの眺望と異なるのは、地上からはたいてい晴れ渡った鮮やかなブルーの空を、一緒に眺めることができる点であろうか。

下エジプト

一方「下エジプト」と呼ばれたデルタ地帯は、ナイル河が運んできた泥土が東西約二五〇キロメートル、南北約一七〇キロメートルの広い三角形の範囲に堆積して形成されている。古くからナイル河は、その中を幾筋もの支流に分かれて流れ、最後は地中海に注ぎ込んでいた。現在は、ロゼッタ支流とダミエッタ支流と呼ばれる二つの大きな支流があるが、古代以来、デルタの支流は幾度も流路を変えてきたことが明らかになっている。

支流と支流の間には、楕円形の微高地があちこちに点在している。このようなデルタの地形は、第三紀に堆積した砂層を河の支流が削り込んで形成されたもので、おそらく前六〇〇〇年頃には、デルタも十分人間が住めるような環境になっていたらしい。デルタの人々は、ナイル河の支流が造り出したこれらの楕円形の微高地の周辺に集落を営んでいた。楕円形の微高地とともにデルタの景観を特徴づけていたのは、豊富な沼沢地の存在であった。

デルタ地帯の中ほどに立つと、周囲一面が緑に覆われており、そこから砂漠を目にすることはできない。ともすると砂漠を忘れさせる緑の景観は、上エジプトとは全く異質な空間を形作っていた。現在もデルタのあちこちで牛が放牧されているのどかな風景を目にすることができるが、王朝時代にもデルタは牛の放牧地として知られていた。

ファイユーム低地

ファイユームと呼ばれるエジプト北部の西方砂漠内にある大きなハート形の低地は、エジプトの中でやや特異な地形である。ナイル河はエジプトに入ってからはそこに注ぎ込む支流を持たなかったが、古代には上エジプト中部アシュート北方でナイル河本流から分岐してやや西を流れる支流があったらしい。現在はアラビア語で「バール・ユーセフ（ヨゼフの運河）」と呼ばれる運河として痕跡を残すこの支流の北端は、カイロの南西の西部砂漠中にあるファイユーム低地にたどり着いている。

このファイユーム低地は標高が低いために、流れ込んだ水は逃げ道がなく、そこに巨大な水たまりを造った。現在南北約五〇キロメートル、東西約七〇キロメートルの規模を持つ低地には、北部に「カルーン湖」という湖があり、そこから南に広大な緑地が広がっている。上空から見ると、ファイユームの緑地帯はハート形を呈し、ロータスの横に添えられたひとひらの葉のような風情を見せている。

しかし、今から前五千年頃の水位が高いときには、ほぼこの低地いっぱいに湖が広がっていたという。前一九〇〇年頃の中王国時代後半になって、支流から注ぎ込む水を制御して、低地の干拓が本格的に行われ、湖の規模が縮小した。その結果、今日に見られるような比較的小さな湖の南側に広がる耕作地の景観ができあがったのであろう。

ファイユーム低地には、続旧石器時代（前八〇〇〇年頃）から人間がほぼ継続して居住してきた。湖の水位と規模に合わせて集落の位置は移動したが、いつの時代にも水と緑の豊かな場所であった。

砂漠とオアシス

先に述べたように、上エジプトと下エジプト、それにファイユーム低地を加えた水に恵まれたナイル河流域が、古代以来エジプトの人々の主要な生活圏であった。しかし、その外側を取り巻く一見不毛の砂漠も、古代エジプトの文明の形成に当初から大きく寄与してきた。現在、ナイル河の西方に広がりサハラ砂漠へと続く広大な砂漠地帯は「西部砂漠」の名称で、ナイル河から紅海の間に広がる砂漠地帯は「東部砂漠」の名称で呼ばれる（図6）。

こうした砂漠地帯は、確かに古代エジプト史の大半にわたって、エジプトと外界とを隔て、エジプトの文化的・政治的独自性を養護する障壁として機能してきた。他方で砂漠地帯は、ナイル河の沖積低地付近には欠落している多様な石材や金属等の鉱物資源の宝庫であり、古代の人々は河川付近で調達できる有機質以外の素材を、これらの地域に大きく依存していた。第5章2で述べるように、多様な資源を調達するために、王朝時代には、採掘を目的とする遠征隊が砂漠地帯に派遣されていた。

「西部砂漠」は比較的地形が平坦で、その中にいくつか大きなオアシス、つまり砂漠の中でも一年中湧水がある場所があった。シワ、バハリヤ、ファラフラ、ダックラ、カルーガといった今日でも町

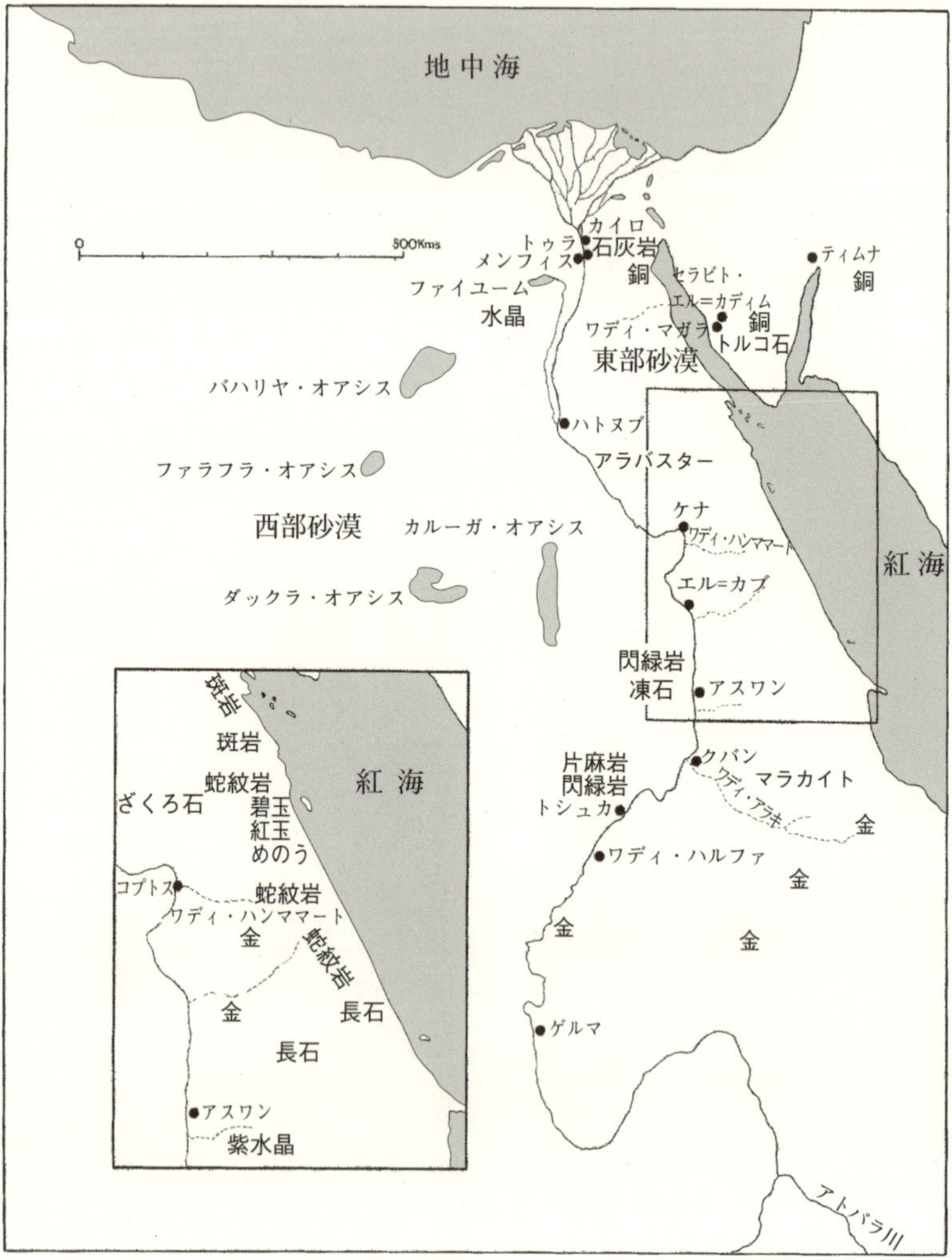

図6●エジプト周辺の鉱物資源（Andrews 1990 : Fig. 28 より）

が形成されている大型のオアシスは、旧石器時代からナイル河以外でも居住可能な地域として、人々の生存と活動を許してきた。遅くとも古王国時代には、これらのオアシスがエジプト国家の一部に取り入れられていたことが明らかになっている。

東部砂漠は、西部砂漠に比べれば凹凸の多い山がちの地域である。標高の高い山があるわけではないが、主に山地に埋もれる鉱物資源が古くから採掘の対象となってきた。とくに上エジプト南部コプトス付近から紅海沿岸まで伸びる大型ワディ（涸れ河）のワディ・ハンママート近くは、途中に金や銅などの鉱物や貴石を算出する鉱山があり、早くから採掘が行われていたことが知られている。また、こうしたワディは、ナイル河と紅海を結ぶ通商路としても利用されてきた。

ナイル河両岸に広がる砂漠地帯には、王朝時代以前から遊牧民が居住していた。遊牧民たちは砂漠の中でも水を入手する知識があって砂漠でも生活できたが、しばしばエジプトに侵入し、ナイル河流域の人々と交流を持っていた。

第2章　古代エジプトの歴史概観

古代エジプト文明は、確かにある程度環境に適応して成立したとはいえ、それは決して環境によって一方的に決定された文明ではなく、その中における歴史的な人間の営みの積み重ねによって初めて形成された文明であった。したがって、どのように古代エジプト文明が成立したかという歴史的な経緯は、文明の性格を理解する上で最も重要な事項のひとつである。

古代エジプト文明は、ナイル河流域における環境の中で育まれた生活様式の基盤の上に成立した社会の中から生まれた。その生活様式は、新石器時代あるいはそれ以前からゆっくりと形作られ、前四千年紀以降、王朝時代の先駆となる複雑な社会組織ができはじめて、前三一〇〇／三〇〇〇年頃の第一王朝開闢頃に王を頂点とする国家組織の原型が誕生した。そして、前二七〇〇年頃に始まる古王国時代にエジプト文明最初の開花期を迎えた。

そこでこの章では、新石器時代に先んじる続旧石器時代から古王国時代までを中心に、古代エジプトの歴史を手短に概観してみる（xii頁表1・20頁表2）。

「古代エジプト」というと、しばしば漠然と前四千年紀頃からローマ時代くらいまでを含むことがある。古代エジプト文明全体について語るときにはこの用語が便利であるが、本書では、前三一〇〇／三〇〇〇年頃*に開闢した第一王朝から前三〇年に終焉したプトレマイオス朝までの王がエジプトを統治した時期に対して、その前後の時期と区別するために「王朝時代」という呼称を用いる。

また、王朝時代以前については、考古学的な時期区分である「旧石器時代」、「新石器時代」、「先王朝時代」という名称を用い（xii頁表1参照）、王朝時代については、マネトンの『エジプト史』に従って王朝を一から三一までの番号で呼ぶ方法（例えば、「第一王朝」）と、もっと大ざっぱな「初期王朝時代」、「古王国時代」、「第一中間期」、「中王国時代」、「第二中間期」、「新王国時代」、「第三中間期」、「末期王朝時代」、「プトレマイオス朝時代」という、エジプト史を繁栄期と衰退期に分ける時代区分を用いることにした（表2参照）。

* 本書では、第一王朝開始の年代を「三一〇〇／三〇〇〇年頃」と表記している。これより古い年代は主に放射性炭素年代測定法によって推定されているのに対して、王朝時代の年代は主に、文献資料から推定されており、両者の年代の間には約一〇〇年の隔たりがある。ここでは、王朝時代の年代については、日本オリエント学会編 2004 に順じた。

年代(前)	時　期	王　朝	王　名	墓
	ナカダⅢ期	第0王朝	サソリ1世	アビュドス　U-j
			イリホル	アビュドス　B1/2
			サソリ(2世)	
			カー	アビュドス　B7/9（?）
3100／3000年頃	初期王朝時代	第1王朝	ナルメル	アビュドス　B17/18（?）
			アハ	アビュドス　B10/15/19
			ジェル	アビュドス　O
			ジェト	アビュドス　Z
			デン	アビュドス　T
			アネジイブ	アビュドス　X
			セメルケト	アビュドス　U
			カア	アビュドス　Q
2830年頃		第2王朝	ヘテプセケムウィ	サッカラ　地下回路
			ネブラー	サッカラ　（?）
			ニネチェル	サッカラ　地下回路
			セケムイブ	
			ペルイブセン	アビュドス　P
			カセケムウイ(カセケム)	アビュドス　V
2680年頃	古王国時代	第3王朝	ネブカ	
			ジェセル(ネチェリケト)	
			ジュセルティ	
			ネフェルカラー	
			フニ	
2615年頃		第4王朝	スネフェル	メイドゥーム「崩れピラミッド」，ダハシュール「屈折ピラミッド」，「赤ピラミッド」
			クフ	ギザ大ピラミッド
			ジェドエフラー	アブ・ラワシュ
			カフラー	ギザ第2ピラミッド
			メンカウラー	ギザ第3ピラミッド
			シュプセスカフ	南サッカラ「ファラオのマスタバ」
2480年頃		第5王朝	ウセルカフ	サッカラ
			サフラー	アブ・シール
			ネフェルイルカラー	アブ・シール
			シャプセスカラー	
			ネフェルエフラー	アブ・シール
			ニウセルラー	アブ・シール
			メンカウホル	
			ジェドカラー(イセシ)	南サッカラ
			ウニス	サッカラ
2320年頃		第6王朝	テティ	サッカラ
			ウセルカラー	
			ペピ1世	南サッカラ
			メルエンラー1世	南サッカラ
			ペピ2世	南サッカラ
			メルエンラー2世（ニトクリス?）	
2190年頃	第1中間期	第7～11王朝		
2020年頃	中王国時代	第11・12王朝		
1790年頃	第2中間期	第13～17王朝		
1550年頃	新王国時代	第18～20王朝		
1070年頃	第3中間期	第21～24王朝		
710年頃	末期王朝時代	第25～31王朝		
320年頃～30年	プトレマイオス朝時代	プトレマイオス朝		

表2●王朝時代略年表

1 農耕・牧畜のはじまり（続旧石器時代：前一二〇〇〇〜五三〇〇年頃）

農耕・牧畜の影響

古代エジプト文明の経済の根幹を支えたのは、麦栽培を中心とする農業であった。したがって、この麦栽培を中心とする農耕と、それを中心にめぐる社会の成立こそが、後のエジプト文明の基盤的性格を大きく左右したと考えられる。この農耕・牧畜がエジプトを含むアフリカ大陸北東部で始まったのは、考古学的時期区分で言うところの続（もしくは終末期）旧石器時代から初期新石器時代にかけてであった。

近年の文化人類学的・古病理学的研究は、農耕・牧畜という生産経済の開始によって、必ずしもすぐに人類の生活がそれ以前の狩猟・採集民の生活よりも良くなったとは限らず、むしろ初期の農耕民は伝統的な生業を行う狩猟・採集民よりも苦難の生活を強いられた可能性を示唆している。また、野生穀物の食糧的価値は比較的高く、野生穀物に依存した生活も十分可能であったらしい。このような状況の中で、あえて農耕・牧畜に大きく依存した社会が誕生した背景には、環境変化の影響があったと考えられている。

環境変化

エジプトを含むアフリカ大陸北東部における農耕・牧畜の始まりは、おそらく今から約一二〇〇〇年前頃から起こった環境変化と密接な関係があった。

それまでのアフリカ大陸北東部は、現在と同じあるいはそれ以上に乾燥した気候であったが、続旧石器時代に入ったこの頃から、気候は次第に湿潤化した。赤道アフリカを覆っていたモンスーンを伴う降雨帯が北上して、スーダンやエジプト南部にも季節的な降雨が見られるようになったことがその主な原因であるという。そのため、現在のサハラ砂漠を含むナイル河西方砂漠地帯の広い範囲が、季節的にステップやサバナのような植物が生える環境になった。

そこで、後期旧石器時代の間はナイル河のほとりに集まり住んでいた人々が、この湿潤期になると、西部砂漠の中に位置するオアシスや低地にも居住するようになった。続旧石器時代の遺跡が砂漠にも多数残されていることが、人々の居住域の拡大を物語っている。

しかし、その後アフリカ大陸北東部の気候は再び乾燥化に向かった。前六〇〇〇年頃から乾燥化が始まり、ナイル河西方砂漠中に住む人々の数は減って、再び人々は水が豊富なナイル河流域に集まって生活するようになった。すなわち、この乾燥化のために、人類発展の主要な舞台がナイル河流域に移ったのである。

その後もゆっくりとした乾燥化が、王朝時代の初期まで進んだという。

アフリカ大陸北東部における農耕・牧畜の始まり

麦栽培を含む農耕と牧畜は、先に述べたアフリカ大陸北東部の湿潤化と乾燥化という気候変動の中で始まったらしい。しかし、この地域の農耕・牧畜の始まりについては現在も不明な部分が多く、ここでは二つの極端な説を挙げてみる。

第一の説は、アフリカ大陸で独自に、アフリカに自生する雑穀類（ソルガムとミレット）の栽培と動物（牛）の家畜化が始まったとする説で、その時期は先の湿潤期に当てられる。この説について、ナブタ・プラヤをはじめとする西部砂漠の遺跡でソルガムや牛の骨が検出されていることが根拠となっているが、問題はそれらが栽培種・家畜種であるかどうか技術的に判別が難しいことである。

第二の説は、西アジアから伝播した麦の栽培と羊・山羊の家畜が、アフリカでも最初の農耕・牧畜であるとする説で、開始の時期は前六千年紀末頃と前説よりもやや遅い。後述するファイユーム遺跡において、知られる限り最古の栽培された麦と羊・山羊の獣骨の出土が確認されているため、その時点で農耕と牧畜が始まっていたことは確実である。

両者の中葉に位置づけられる説も多数あるが、いずれにしてもほぼ確実に言えることは、後の王朝時代の主要生業は麦の栽培と牛・羊・山羊を含む家畜の飼育であり、後のエジプト文明を支える根幹となった農耕と牧畜（少なくとも麦と羊・山羊）は、西アジアから伝来した様式、あるいはその影響を大きく受けた様式であったことである。もしもアフリカ大陸独自の農耕と牧畜がそれ以前からあったとしても、西アジアから伝来した様式が古代エジプト文明の成立以前にそれらに取って代わり、その生業様式に基盤をおいて王朝時代の文明が発達したと考えられるであろう。

2 ナイル河流域における農耕・牧畜の定着（新石器時代：前五三〇〇～四二〇〇年頃）

前六千年紀末頃には、ナイル河西方砂漠中にあるファイユーム低地において、麦栽培を含む農耕と羊・山羊を含む家畜の飼育が行われていた。先にも述べたように、これが確認される限り最古の農耕・牧畜文化であり、現在「ファイユーム文化」と呼称されている。

これまでにファイユーム低地の一〇箇所以上において、この頃の集落址が検出されている。その中には、麦を入れた貯蔵穴や炉址が発見されていて、比較的長期間使用されたと思われる集落もあるが、いずれの集落址でも恒久的な住居の遺構は検出されていない。検出遺跡の多くは季節的な集落あるいはキャンプ跡であり、定住性は低かったと考えられている。ファイユーム文化の遺跡からは、麦や亜麻等の植物依存体の他に、鎌や多数の鎌刃も出土しており、農耕が重要な生業の一部であったことは確かである。また獣骨には、家畜化された羊と山羊の骨の他に、野生動物や野鳥の骨、さらには多数の魚類の骨が出土していて、狩猟、採集、漁労という旧石器時代以来の生業も重要な生活手段であったことがわかっている。

農耕・牧畜だけではなく他の生業活動にも大きく生活を依存し、定住性が弱いファイユーム文化は、獲得経済（狩猟・採集・漁労）から生産経済（農耕・牧畜）への過渡的段階にあった。しかし、ファイユーム文化はアフリカ大陸において始めての麦栽培が確認された文化であるとともに、そこでおそらくはナイル河の増水システムと連動する麦栽培が行われるようになっていたことは重要である。王朝時代の農業の特徴は、ナイル河の増水と連動して冬に麦を栽培することであり、ファイユームにおいて、始めて麦栽培とナイル河の季節性が結びついたと言っても良いであろう。

それと同時期もしくはやや遅い時期に年代付けられるのが、デルタ頂部の西方にあるメリムデ・ベニ・サラーム遺跡で検出された「メリムデ文化」である。砂漠縁辺部に近い微高地上で検出されたメリムデ遺跡においては、麦、豆類、亜麻などの栽培植物や、牛、羊、山羊、豚の家畜動物の骨が出土しており、農耕と牧畜が行われていたことは確実である。野生動物の骨や魚骨や漁具の出土は、狩猟や漁労が行われていたことを示すが、この文化の新しい時期になると次第に貯蔵穴が発達してくるので、農耕が重要性を増したことが知られる。当時の家屋は楕円形の半地下式で、粘土で造った低い壁の上に細木や植物の葉を用いて上屋が築かれており、こうした家屋が道に沿って並んだ集落ができていたという。

メリムデ遺跡の重要性は、主にナイル河流域で検出された農耕を生業とする人々の最初の定住集落であることとともに、農耕がナイル河の沖積低地で行われていた点にある。というのも、王朝時代の人々が定住生活を営み、沖積低地でのナイル河の増水周期にあわせた麦栽培を主生業としてきたことを考えると、沖積地農耕の開始をもって、エジプト文明の食糧基盤と経済基盤の確立といっても過言ではない。

3 社会の複雑化（先王朝時代：前四二〇〇～三一〇〇／三〇〇〇年頃）

エジプト南部への農耕・牧畜の普及

前述したような初期農耕文化はいずれもエジプト北部で検出されているが、前五千年紀末から、農耕・牧畜がエジプト南部のナイル河流域にも広がっていった。

上エジプト中部ナイル河東岸地区バダリ付近で集中的に検出されたバダリ文化は、エジプト南部最古の明瞭な農耕・牧畜文化であるとともに、後述のナカダ文化の先祖に当たる文化であった。人々は、沖積地に面した低位砂漠縁辺部に小さな集落を営んで、沖積低地で小麦や大麦、亜麻を栽培し、牛、羊、山羊の家畜を飼育していた。狩猟・採集・漁労も引き続き行われていたが、その後次第に農耕・牧畜という生産経済への依存度が高まっていった。

この文化の中で、王朝時代の一大特徴となる低位砂漠縁辺部に集団墓地を造って死者を手厚く葬る慣習が確立し、金属（銅）も使われるようになった。また、社会階層の萌芽が認められ、後述する社会の複雑化が始まった。これらの特徴は、後続のナカダ文化に引き継がれている。

文化と社会の変化

前五千年紀末のバダリ文化以降、前三一〇〇／三〇〇〇年頃の第一王朝開闢までの時期は、王朝時代に先行するという意味で、通常「先王朝時代」の名称で呼ばれている。そして、農耕がナイル河下流域の広い範囲に経済基盤として定着したこの時期から、急速に文明形成へ向けての変化が進行した。これまでの変化が主に非常にゆっくりとした食糧生産技術と文化的側面の発展であったのに対して、これ以降の急速な変化は、主に社会・文化的側面とそれに伴う技術的側面における変化であった。

まず、農耕・牧畜の普及と定着を受けて、この時期の間に、小麦・大麦の栽培と牛、羊・山羊・豚の飼育を中心とする生業形態、日乾レンガ造の方形住居とそれが並んだ集落、亜麻の繊維で織った衣服やアクセサリーの着用などを含む王朝時代の基本的な衣食住の生活様式が概ねできあがった。

またこの時期には、一般に文明の要件として挙げられるような各種の技術も登場あるいは発達した。その筆頭に挙げられるのは冶金術（銅や金の利用）と文字の使用であり、土器や石器だけではなく、彫刻品などの工芸技術が著しく発達し、調理技術にも複雑なものが取り入れられるようになった。人工的な灌漑農業もこの頃に始まっていたかもしれない。

さらに、この時期における社会的側面の変化は著しかった。まず社会階層の分化が急速に進んで、王朝時代の王の先駆となる共同体の支配者が登場し、小規模な村落の中から次第に都市と呼べるような大型集落が現れてきた。生産や流通において分業が行われるようになり、集落間の交換活動やエジプトの範囲を越えた長距離交易も発達した。したがって、初期の頃の小さな自治的村落社会は、この時期の間に村落を越えた大きな地域社会へと変貌を遂げていった。

この頃顕著になる一定の埋葬様式や図像表現は、当時の人々が王朝時代の先駆となる世界観と宗教観をゆっくりと醸成しつつあったことを示している。後の王朝時代にも通じるような神々や死者に対する概念が、世界観とともにこの時期に形成されつつあったと思われる。

これらのような文化と社会の変化を見ると、前三一〇〇／三〇〇〇年頃の第一王朝開闢に始まる古代エジプト文明形成に向けての本格的な胎動が、この時期に始まったと考えられるであろう。そしてまた、この時期に起こった変化が、王朝時代の文明の原型や性格に大きな影響をあたえたことは間違いない。

三つの文化

前四千年紀中葉頃のナイル河下流域には、三つの文化が隣り合って存在していた。上エジプトのナカダ文化、下エジプトのマーディ・ブト文化、下ヌビアのAグループ文化である（図7）。さらに、エジプト北部に隣接したパレスチナの金石併用時代から初期青銅器時代文化や、砂漠地帯の新石器段階にある文化もナイル河下流域の文化と緊密な接触を持っていた。これらの文化が相互に影響しながら先王朝時代のエジプトの発展があったわけであるが、その中でも上エジプトに発祥したナカダ文化は文化・社会の変化に最も大きな役割を果たし、王朝時代の文化の母体となったことでも重要である。

ナカダ文化は、バダリ文化を継承して、前四〇〇〇年頃に上エジプト南部のアビュドスからナカダ付近を中心とする地域で始まった。ナカダ文化は、古い方からⅠ期、Ⅱ期、Ⅲ期に時期が分けられており（Kaiser 1957 ; Hendrickx 1996）、この時期区分が同時期の他の文化にも用いられているので、本書でも頻繁にこの時期区分を用いることになる（xii頁表1参照）。

ナカダ文化の集落は少数検出されたのみであるが、その中には、上エジプト南部のヒエラコンポリス遺跡やナカダ遺跡のように、大型の集落が含まれている。一方、この文化の墓地は上エジプトの低位砂漠縁辺部で多数発見されている。ナカダ文化の人々は、バダリ文化と同じように集団墓地を造営して、死者を多様な副葬品とともに手厚く葬っていた。

図7●前４千年紀の文化分布とナカダ文化の拡張

この文化の中で、多彩な工芸品制作が開花した。土器は、日用の粗製土器の他に、入念に仕上げられた精製土器が作られるようになった（図8）。バダリ文化の伝統を引き、全体が赤褐色で口縁部付近のみが黒色に焼き上げられた「黒頂土器」、赤褐色の下地に白色の顔料で文様を描いた「白色交線文土器」、白色の下地に赤褐色の顔料で彩文を施した「装飾土器」などは、そうした精製土器の代表的な例である。石器の中にも、実用よりも美しさや象徴的意味を重んじた製品が登場した。「魚尾形ナイフ」（図9-7）や「波状剥離ナイフ」と呼ばれる両面加工の大型で美しい石器（口絵6）は、特別入念に作られた例である。象牙や石材を彫刻したり、粘土で塑像を作ることも頻繁に行われており、化粧用のパレットはしばしば動物の形に仕上げられていた（図9-29・30）。

ナカダ文化の中で社会変化がいち早く進んだことは、当時の集落や墓地がはっきりと示している。時期が下るにつれて、ナカダ文化の墓の中には大型・富裕墓が現れ、社会階層が分化していく様子が主に墓地資料から明瞭に知られる（第6章2参照）。

マーディ・ブト文化は、上エジプト北部ファイユームへの入り口付近からデルタにかけて分布した文化である（図7）。最古の様相はカイロ南部のマーディ遺跡で検出され、ナカダI期後半に年代付けられている。この遺跡周辺で集落址と墓地が発掘されており、この文化の埋葬も砂漠に楕円形の穴を穿って屈葬にした遺体を納めていた。ナカダ文化と違って副葬品は乏しく、目立った社会階層の発展も認められていない。また、土器や石器も概して実用的な物が主流で、際だって装飾的な土器はほ

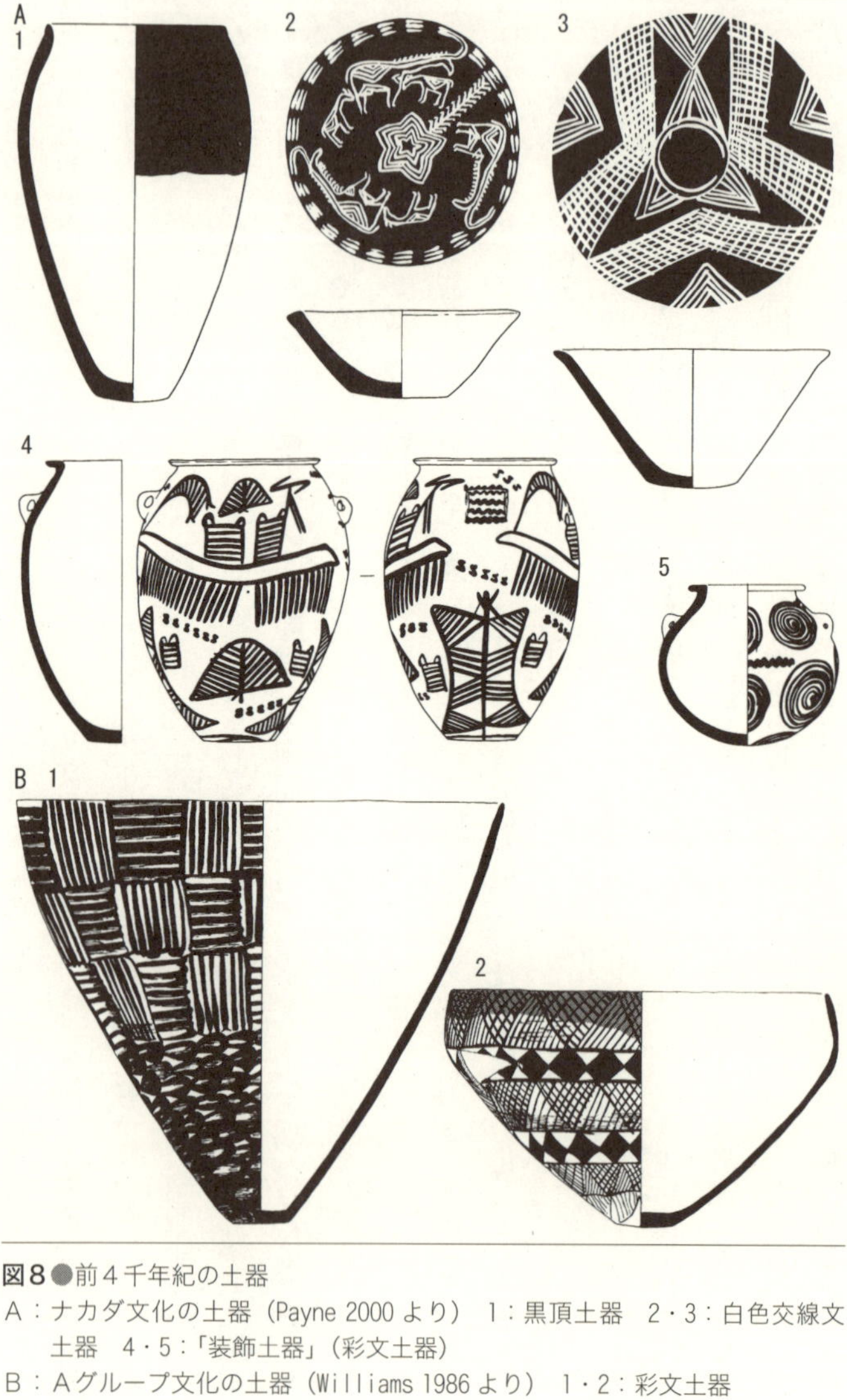

図8●前4千年紀の土器

A：ナカダ文化の土器（Payne 2000より） 1：黒頂土器 2・3：白色交線文土器 4・5：「装飾土器」（彩文土器）

B：Aグループ文化の土器（Williams 1986より） 1・2：彩文土器

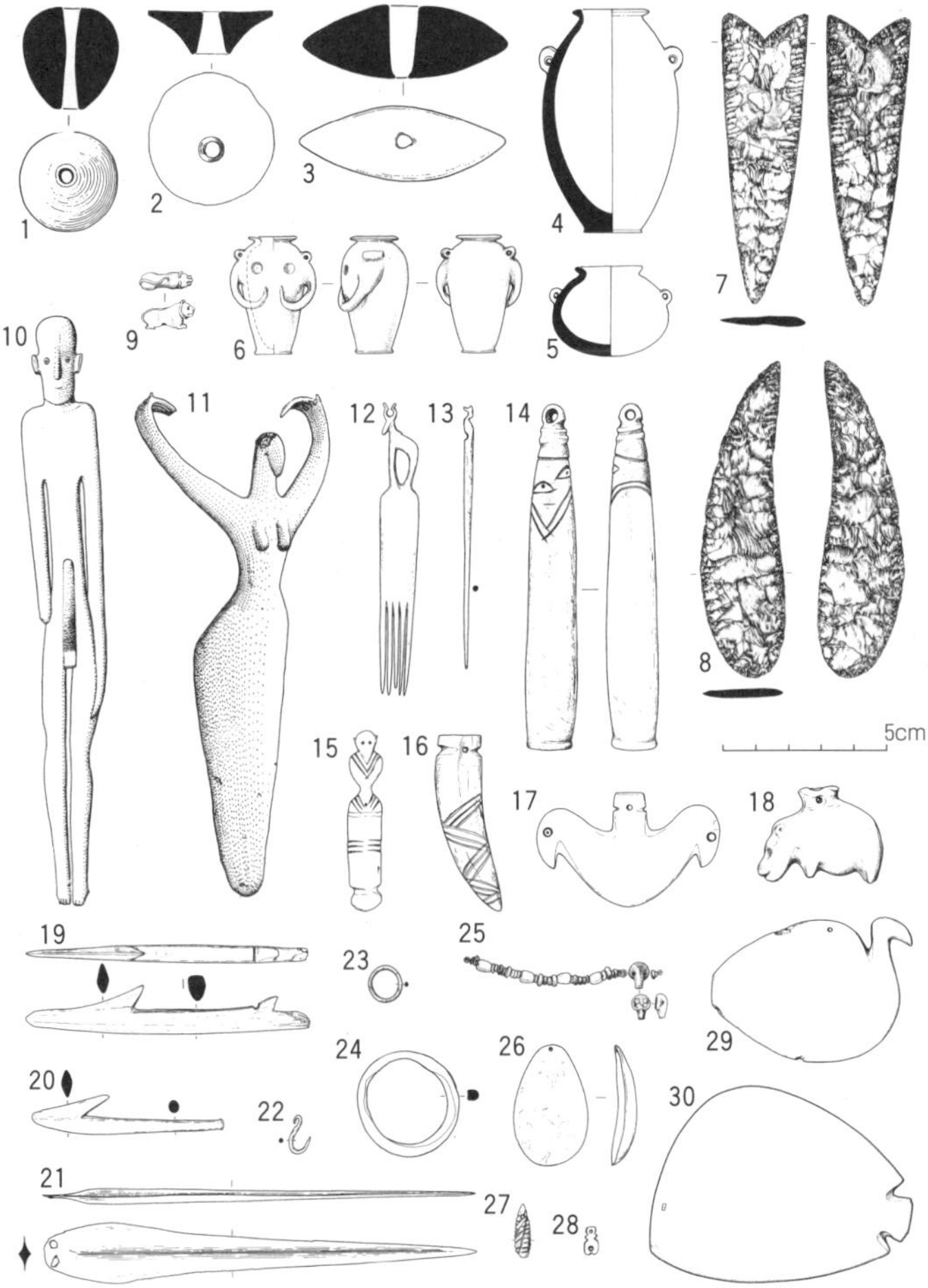

図9●ナカダ文化の墓の副葬品（高宮　2003a：図23）
1～3：棍棒頭　4～6：石製容器　7：魚尾形ナイフ　8：コンマ形ナイフ　9：ライオン像　10：男性像　11：女性像　12：櫛　13：ヘアピン　14：象製品　15～18：護符　19・20：銛先　21：短剣　22：釣針　23：指輪　24：腕輪　25～28：ビーズとペンダント　29・30：化粧用パレット

とんど制作されなかった。この文化の遺跡はデルタの広い範囲でも検出されており、近接するパレスチナの金石併用時代の文化と交流を持っていたことが知られている。

下ヌビアに普及したAグループ文化は、ナカダ文化の影響を大きく受けて、ナカダI期の終わり頃に、エジプトに接する第一急湍（ナイル河の早瀬）近くに発祥した。その後南に拡大して、ナカダIII期には分布範囲が第二急湍付近にまで達した。Aグループ文化は、狭いながらもナイル河の沖積低地を利用した農業に生業基盤を置いていたとする説が有力であるが、概して集落の規模はナカダ文化のものよりも小型であったと思われる。砂漠の縁辺部に墓地が多数検出されており、埋葬様式は多くの特徴がナカダ文化のものと共通している。砂漠に穿った穴の中に屈んだ姿勢の遺体を納め、土器や装身具を副葬していた。しかし、土器はAグループ文化独自の特徴を持ち、器壁が非常に薄い黒頂土器の外面に、赤褐色の顔料で幾何学文様を描いた土器などが精巧な土器の例として挙げられる（図8）。Aグループ文化は常にナカダ文化と密接な関係を持っていたが、エジプトの初期王朝時代と並行する時期まで、文化的な独自性を保持していた。

ナカダ文化の拡大と地域共同体の変化

上エジプト南部のアビュドスからナカダ付近で発祥したナカダ文化は、時期が下るとともに、上エジプト南部の発祥地から南北に分布範囲を広げた（図7）。ナカダII期中葉には北は東部デルタの地中海沿岸まで、南は第一急湍まで拡大し、さらにそれより南方の下ヌビアのAグループ文化と緊密な接触を持っていた。ナカダII期末には、ナカダ文化がほぼデルタ全域に拡大して、かつてのマーディ・ブト文化の分布領域もナカダ文化に覆われた。デルタのブト遺跡、テル・エル＝ファルカ遺跡、テル・エル＝イスウィド遺跡、メンデス遺跡においては、マーディ・ブト文化の層の上に、過渡的な層あるいは断絶を経て、ナカダ文化の影響を強く受けた層が形成されたことが明らかになっている。

実際、どのようにしてナカダ文化がデルタに広がったのかについては、未だに諸説があって、解釈が一通りではない。ナカダ文化の人々がデルタを征服した結果がナカダ文化の拡張であるとする説（Kaiser 1990 ; Way 1993）もあれば、交易や交流の活発化と複雑化へ向けての社会的変化の結果であるとする説（Köhler 1995）がある。

しかしいずれにしても、こうして南は第一急湍から北は地中海までの範囲、すなわち王朝時代のエジプトの範囲は、「文化的統一」と称されるようなほぼ均一なナカダ文化系の文化に覆われることになった。この文化的統一現象が、後の政治的統一の下地になったことはほぼ確実であろう。

デルタへの拡張の一方で、上エジプトのナカダ文化の内部でも社会的変化は進んでいた。前四千年紀のうちに、村落の範囲を超えた地域共同体が発達して、ナカダII期後半には、上エジプト南部にヒエラコンポリス、ナカダ、アビュドスなどを中心集落とする、しばしば「王国」と呼称されるような大型地域共同体が登場していたらしい。これらの大型地域共同体はそれぞれ首長に率いられて周辺の小村落に影響を及ぼし、工芸品制作や交易に積極的に乗り出していった。この頃の支配者の墓として、しばしばヒエラコンポリス遺跡KH6地区の墓群や耕地際の一〇〇号墓、ナカダ遺跡T墓地の墓群などが挙げられている（第4章2参照）。

4　統一国家の誕生前夜（ナカダIII期：前三二〇〇～三一〇〇／三〇〇〇年頃）

ナカダIII期は、文化的にはナカダ文化の延長であるものの、ここで項を分けた理由は、この時期がエジプトが文化的統一に至った時期であるだけではなく、おそらく社会・政治的に大きな転換期であったと推測されるからである。それまでの文化・社会的変化とは異なり、おそらくは人々や集落間の社会・政治的関係の変化によって、この時期にきわめて短期間のうちに社会の性質が大きく変わった可能性が高い。この頃、少数の王国の支配者の影響力が極端に大きくなったらしいことを残された資料の多くが示している。そのうち最も有力な資料はナカダIII期の途中から使用が始まった文字であり、第一王朝に先んじる何人かの王の名前が知られているため、後半の時期は「原王朝」もしくは「第〇王朝」の名称でも呼ばれることがある。

ナカダIII期が社会変動の時期であったことは、考古学的には、遺跡形成や墓地の変化から推測される。まずこの時期になって、上エジプト北部やデルタに新しく多数の遺跡が形成されるようになった。とくに上エジプト北部ファイユーム入口付近からデルタ頂部にかけて出現した遺跡のいくつかは非常に大規模で、タルカン、トゥラ、ヘルワンがその例として挙げられる。また、デルタにおいても、ほぼ全域にわたってあちこちに、新しく遺跡が形成され始めた。他方、上エジプトにおいては、ナカダI期頃から継続してきた多くの墓地で、途絶や著しい縮小、あるいは墓地の移動が起こっている。

こうしたエジプト全土における墓地や集落の変動の一方で、当時の有力な支配者の存在を示す突出した大型墓を造営し得た集落が明瞭になった。上エジプト南部におけるヒエラコンポリスとアビュドス、下ヌビアの第二急湍近くに位置するクストゥールがそれにあたる。とくにアビュドス遺跡では、砂漠奥部のウム・エル＝カアブにおいてU－j号墓をはじめとする支配者の墓の造営が始まった。これらの有力集落を中心とする少数の王国が、ナイル河下流域にそれぞれ支配地域を広げながら覇権を争う様子について、これまでいくつかの仮説が提示されており、とりあえず図10にT・A・H・ウィルキンソンの王国（あるいは政体）の領域に関するモデル（Wilkinson 2000b）を示した。ただし、ヒエラコンポリスとクストゥールが同じ王国に属するという見解は、あまり一般的ではない。

この時期に登場した文字と図像表現は、当時の共同体あるいは「王国」の支配者たちが、自らが支配者であることを示したり、物品の管理を始めたことを物語っているようである（第7章参照）。王朝時代の代表的な王号である「ホルス王号」の初期の形がこの時期から使われはじめ、浮彫で王権の初

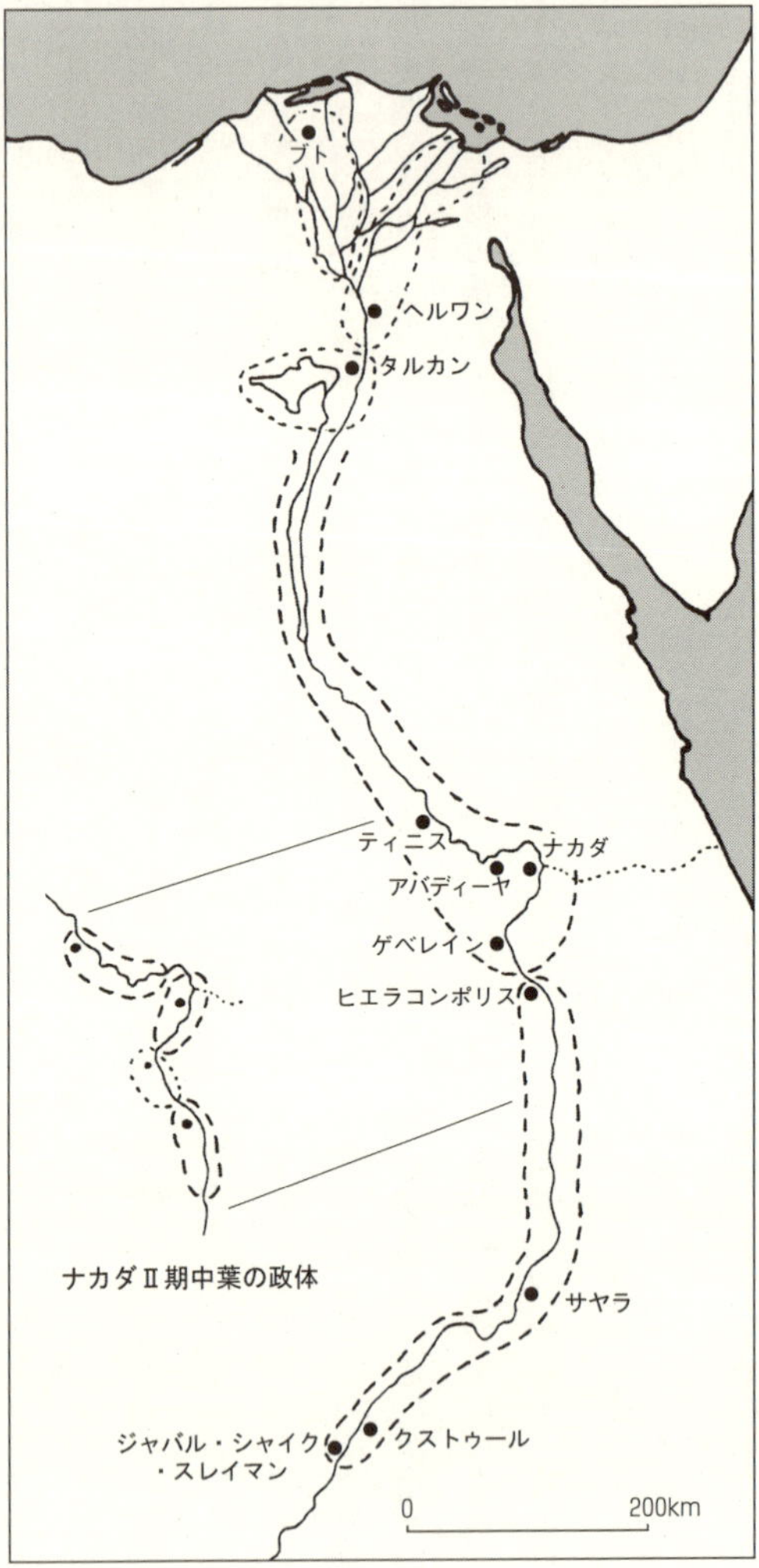

図10●ナイル河下流域の地域統合：ナカダⅢ期後期の王国（ウィルキンソンのモデル）（Wilkinson 2000b より）

原的な表現が行われるようになった。しかし、初期のホルス王号を用いる支配者たちは同時に複数存在していたらしいことから、この時期にエジプトの統一はまだ達成されていなかったと考えられている。むしろ少数に絞られた有力な王国の支配者同士の対立と相克の中で、これらの支配者を明瞭に表現する手段が模索された可能性が高い。古代エジプトが単一の文明として三〇〇〇年あまりにわたって存続するための要となった概念が王権であったが、文字と図像という王朝時代に重視された表現方法が登場したのがこの時期であった。

この頃、エジプトは国外に向かって積極的に交流と展開を試みる拡張期にあった。南パレスチナのいくつかの遺跡からは、エジプト人の工人たちによって現地で制作されたと思われるエジプト様式の土器や石器が出土していることから、こうした工人たちを含むエジプト人がパレスチナに移住し、植民地化していたと推測されている。また下ヌビアにも多数のエジプト製土器が搬出されており、いっそう緊密な交流が行われるようになっていたと考えられる。そしてこの時期に、下ヌビアやパレスチナとの間に長距離交易網が成立したが、パレスチナ製の土器や石材などの外来品がアビュドスやヒエラコンポリスなどに築かれた王国の支配者たちの墓に集中していることから、長距離交易網にはこれらの支配者たちが深くかかわっていたと推測される。

5 王朝国家の萌芽期（初期王朝時代：前三一〇〇／三〇〇〇～二六八〇年頃）

統一王朝出現に始まる第一王朝と第二王朝の時期は、通常合わせて「初期王朝時代」の名称で呼ばれる。初期王朝時代は、最初にエジプトに統一王朝が確立したという点で古代エジプト史における政治的な画期であったが、それと同時に、王朝時代を通じて継続する国家システム、すなわち古代エジプト文明の重要な諸要素が明瞭な形を成して萌芽した時期でもあった。したがってこの時期はまた、古代エジプト文明の性格と方向性をほぼ決定づけることにもなった。

初期王朝時代の王統譜と歴史については、第五王朝に刻まれた「パレルモ・ストーン」と呼ばれる年代記（図11）、第一九王朝に編纂された「アビュドスの王名表」や「トリノ・パピルス」などの王名表、そして前三〇〇年頃のプトレマイオス朝の神官マネトンがギリシア語で著した『エジプト史』（Waddell 1980）という、古代エジプト史の主要な歴史資料の中に僅かに伝えられている。

しかしこれら後世の記述だけではなく、一九世紀末以降、考古学的な発掘調査が初期王朝時代の王に関する同時代資料を豊富に検出している。その中でも、特にW・M・F・ペトリー（Petrie 1900；1901）が行ったアビュドス遺跡の発掘調査は当時の王墓を明らかにし（図12）、W・B・エメリー（Emery 1949–1958）が行ったサッカラ遺跡（図13）の発掘調査は当時の高官墓を検出するなどの成果を

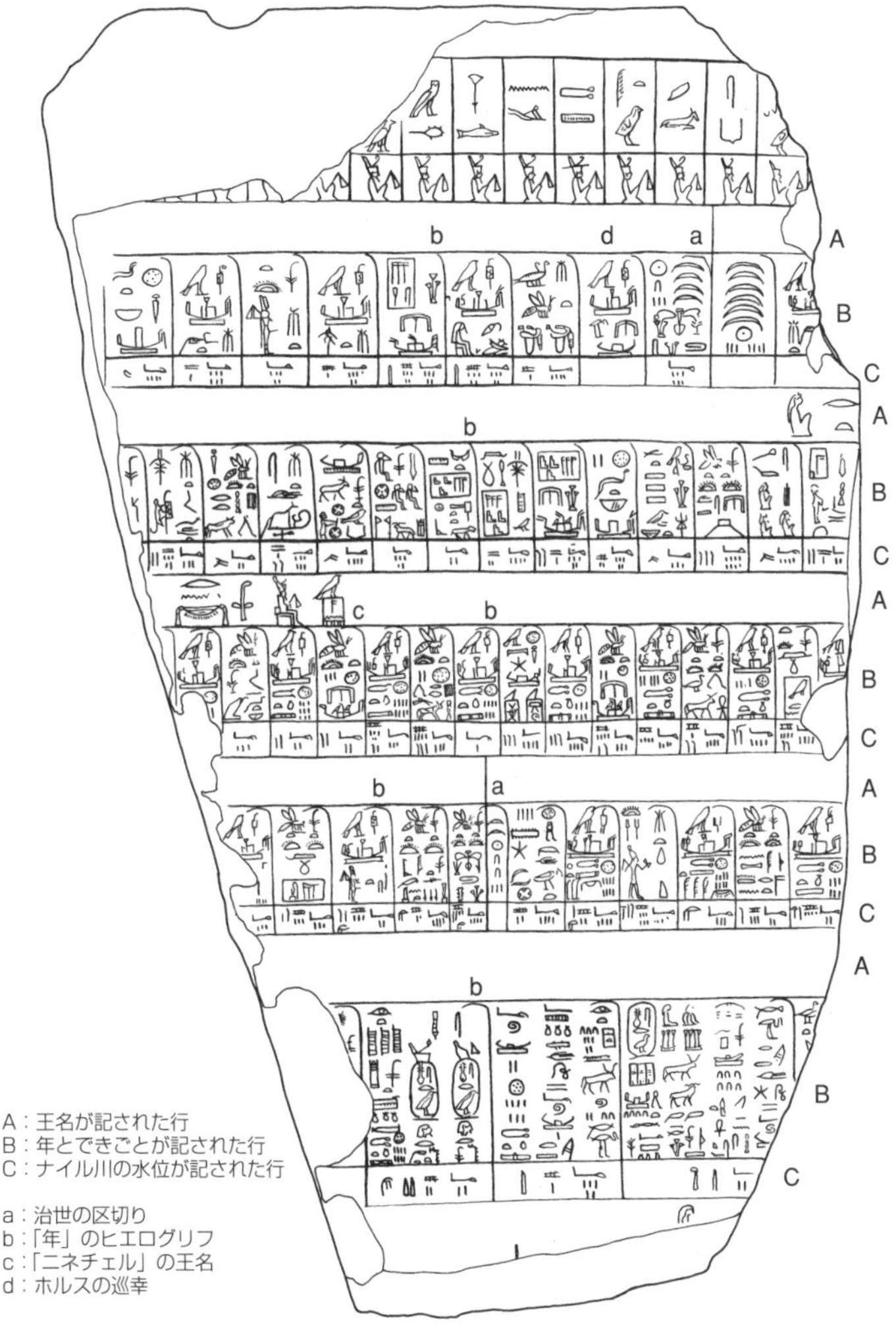

図11●パレルモ・ストーン表面（Wilkinson 2000a : Fig. 1）

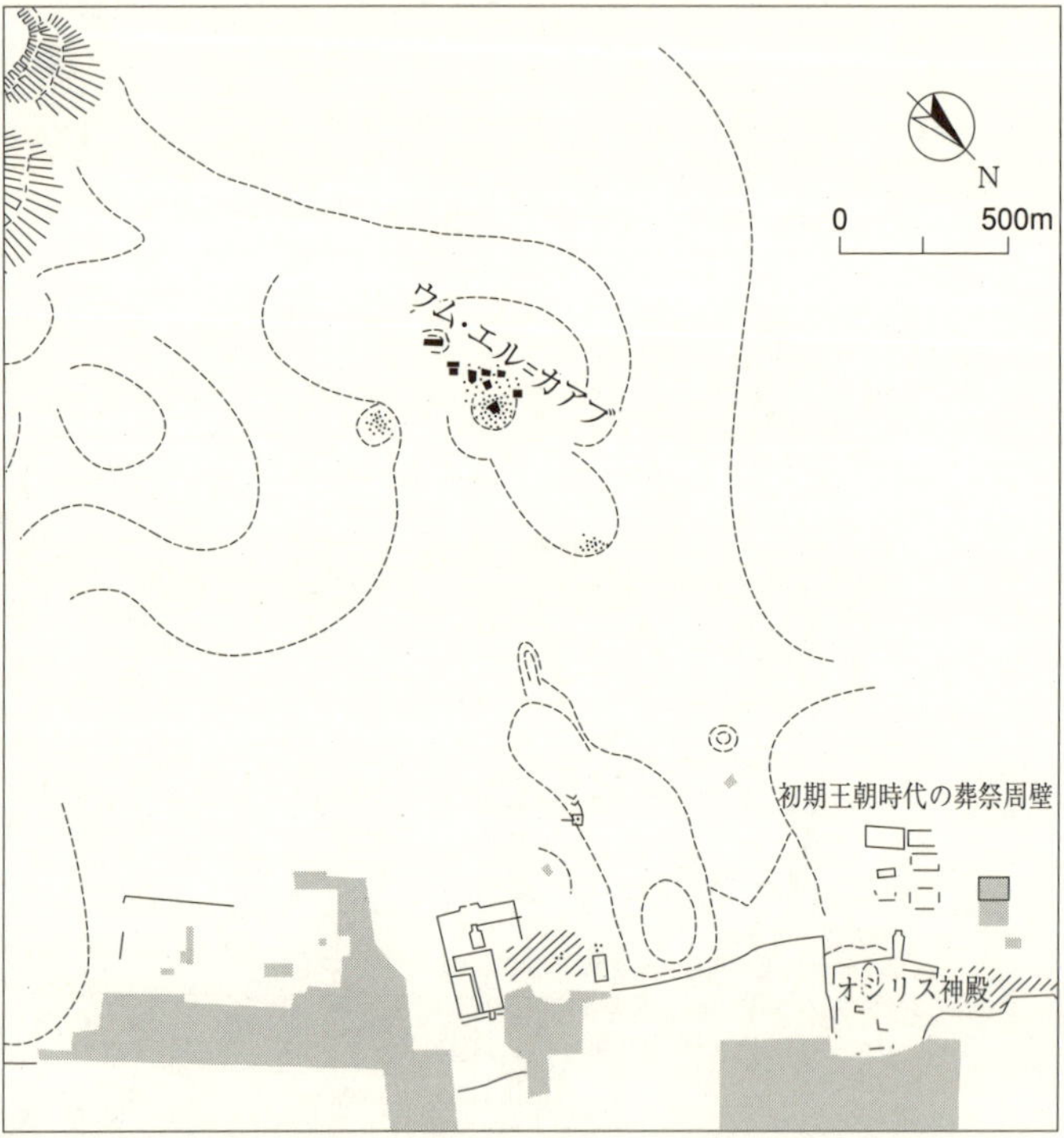

図12(1)●アビュドス遺跡(1)
アビュドス遺跡の遺構配置（Kemp　1975：29-30 より）

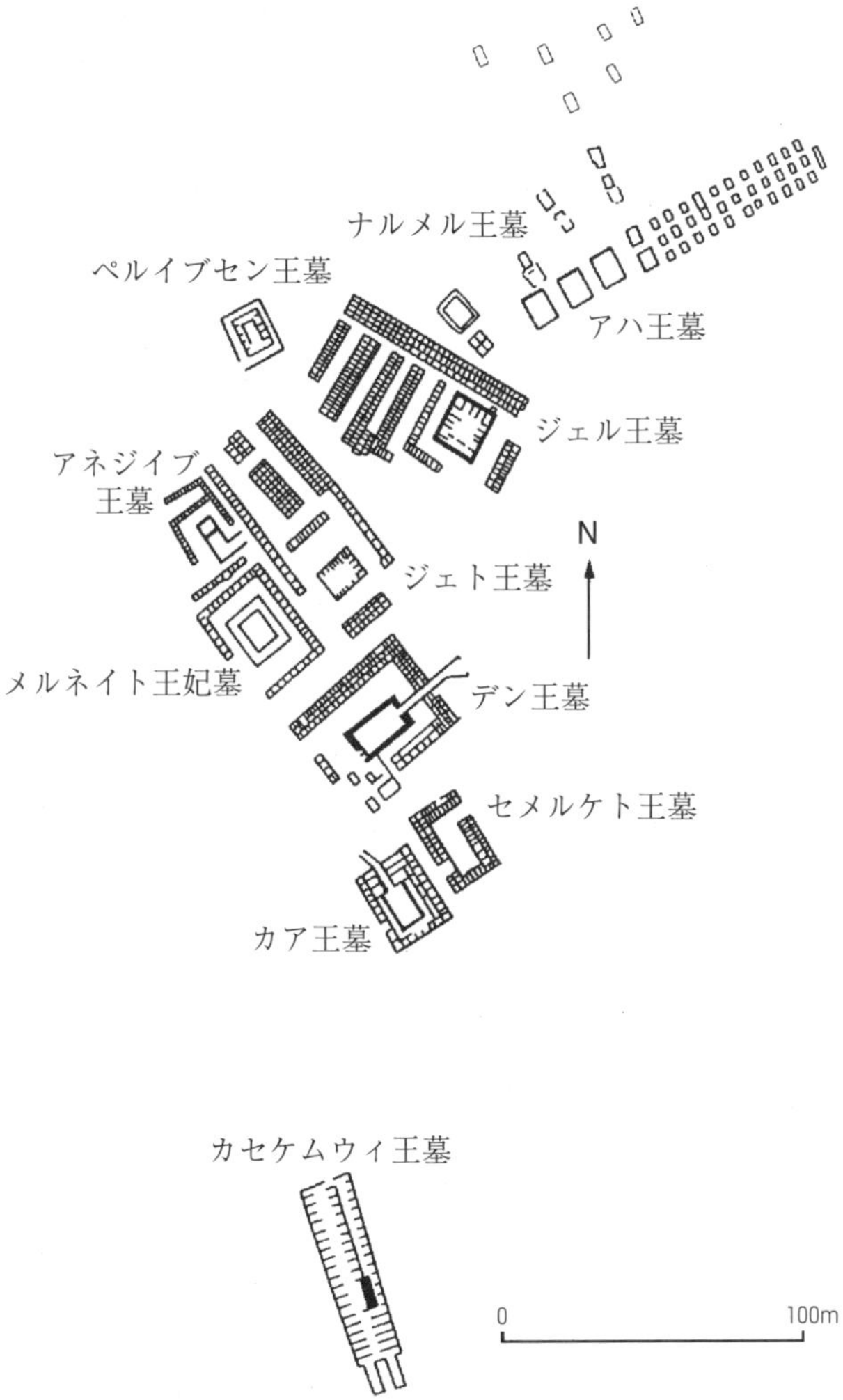

図12(2)●アビュドス遺跡(2)　ウム・エル＝カアブの王墓地

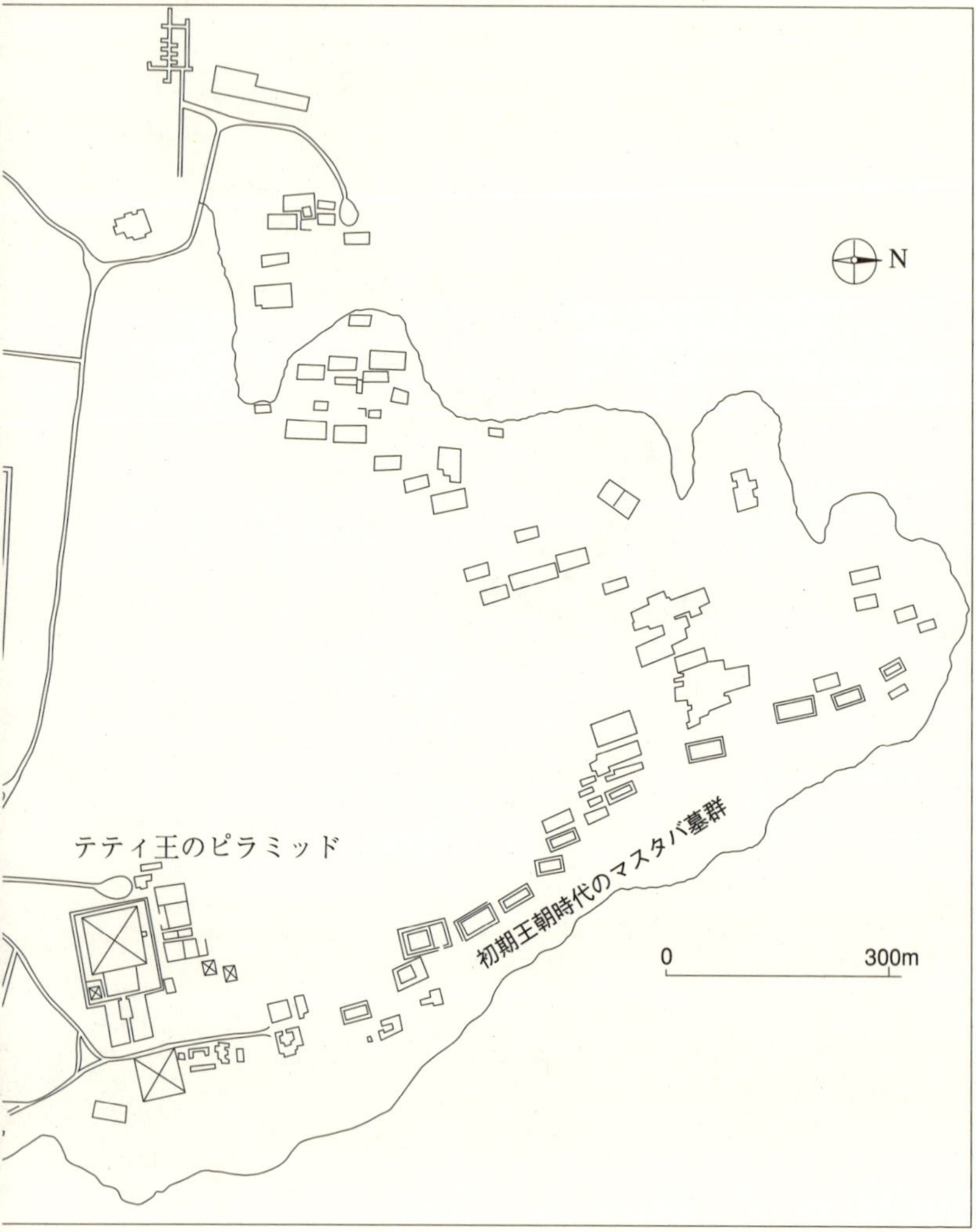
N
テティ王のピラミッド
初期王朝時代のマスタバ墓群
0
300m

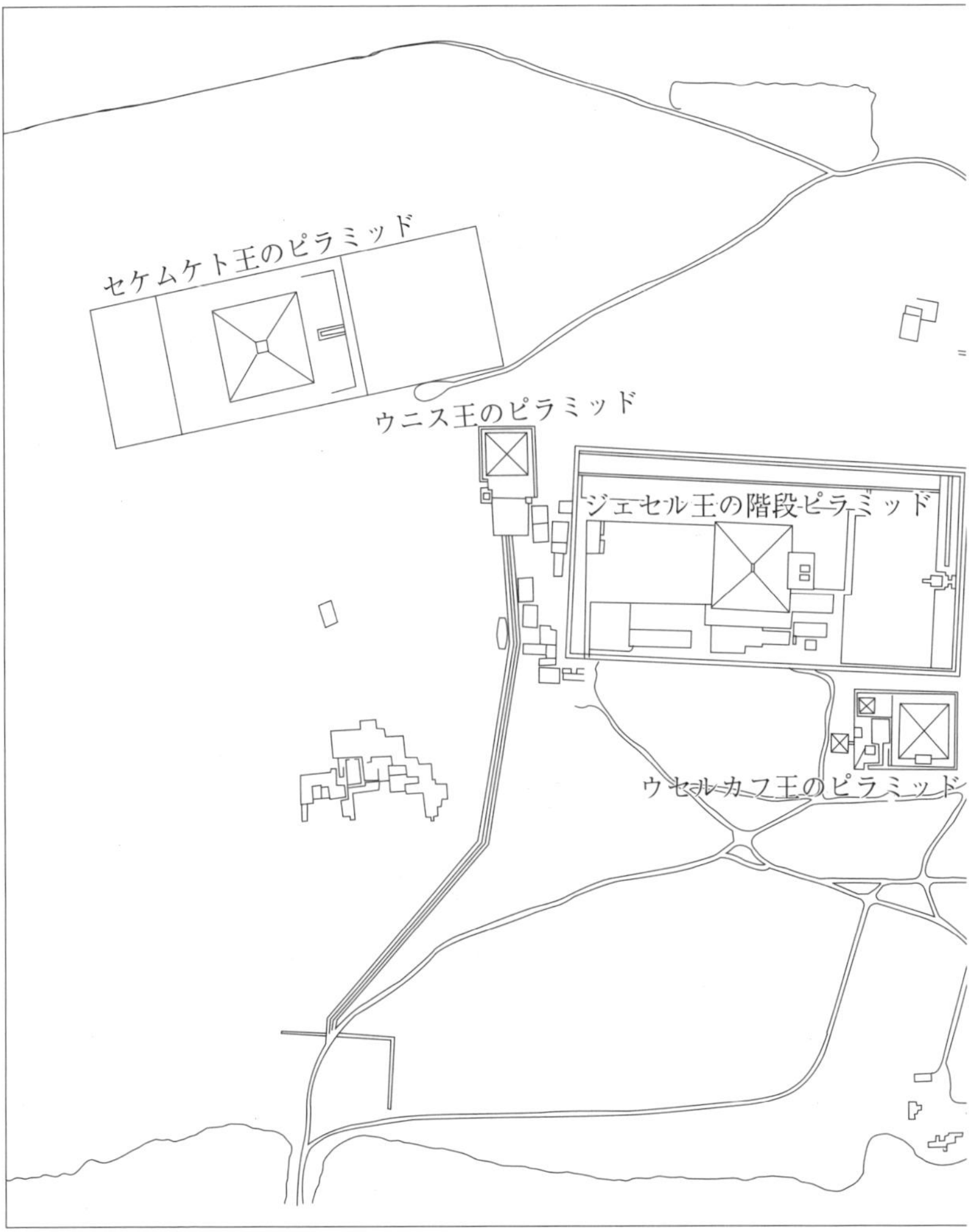

図13●サッカラ遺跡

挙げて、同時代資料に基づいた初期王朝時代の考察ができるようになっている。つまり今から五〇〇〇年も前の王たちについて、後世の歴史記述だけからではなく、当時の王たちが実際に手にしたであろうような品々からも考察できるわけである。

ただし、ようやく文字が使い始められたばかりの初期王朝時代については、資料数も少なければ、出土した文字の解読も不十分で、不明な部分も多い。

第一王朝（前三一〇〇／三〇〇〇〜二八三〇年頃）

マネトンの『エジプト史』によれば、半神の支配に続いて興った第一王朝はティニス出身のメネスに始まる八人の王から成るといい、第一九王朝に編纂された王名表も、メニ（ギリシア語でメネス）王以下、少なくとも部分的にはマネトンの記述と対応する王名を伝えている。

第一王朝の歴史研究は、アビュドス遺跡ウム・エル＝カアブにおいて、歴代の王たちの墓が発掘されたことで飛躍的に進んだ（図12）。多くの王墓の近くには二基一対の石碑が建てられていて、そこに所有者である王の名前が「ホルス王号」（50頁図15、第4章1参照）の枠の中に記されていた。いずれの王墓もすでに著しい盗掘を被っていたものの、ラベル、印章を押捺した封泥（以下、「印影」と呼ぶ）などに記された文字・図像資料や、土器、石製容器、家具などをはじめとする考古学的資料を豊富に提供した。

さらに二〇世紀末に同遺跡で発見されたデン王の印影とカア王の印影（図14）は、エジプト最古の王名表と呼ぶべき重要資料であった。デン王の印影には五人の、カア王の印影には八人の第一王朝の王名が、統治順に記されていたからである。こうして第一王朝の王の統治順序はほぼ明らかになっており、第五代デン以降の王は、後世の王名表との対応も認められている。また、マネトンの第一王朝がティニス出身の王から成るという記述も、ティニスに近接するアビュドスから王墓が発見されたことで裏付けられた。復元された第一王朝の王名と統治順序、およびそれぞれの王墓は、図15と表2（20頁）に記したとおりである。

王朝時代のエジプト人が王朝の始祖と考えていたメニ（メネス）王を、同時代資料から知られるどの王に比定すべきかについて、これまでにナルメル王とする説、アハ王とする説、架空の人物とする説などが唱えられてきた。しかし、前述の印影には、いずれも王名列の最初にナルメル王の名が記されていた。後世の人々が考えたメニ（メネス）が誰かは明らかではないものの、これらの印影からは、第一王朝の王たちが、ナルメルを自らの祖先である初代の王と見なしていたらしいことが推測される。ナルメル王の名を記した資料は、南はヒエラコンポリスから北はデルタやパレスチナまでの広い地域から多数出土しているので、おそらくこの王は実際にエジプト全土を掌握していたと考えられる（図16）。

ナルメル王に始まる第一王朝は、王墓が継続してウム・エル＝カアブに造営されていることや、各王の治世に関する記録が比較的良好に同時代資料に残されていることなどから見て、比較的政治的に

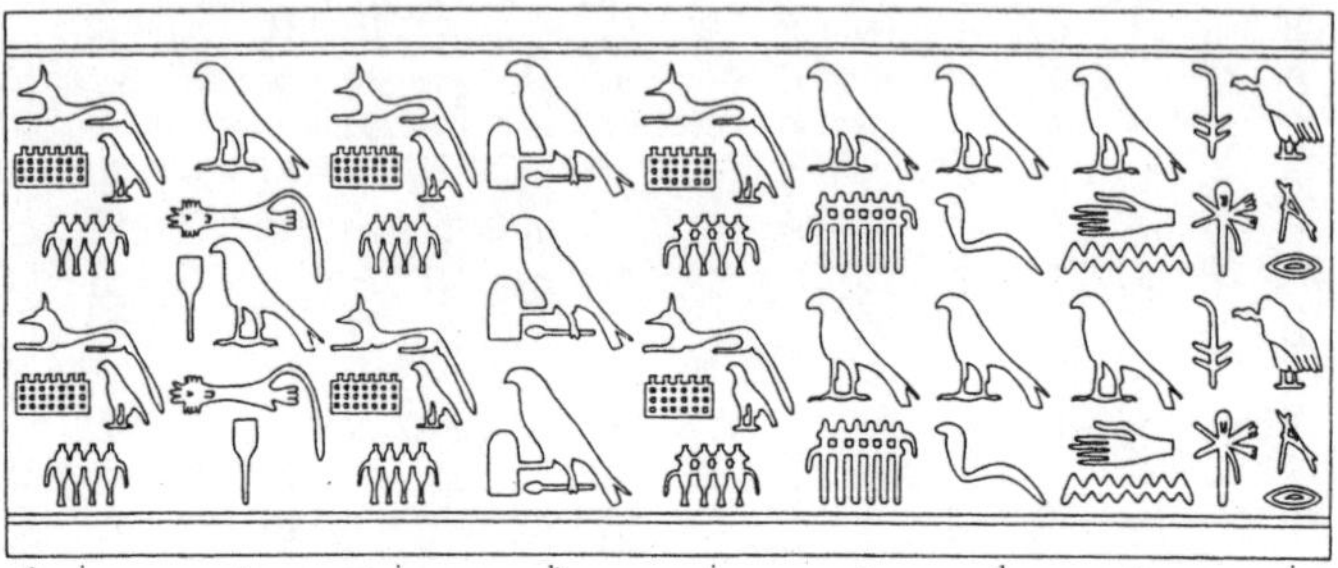

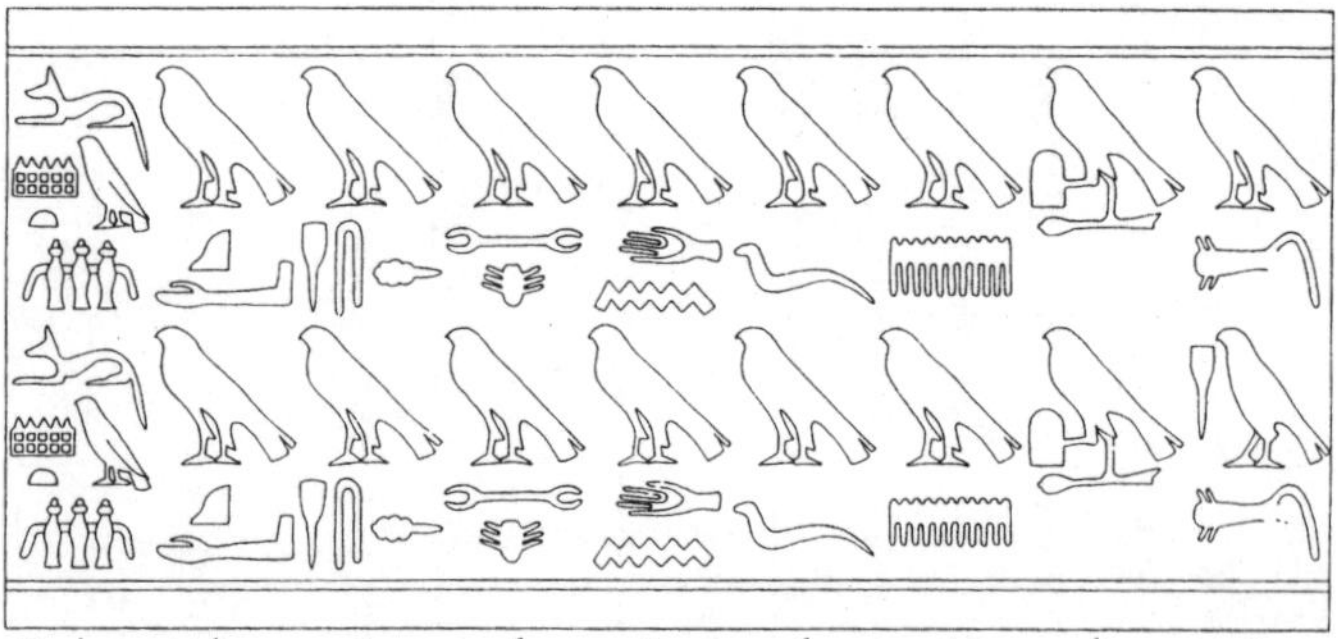

図14●アビュドス遺跡出土の印影復元図　1．デン王治世の印影（Dreyer 1987：Fig. 3）2．カア王治世の印影（Dreyer 他 1996：Fig. 26）
a：ナルメル王、b：アハ王、c：ジェル王、d：ジェト王、e：デン王、f：アネジイブ王、g：セメルケト王、h：カア王、i：ケンティアメンティウ神、j：メルネイト王妃

安定していたようである。王朝開闢後間もなく創建されたメンフィス（その付属墓地がサッカラ）を都として、王、王族、宮廷人が宮廷文化を開花させた。

第二王朝（前二八三〇〜二六八〇年頃）

それに続く第二王朝の歴史は、第一王朝よりもやや曖昧模糊としている。マネトンの『エジプト史』によればティニス出身の九人の王が統治したというが、少なくとも三人の王はエジプト北部の都メンフィスに付属する墓地区サッカラに墓を造営し、ティニスに近接するアビュドスに王墓を築いたのは、末期近くのペルイブセン王とカセケムウィ（カセケム）王のみである。また、『エジプト史』と後世の王名表の間、これらと同時代資料に記された王名との間には、対応しない部分が多い。さらに、最後の王カセケムウィ（カセケム）を除くと、同時代の資料に残された王たちの記録は数が少ない。

このような王墓地の移動、後世資料との食い違い、さらに同時代資料が稀である状況は、第二王朝が第一王朝に比べて政治的に不安定であったことを示すと思われる。第二王朝末のペルイブセン王が伝統的な「ホルス王号」ではなく「セト王号」を用い、次の王カセケムウィ王が「ホルスとセト王号」を用いた（図15）のは、しばしば論じられてきたように（屋形 1969）、第二王朝のエジプト内部に異なる神を守護神としていただく対立した勢力があり、ようやく第二王朝末になって、「ホルス王号」名カセケムを改めて、「ホルスとセト王号」名カセケムウィとした王が、再び強力な統一国家を

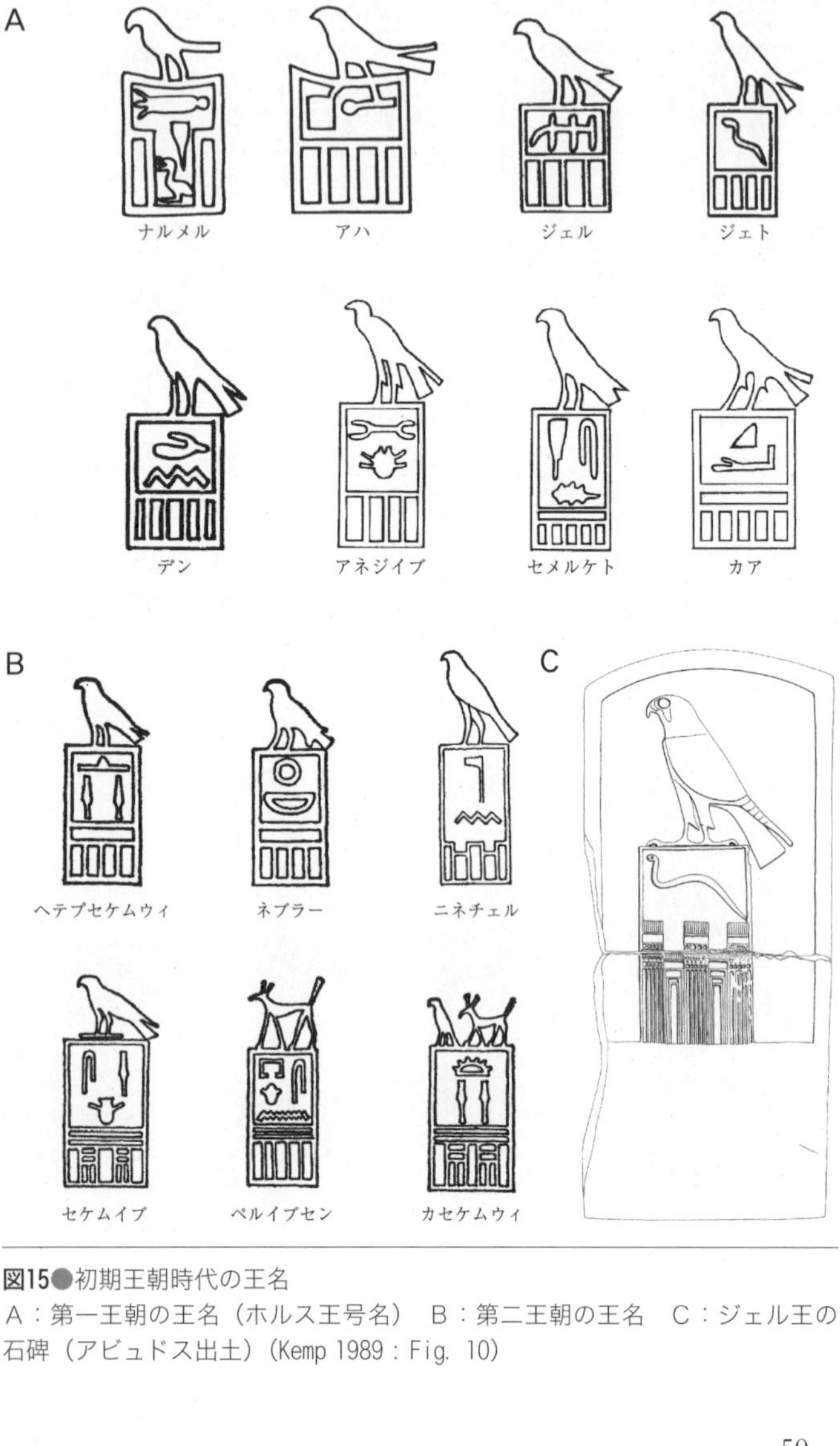

図15●初期王朝時代の王名
A：第一王朝の王名（ホルス王号名）　B：第二王朝の王名　C：ジェル王の石碑（アビュドス出土）(Kemp 1989：Fig. 10)

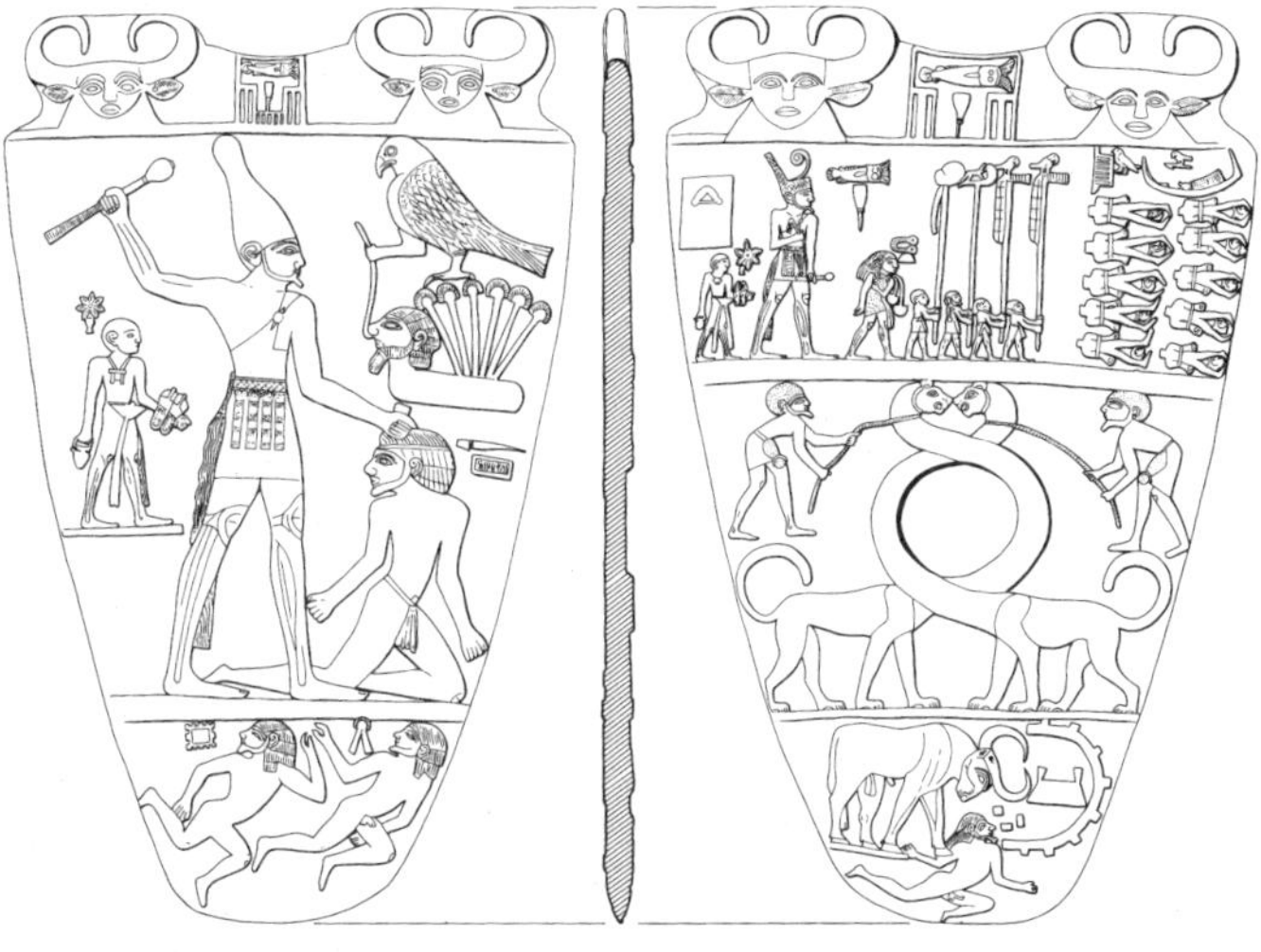

図16●ナルメル王のパレット（Kemp 1989：Fig. 12）

立て直したのかもしれない。

しかし一方で、第二王朝はいくつかの発展ももたらした。第二王朝初頭のヘテプセケムウィ王、ネブラー王、ニネチェル王は、第一王朝の王墓地であるアビュドスではなく、サッカラに墓を造営しており、石灰岩台地に掘り込まれた迷路のような複雑な地下回廊施設や、この頃に年代付けられる砂漠奥部の大周壁は、第三王朝ジェセル王が築いた階段ピラミッドの先駆となる要素を備えていた（第4章2参照）。

6 王朝国家の開花期（古王国時代前二六八〇〜二一九〇年頃）

「ピラミッド時代」とも称される古王国時代は、第三王朝から第六王朝までの四つの王朝から成り、古代エジプト文明最初の開花期として位置づけられるであろう。この時期に巨大な石造ピラミッドが建造されるようになり、その背景には官僚組織の充実をはじめとして、第4章以降で取りあげるような初期王朝時代に萌芽した諸要素の発展があった。

この時期の王宮と都はメンフィス近郊にあって、この付近を中心として古代エジプトの文化が発達した。

第三王朝

マネトンの『エジプト史』によれば、第三王朝はメンフィスの九王から成ると伝えられるが、これらの王名は他の王名表や同時代資料に記された王名とはほとんど対応していない。近年、アビュドス遺跡再調査の結果から、ジェセル（同時代資料ではネチェリケト）王が第二王朝末のカセケムウィ王の息子である可能性が高まったが、サネケト（同じくカセケムウィ王の息子？）等の先行する王がいたようである。ジェセル王がメンフィスの墓地区サッカラに階段ピラミッド（図17）を築いて以降、この王朝の王たちはメンフィス地区にピラミッドを築いているので、後世の歴史書が伝えるように、当時の中心地がこの地域であったことが裏付けられる。

第三王朝は、ジェセル王によって石材を用いたピラミッド建造が始められた時期として、古代エジプト史の大きな画期であった。大型石造ピラミッドの建造は、王権が強化されつつあることを示すだけではなく、それに必要な経済資源と資材調達を全国規模で可能にするような、大規模な官僚組織の発達が始まったことを推測させる。この頃官僚墓にも石材の使用が広まり、墓の中に文字と図像を用いて、官僚たちが自らの地位と願望を表す術を獲得しつつあった。ただし、それらはまだ端緒の段階にあった。

図17●ジェセル王の階段ピラミッド（第三王朝、サッカラ。筆者撮影）

第四王朝

第四王朝以降の歴史は、後世の王名表や年代記よりも、むしろピラミッドや官僚の墓をはじめとする発掘された同時代の資料から詳しく知られるようになる。

第四王朝のピラミッドと官僚の墓は、メイドゥーム、ダハシュールおよびギザに築かれた。まだ文字記録は乏しいものの、歴代の王のピラミッドが検出されている。概ね父から子へと王位が委譲されていることから、血統に基づく世襲的な王位継承と王族を中心とする安定した政治基盤に立脚して、強大な中央集権国家が確立したと考えられる。

第四王朝には、一気にピラミッド造営が規模や技術の面からピークに達し、古代エジプト史の中でも最大級のピラミッドが建造された。初代スネフェル王の治世にピラミッドの形態に関する試行錯誤が行われ、角錐形のピラミッド形態が完成して、次代クフ王はギザにエジプト最大のピラミッドを築いた（図18-1）。その後、カフラー王とメンカウラー王もそれに続いた（図18-2、図19）。大型ピラミッドの出現を可能にしたのは王権の著しい発達であり、この頃の王権は太陽信仰と密接に結びついていた。そして大型ピラミッドを築くための強固な建造組織が確立したのもこの時期である。それを支えるために官僚組織も、地方組織を含めて、国家規模の体裁を確立した。

繁栄した第四王朝にも、政治・宗教的葛藤があったかもしれないことは、王朝末のシェプセスカフ

図18●ギザのピラミッドと関連遺構(1)
1：クフ王の大ピラミッド（上、筆者撮影）
2：大スフィンクス（下、筆者撮影）

図19●ギザのピラミッドと関連遺構(2)
カフラー王河岸神殿の内部（筆者撮影）

王がピラミッドではなくマスタバ形の石造墓を築いたことから推測されることがある。

第五王朝

第五王朝のピラミッドや官僚墓は、主にサッカラとアブ・シールに築かれている。

第五王朝は、いっそう太陽信仰が隆盛した時代であった。王たちはたいてい名前に太陽神「ラー」を組み込んでおり、初代ウセルカフ王以降、多くの王がピラミッドの他に太陽神殿を築いた。また、中王国時代に書き残された「ウエストカー・パピュルスの物語」には、太陽神ラーと太陽神官の妻との間に生まれた三人の子供が第五王朝最初の王になるいう予言の話が記されていて、この王朝と太陽信仰の密接な関係を暗示する。

この間にピラミッド本体は小型化したが、それは王権の衰えというよりも大型ピラミッド建造以外に重きが移ったことが主要な原因らしく、比較的安定した王位継承と政権の継続が認められる。この時期に官僚組織や宗教組織が著しく複雑化・肥大化して、官僚や神官の数が増え、王族以外が高官に登用されるようになっていた。官僚たちは銘文や図像で装飾された多数の墓を築いており、これらの墓が、当時の歴史と社会について最も雄弁に語る資料を提供している。

第六王朝

第六王朝のピラミッドと官僚墓は、サッカラと南サッカラに集中している。さらにアスワン、エル=カブ、エル=ハガルサ、アクミン、デイル・エル=ゲブラウィ、メイル、シェイク・サイード、デシャシャ等の上エジプト各地や、ダックラ・オアシスにも地方官僚たちの墓が築かれた。

テティ王に始まる第六王朝は、古王国時代最後の王朝である。王権に翳りが見え始め、ペピ1世の治世には、王宮において王暗殺の企てが起こるに至った。規模が大きくなった官僚組織を維持するためには、多大な経費を必要とするようになっており、各々の官僚への報酬は少なくなった。また、地方官僚たちは地方に在住して土着化し、次第に世襲の地方豪族と化していった。

ペピ2世の長期にわたる治世の後半には、王権の拘束力がいっそう弱まっていたらしい。マネトンの『エジプト史』は、それより二代後のニトクリスという女王を王朝最後の支配者と記しているが、この女王に関する同時代資料は明確には知られていない。

こうして王権の弱体化、肥大化した官僚組織を支えるための国家経済の負担、ナイル河の水位低下や乾燥化が引き起こした飢饉、地方官僚の土着化と世襲化に伴う脱中央集権化、対外交易の衰退などが複合的な原因となって、この王朝末にあれほど繁栄していた古王国時代の中央集権国家は崩壊した。

7　第一中間期以降（前二一九〇年頃～三〇年）

第一中間期の歴史については、以下にだいぶ省略して紹介したい（第2表）。

第一中間期は、中央集権が弱体化して、統一国家が崩壊した時代である。前半はエジプト各地がそれぞれ地方豪族によって細かく分断統治されていたが、後半にはファイユームの入口近くに拠点を置くヘラクレオポリス王朝（第九・一〇王朝）と上エジプト南部に拠点を置くテーベ王朝（第一一王朝）が二大勢力となって、覇権を争った。

中王国時代は、テーベの第一一王朝のメンチュヘテプ2世がヘラクレオポリス王朝を制し、エジプトを再統一して始まった。第一一王朝は引き続きテーベに都を構え、一部の地方領主の勢力をそのまま認めながらも、全国的な中央集権体制を回復した。クーデタによって立てられた第一二王朝は、上エジプト北部リシェト近くに都を移し、地方領主の力を奪って強固な官僚組織を築き上げた。中王国時代には、再び王家が活発な建造活動や交易を行うようになり、美術や文学の分野がめざましく発達した。

第二中間期は、「ヒクソス」と呼ばれる西アジア系の外来民族がエジプトを支配したことに特徴づけられる。第一三王朝が第一二王朝を継承したが、やがてその政権の衰えに乗じてデルタに第一四王朝が興り、国内分裂に至った。さらにデルタに浸透していたヒクソスが、アヴァリスを都として独自の王朝（第一五王朝）を建てて、ほぼエジプト全土に宗主権を及ぼすようになった。これに対抗するようになったのがテーベに拠点を置く第一七王朝であり、やがてヒクソスに対して解放戦争を始めた。

新王国時代は、エジプトが従来の固有の領土外にも進出して、属州（植民地）を従える帝国を築いて栄えた時代であった。この時代は、第一七王朝の家系を引く第一八王朝のアハメス王が、エジプトからのヒクソス放逐を果たして始まった。ヒクソスを追ってパレスチナに軍事遠征を行ったエジプトは、第一八王朝前半に次第に北へ征服の範囲を広げ、第一八王朝中葉には、北方へはユーフラテス河までのシリア・パレスチナに属州を持つまでになった。また、南方へも支配を広げて、最盛期には現在のスーダン中部までの広大な版図を支配するに至った。こうして安定した王権と巨大な帝国のもとに、新王国時代には、古代エジプト史の中で最も絢爛豪華な文化が花開いた。

この時期の初期に、王家の出身地であったテーベが都となり、テーベ西岸の砂漠中にある「王家の谷」に歴代の王たちを埋葬した岩窟墓が、耕地際にそれぞれの王たちを祀る壮麗な葬祭殿（図20）が造営されるようになった。また、エジプト各地に巨大な石造の神殿（図21）が築かれた。

第三中間期は、テーベのアメン神の大司祭が、エジプト南部を支配する神権国家を立てて、タニスの第二一王朝とエジプトの支配を二分したことに始まる。その後デルタにリビア系の王朝が興り、エジプトが分断されていたところ、ヌビアのクシュ王国が、シャバカ王の治世にデルタのサイスに拠点

図20●ラメセス３世葬祭殿（メディネト・ハブ、テーベ西岸。筆者撮影）

図21●カルナク神殿大列柱室（テーベ東岸。筆者撮影）

を置く第二四王朝を滅ぼして、エジプトの再統一を果たした。

末期王朝時代は、このシャバカ王による再統一（第二五王朝）に始まったが、アッシリア帝国の侵入を受けた。その後に興った第二六王朝の時代に、エジプトは最後の独自の繁栄期を迎え、復古調の文化・芸術様式が普及した。他にも第二八・二九・三〇王朝というエジプト人の王朝が誕生したが、二度にわたるペルシア支配（第二七王朝と第三一王朝）を経て、エジプトは前三三二年にマケドニアの王アレクサンダーによって征服され、エジプト独自の王朝は終焉した。

プトレマイオス朝時代は、アレクサンダーの死後、その将軍であったプトレマイオス1世が開いた王家が支配した時代である。この王朝のもとでエジプトは、地中海岸のアレクサンドリアを都として繁栄した。為政者層がギリシア系であるこの王朝は、伝統的なエジプトの王朝のシステムを踏襲しつつも、地中海色の濃いヘレニズム風の文化をエジプトにもたらした。しかし、ローマ帝国との戦闘に敗れたプトレマイオス朝は、クレオパトラ7世の死をもって終わり、それ以降エジプトは独立を失ってローマ帝国の属州となった。

こうして古代エジプト王朝時代は約三〇〇〇年という長い歴史の幕を閉じた。

第3章……古代エジプトの生活様式

古代エジプト王朝時代の基本的な生活様式は、およそ三〇〇〇年という長期間を通じてほとんど変わらなかったばかりか、近年まで継続していた部分が少なくない。そしてその生活様式の多くができあがったのは、王朝時代よりも前の先王朝時代であった。この生活様式の長期的継続性は、エジプトの文明形成の基盤がその生活様式に深く根ざしていたことを示すと同時に、それだけが古代エジプト文明を成立させる要因ではなかった（すなわち必要条件であったかも知れないが、十分条件ではなかった）であろうことをも明瞭に物語っている。

そこで本章においては、衣食住を中心とする古代エジプトの生活様式を、とくに王朝時代の概要とその成立時期についてを交えながら述べることにする。

1 農　業

麦

王朝時代の人々は、農耕・牧畜を中心とし、狩猟・採集・漁労に補完された生業を営んでいた。その中でも麦栽培を中心とする農業は破格に重要であった。

当時の人口の大半は、麦栽培に従事する農民であった。農民たちが自らの食糧を自給し、さらに国家の経済を支えていた。麦は人々に大半の炭水化物を供給して主食となっただけではなく、貨幣のなかった当時の社会の中で、富を集めて蓄え、分配する政治的・経済的な媒介としての役割も果たしていた。これらのような意味で、麦栽培を中心とする農耕は古代エジプト文明の成立と発展に不可欠な要素であったし、農業を中心とする生活が当時の人々にさまざまな心理的影響も及ぼした。

王朝時代の人々は、小麦と大麦を栽培していた。小麦の中ではエンマー小麦が最も重要で、大麦には二条大麦と六条大麦が含まれていた。先にも述べたように（第2章2参照）、これらの麦はいずれも新石器時代からエジプトで栽培されるようになっていた。

前述の他に、新石器時代初期からアインコーン小麦やスペルト小麦の出土例がある。しかし、これらは麦畑の雑草であった可能性が指摘されていて、それ自体が作物として栽培されていたかどうかは疑問が残る。また、アフリカ大陸原産のソルガムやミレットなどの雑穀も存在したと思われるが、王朝時代のエジプトの遺跡からはこれまでのところまとまった出土例が知られていない。

ナイル河の増水と農業

麦の栽培を中心とするエジプトの農業は、先に述べたようなナイル河の季節的周期に合わせて行われていた（第1章3参照）。毎年ナイル河の増水が引いた一一月頃に沖積低地に麦の種をまき、二月から三月頃に麦の収穫を行うのが通例であった。ナイル河の増水が、ちょうど冬小麦の播種に適したタイミングで起こっていたのは幸運である。

しかし、実際にはナイル河の増水時の最高水位は、水源地帯の降水量に対応して毎年変動した。ナイル河両岸の沖積低地は、内部における比高差が二メートル程度とかなり平坦であるため、わずかな増水位の変化が平面的な冠水面積を大きく左右することになった。もしも増水位が低ければ、沖積低地の多くが冠水しないまま、すなわち水分で潤われないままになった。それはすなわち麦の収穫量の著しい減少に直結した。反対に増水位が高すぎると、麦の播種のタイミングが遅れ、収穫量の減少につながった。さらに、高すぎる増水位は微高地上に築かれた集落の建物に被害をもたらし、水の滞留は疫病の発生を招くこともあった。

ナイル河の水位が大きく農業生産高を左右するため、王朝時代から人々が毎年の増水位に多大な関心を払っていたことは確かである。第五王朝に制作された「パレルモ・ストーン」(41頁図11)には、第一王朝初期の王の治世から、毎年のナイル河の水位が記録されている。このことから、王朝時代のはじめから人々はナイル河の水位を計り、記録していたと推測できる。

麦栽培

古代エジプトの人々が畑で麦を育てる様子は、古王国時代以降しばしば官僚たちの墓の壁画に描かれれている(図22)。そこから復元された一連の農作業は、次のようであった。

まず、増水が終わって水が引き、水分と養分で潤い、柔らかくなった畑の土を、手に持った鍬や牛に引かせた犂で耕す。次に、耕した畑に籠に入れておいた麦の種を手で播き、羊や山羊などの家畜に踏ませて土の中に種を埋め込んだ。壁画にはほとんど描かれていないとはいえ、麦が生育する間に害虫や鳥などの害獣を追い払うなどのいくつかの手入れが行われたであろう。やがてたわわに実った麦の穂を、大きな弧の内側に石や銅製の刃を取り付けた鎌で刈り取った。似たような形の鎌はすでに新石器時代のファイユーム文化の遺跡から出土例があり、壁画を見る限り、古王国時代には穂の下の茎ごと麦を刈り取ったようである。刈り取った麦の穂は、籠や袋に入れ、時にロバの背に乗せて脱穀場に運んだ。

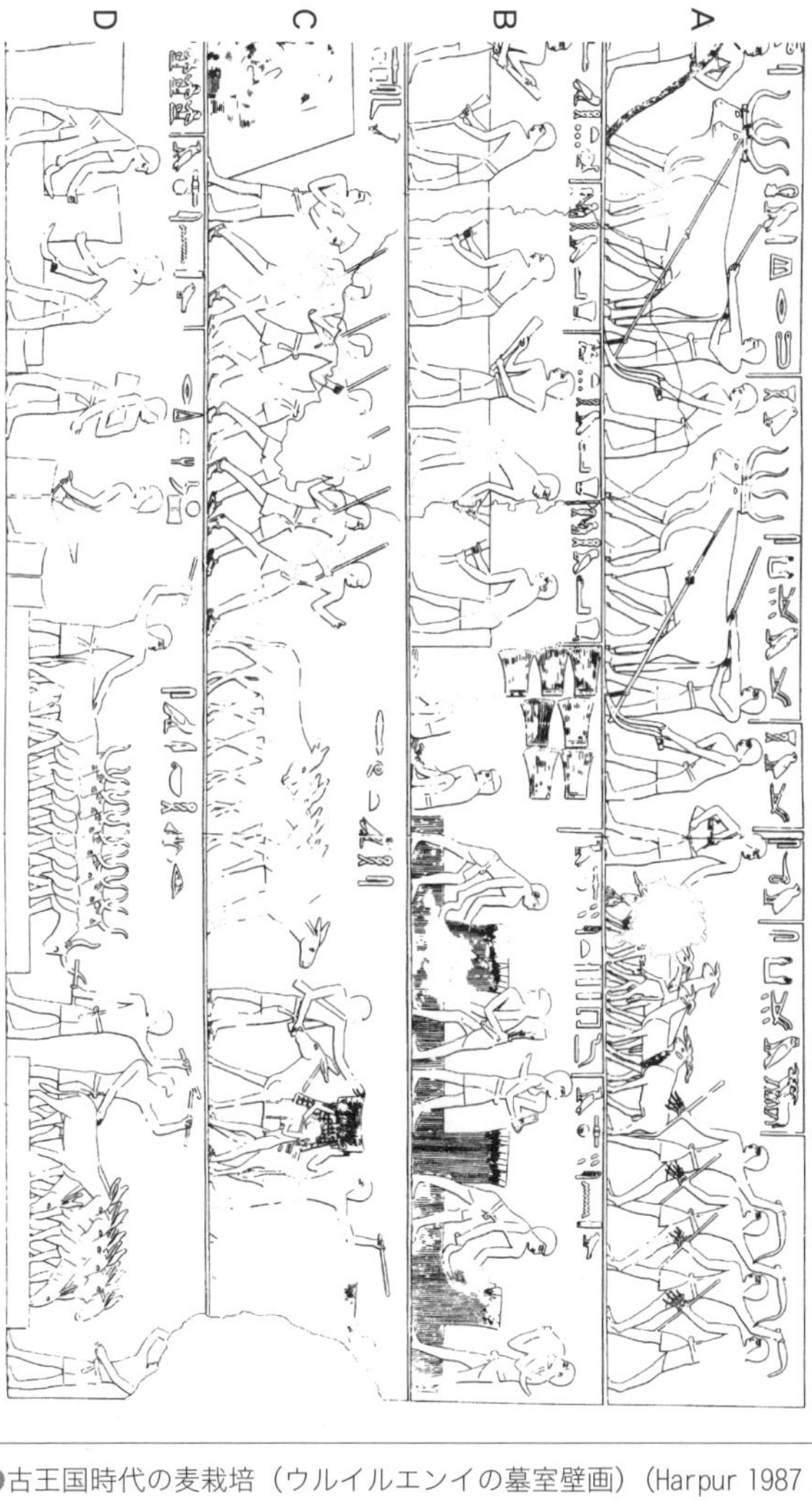

図22●古王国時代の麦栽培（ウルイルエンイの墓室壁画）（Harpur 1987：Fig. 132）
A：耕作と種まき　B：亜麻と麦の収穫　C：麦の運搬　D：脱穀

脱穀場に運ばれた麦の穂は、円形の平らな場所に並べられ、牛やロバに踏ませて穂から穀粒が分離された。それから穀粒を混ざった藁から取り出すために、空中に穀粒を投げ上げ、軽い藁を吹き飛ばして重い穀粒をより分けた。こうして茎から分離された穀粒には、まだ籾殻が付いていた。麦の貯蔵は通常この籾殻付きの状態で行われたらしく、壁画ではしばしば脱穀の場面の近くに穀物倉に麦を納める様子が描かれている。

先の章でも述べたように、ナイル河の増水周期に合わせた冬麦栽培の起源は前六千年紀後半のファイユーム文化まで、そしてナイル河の沖積低地を耕作地として使用する農耕もほぼ同じ頃のメリムデ文化まで遡る。エンマー小麦と大麦を主要作物とする農業もこの時期には行われていて、前五千年紀末のバダリ文化の頃には、上エジプト中部まで沖積低地を利用した麦栽培を主体とする農業が普及していた。その後の王朝時代に変化が認められるのは、おそらくは農業技術と灌漑技術が向上したことであろう。

人工灌漑

現代の農業を見ると、エジプトのような乾燥地においては、たいてい保湿と脱塩を目的とした人工的な灌漑を行っている。しかし、毎年夏季に増水するナイル河は、乾燥した土地に水分を与えるだけではなく、植物の生育を阻害する塩分を土壌から洗い流し、さらに上流から有機物を含む肥沃な土を農耕地に運び込んだ。これらの効果を持つ点で、ナイル河の増水は「自然灌漑」とも呼ぶべき恩恵の大きい現象であった。

しかし、この恵まれた環境の中でも、王朝時代には人工的な灌漑が行われるようになっていた。主な灌漑システムは「貯留式灌漑」と呼称され、同じような灌漑方法が二〇世紀中葉まで続けられていた。

貯留式灌漑は、沖積低地に運河と低い堤を建造することによって、増水時に沖積低地すなわち耕作地に流れ込む水を制御するシステムであった。運河を用いて、増水位が低いときにそのままでは冠水しない農地にも水を引き込み、砂漠縁辺部に近い低湿地から速やかに水を排出して耕地化することができた。堤は、低水位の際に引き込んだ水を長期間とどめておいたり、高水位の際に集落を防御するために役だった。つまり、可能な限り面積の広い沖積低地＝耕作地を、増水時の適した期間冠水させて、ナイル河の自然灌漑の効果を増幅もしくは安定化させるシステムだったのである。

このような人工的な灌漑がいつから行われたのかについては諸説がある。前四千年紀の王朝時代以前から始まっていたとする説を支持する研究者たちは、それを示す資料として、しばしば第一王朝開闢直前の支配者である「サソリ王の棍棒頭」を挙げる（図23-2）。表面に刻まれた浮彫の中段に大きく描かれた王は、手に鍬を持ち、足下の運河を掘削している様子であるため、これが運河を用いた灌漑が行われた証拠と見なされたのである。

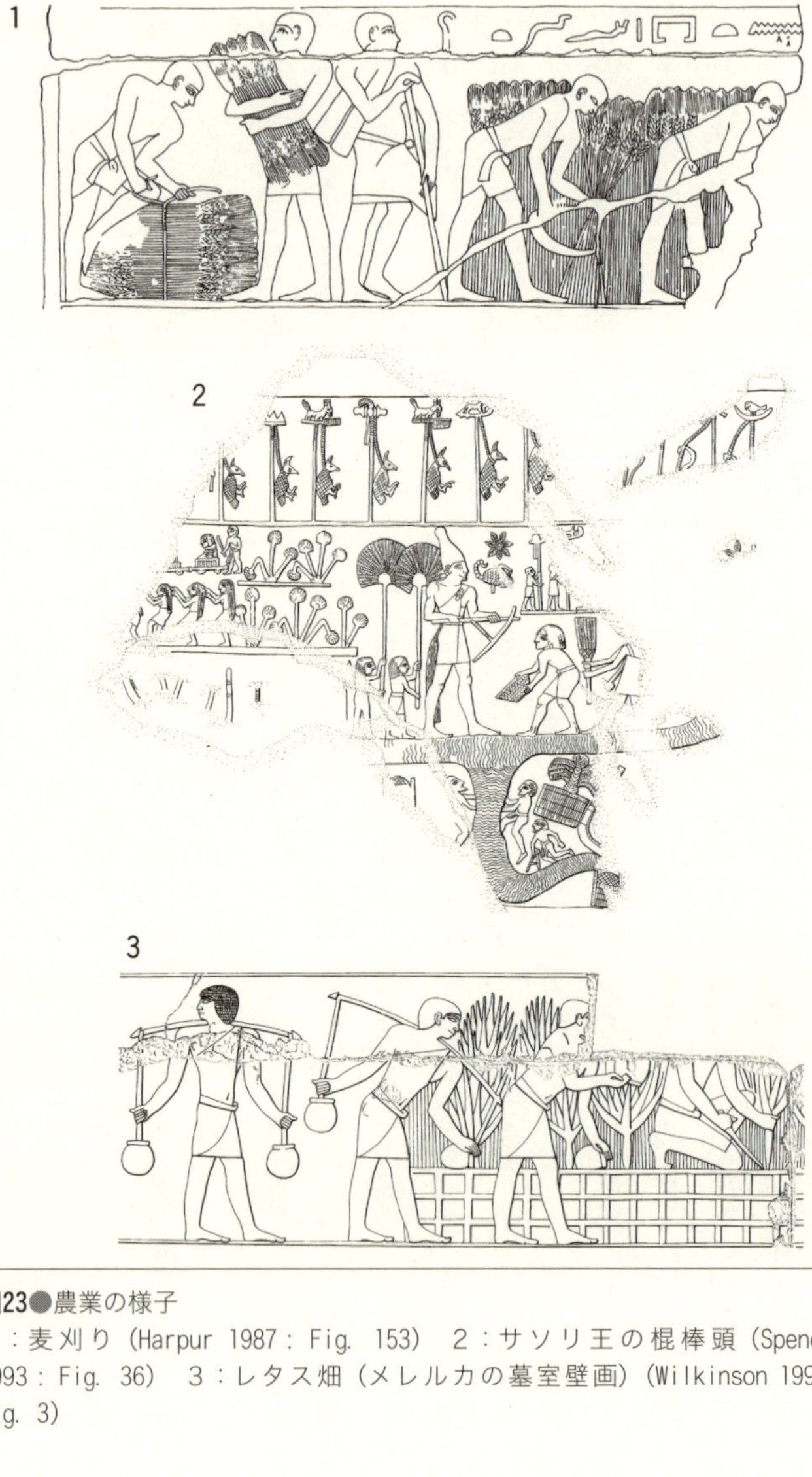

図23●農業の様子
1：麦刈り（Harpur 1987：Fig. 153） 2：サソリ王の棍棒頭（Spencer 1993：Fig. 36） 3：レタス畑（メレルカの墓室壁画）（Wilkinson 1998：Fig. 3）

近年むしろ本格的な人工灌漑は中王国時代以降に始まったとする説（Butzer 1976）が有力であるが、貯留式灌漑は地域レベルで行うことができるので、早くから地域レベルの小規模な灌漑や土地改良の試みが行われていた可能性は高いであろう。すなわち、何らかの人工灌漑は先王朝時代から行われていた蓋然性は高い。

その後、新王国時代には園芸農耕用に跳ねつるべ（シャドゥーフ）が、プトレマイオス朝時代には役畜を動力源とした揚水車（サーキヤ）が導入されたが、これらは王朝時代初期の麦栽培には関与していない。

野菜と園芸農耕

人間の身体は炭水化物以外にも、ヴィタミン、タンパク、脂肪やミネラル等、他の栄養素を必要とする。これらの栄養素を得るために必要なさまざまな野菜や果物、調味料として用いるハーブ類も、少なくとも一部は人工的に栽培されていた。

野菜や果物は、主に畑の一角や家屋に隣接した庭に作られた菜園で栽培されていたらしい。サッカラにある第六王朝の宰相メレルカの墓の壁画（図23-3）には、碁盤の升目のように細かく区切られた畑にレタスを植え、天秤棒の両端にとり付けた壺で水を運んで水やりしている様子が描かれている。太陽の恵み豊かなエジプトでは、野菜や果物はたいして手間をかけずに育てることができた。そこで、あちこちで家庭規模の小規模な栽培が行われていたであろう。今日のエジプトでも、家庭菜園はいたるところで見かける光景である。

古代エジプトで栽培された野菜と果物については、壁画、文献、出土遺物等の資料がある。野菜や果物に関する古代エジプト語は豊富に知られているが、古代言語を現代的な植物学的に分類された植物と対比することはしばしば難しい。そこでここでは、近年の植物考古学の研究成果を重視して、主に実際の植物からも同定された野菜と果物を紹介する。

多様な豆類は、とくにタンパク質含有量が多いために、麦に次いで重要な植物質食料であった。古代エジプトでは牧畜や漁労も行われ、動物からタンパク質を摂取することは可能であったものの、農民をはじめとする多くに人々にとって肉や魚を食すことは稀であり、主なタンパク源は豆であった。豆類は最も古くから栽培が確認されている植物の一つで、新石器時代にほぼ麦と時を同じくしてエジプトでも栽培されるようになっていた。

直径が五ミリメートル前後の扁平なレンズマメは、古くから最も一般的に食された豆類である。最古の出土例は新石器時代のメリムデ文化に遡り、その後も多数の出土例が知られている。エンドウマメはそれに次いで普及しており、やはり新石器時代から豊富な出土例がある。ソラマメもおそらくは王朝時代以前から栽培が始まっていた。ヒヨコマメは、やや付き出した三角形の胚芽が鳥の嘴を想起させることから、古代エジプト人たちも「ハヤブサの顔」と呼称していた。実物の出土例は少ないものの、新王国時代までには栽培されていたと思われる。

リーク（ネギ）、タマネギおよびニンニクは、ごく一般的に用いられた野菜であった。日本の長ネギに似た形のリークは、細かくはガーデン・リークと呼ばれる根の部分がやや膨らむ種類と、カラットと呼ばれる根が小さく、主に茎と葉を食べる種類に分けられると言う。これらとは別にタマネギも栽培されていたらしいが、いずれも考古学的出土例が少なく、しばしば植物学的な種類の同定が難しい。リークもタマネギも古王国時代から壁画に登場し、この頃には栽培されていた可能性が高い。先王朝時代からニンニクと考えられる模型が出土していることから、ニンニクの栽培起源も王朝時代以前に遡り、一般的に栽培されていたようである。

瓜類には、スイカやマスクメロンなどの甘いタイプとキュウリのような緑色の甘くないタイプがあった。スイカは、野生種段階の種子が先王朝時代から出土しており、栽培種と思われる種子も最古例は先王朝時代に遡る。古王国時代からは壁画にも縞模様を持つスイカのような楕円形の瓜が描かれた。当時のスイカは、おそらく果肉よりも種子を食べるために栽培されたと思われる。古王国時代以降しばしば壁画に描かれる湾曲した細長い瓜は、いわゆるキュウリではなく、シャートメロンの一種であろうと考えられていて、先王朝時代から種子の出土例がある。

葉物野菜として、王朝時代にはレタスが頻繁に食されていた。エジプトのレタスは葉が真っ直ぐに伸びるタイプで、時に高さが一メートル近くなったらしい。実物の出土例は少ないものの、供物として捧げられたレタスとその栽培の様子は古王国時代から壁画に描かれている（図23−3）。今日一般に野菜に分類されるセロリは、王朝時代には主に野生種が薬剤や調味料の一種として用いられていた。ラディッィシュ（大根）は、白色の太い根を持つタイプが中王国時代のカフーンから出土しているが、ローマ時代にプリニウスが記述するまで、確実な資料がない。

何種類かの植物からは、油が採取された。亜麻、ヒマ、バラノス、モリンガ、サフラワー、オリーブなどが王朝時代の搾油植物として知られている。これらのうち亜麻は新石器時代から栽培されていたことが確実であるが、ヒマは新石器時代末のバダリ文化期以降、バラノスは先王朝時代以降出土例があるものの、野生にも生えていたため栽培の起源は不明である。ゴマについては確実な資料がないとはいえ、栽培されていた可能性が高い。黄色染料の原料ともなったサフラワーは新王国時代までに西アジア方面からエジプトに導入され、モリンガは確実な例がプトレマイオス朝以降にまで時期が下る。また、オリーブは第五王朝から文字資料に名前が言及されているが、新王国時代になるまで実物出土例がない。エジプトの気候がオリーブ栽培に適さないため、多くが国外からの搬入品であった可能性があり、初期のエジプトで栽培された規模は限られていたらしい。

亜麻は植物繊維の素材としても重要であり、ファイユーム文化の遺跡から出土例があるため、前六千年紀末に西アジアからエジプトに持ち込まれたことが知られている。王朝時代の人々は約一二〇センチメートルの高さの茎の上に青い花を付ける一年生の植物である亜麻を畑で栽培して、茎から衣服の素材となる繊維を取り出した。亜麻は、通常秋から初冬に種を播き、春先に根本から引き抜いて収穫された（69頁図22）。

前述のように、少ない確実な資料から見た限りでも、主要な野菜類の多くは先王朝時代まで栽培が遡り、古王国時代末までにはさらに種類が増えて、概ね王朝時代に一般的であった種類が出そろっていたと考えられる。

果物と果樹栽培

古代エジプトの人々が果物も食していたことは、壁画に描かれる供物に頻繁に果物が含まれていることから明らかである。これらのうちいくつかの果物は野生の草木から採集されたらしいが、一部の果物については栽培が行われていた。新王国時代の墓室壁画に描かれた庭の様子を見ると、家屋周辺で多様な果樹が栽培されていたらしい。第四王朝初期の官僚メチェンは、自らの所領にブドウとイチジクを含む樹木を植えたと記しているので、古王国時代から果樹を植える習慣があったことは確かである。

ナツメヤシは、王朝時代から今日まで、最も好んでエジプトの庭に植えられた果樹の一つである。真っ直ぐに伸びた太い幹の上方に葉が茂り、夏の終わりに干し柿に似た味の甘い実を付ける。砂糖がなかった当時には、甘味料としても重要であった。野生種の種は旧石器時代から出土例があり、おそらく中王国時代には人工授粉を行う栽培も始まったと考えられている。ドム・ヤシは、高い幹に楕円形の実を付ける植物で、実の中身を食すことができた。後期旧石器時代のワディ・クッバニーヤ遺跡や前五千年紀末のバダリ文化の遺跡から出土例があり、先王朝時代には栽培が始まっていたらしい。

イチジクには、普通のイチジクの他にシコモア・イチジクと呼ばれるもう一つの種類があった。味や形はほぼ同じで、いずれもそのまま食べるだけではなく、甘味料の一種としても用いられた。イチジクは、おそくとも中王国時代以降には栽培されていたらしい。一方シコモア・イチジクは、最古の出土例が新石器時代のオマリ文化まで遡り、古王国時代のピラミッド・テキストには何度かその名(もしくは普通のイチジクの名)が言及されている。

現代のエジプトで「ナバク」の名で呼ばれているサクランボ大の黄色い実を付けるサンザシは、先王朝時代から比較的豊富な出土例があるが、初期のものは野生種かもしれない。今日もエジプトの庭に植えられていて、味はリンゴのようである。高木に直径二センチメートルくらいの黄色く甘い実を付けるペルセアとエジプト・プラムは、第三王朝から出土例があるが、栽培時期は不明である。ザクロは第二中間期以降に外部からもたらされ、エジプトでも栽培が始まった。

古代エジプトで栽培された果樹のうち、最も重要なものの一つがブドウである。ブドウは生のまま食されただけではなく、後述するように、王朝時代の初期から果汁を絞ってワインが作られるようになっていた。ブドウの種は新石器時代から出土例があるが、栽培種であるワインブドウが西アジアからエジプトに導入され、栽培されるようになったことが確認されるのは初期王朝時代である。第一王朝アネジイブ王や第二王朝カセケムウィ王治世の印影にブドウ棚が描かれていることから、この頃すでに棚を作って栽培する方法が用いられていたと考えられる。

果樹の多くは野生にも存在したため、しばしば栽培起源を特定することは困難である。概して果樹栽培の開始は麦や野菜類よりも遅いようであり、先王朝時代から確実に栽培が始まっていたのは少数に限られる。前四千年紀後半は、パレスチナでオリーブ、ワインブドウ、ナツメヤシ、イチジク、ザクロを含む果樹栽培が大規模に行われるようになった時期と捉えられている。エジプトにおいても、先王朝時代から家屋付近に生育する果樹の手入れや利用は始まっていたと思われるが、ワインブドウのような特殊な果樹の本格的栽培は、初期王朝時代におそらくは宮廷文化成立とともに始まったようである。

2 牧畜業

牧畜は、古代エジプトにおいておそらく農耕に次いで重要な生業であったが、その意義は麦を中心とする農業とはだいぶ違っていた。家畜は、食糧であると同時に貴重な財産でもあったことが、家畜を数える調査が初期王朝時代から記録されていて、家畜調査の様子が王朝時代の壁画や模型に表されていることからも明らかである。冷蔵庫を持たない古代人にとっての家畜は、身近に活かしておけば新鮮な蛋白源を最も有効に保存・活用する手段となり、自ら移動する手段を備えているだけではなく、繁殖させることによって財産を殖やすことができる手段でもあった。さらに家畜は、乳、皮革や獣毛、骨角の供給源としても重要であった。しかし、誰もが日常的に家畜の肉を食せたわけではなく、農民や貧しい人々はおそらく滅多に肉を口にすることはなかったであろう。

遅くとも前六千年紀終わり頃にはアフリカ大陸北東部において牧畜が確立しており、王朝時代には牛、羊、山羊、豚の家畜や家禽が飼育されていた。その飼育方法や役割は種類によって異なっていた。

牛

牛は、古代エジプトにおいて最も重視された家畜であった。肉、骨髄、ミルクが食糧になっただけではなく、角、骨、皮が工芸品の材料に、油は燃料や化粧品に用いられ、糞さえもが肥料や燃料として使用された。さらに牛の肉は、しばしば神々や死者に供物として捧げられた。

壁画からは、王朝時代に四種類の牛が飼育されていたことが知られている（図24-1）。第一種は長い竪琴形の角を持つタイプで、古王国時代から壁画に描かれ、「ネガウ」と呼ばれた。第二種は「ウネジュウ」と呼ばれた短い角を持つ牛で、第五王朝から壁画に登場するが、普及するのは第二中間期

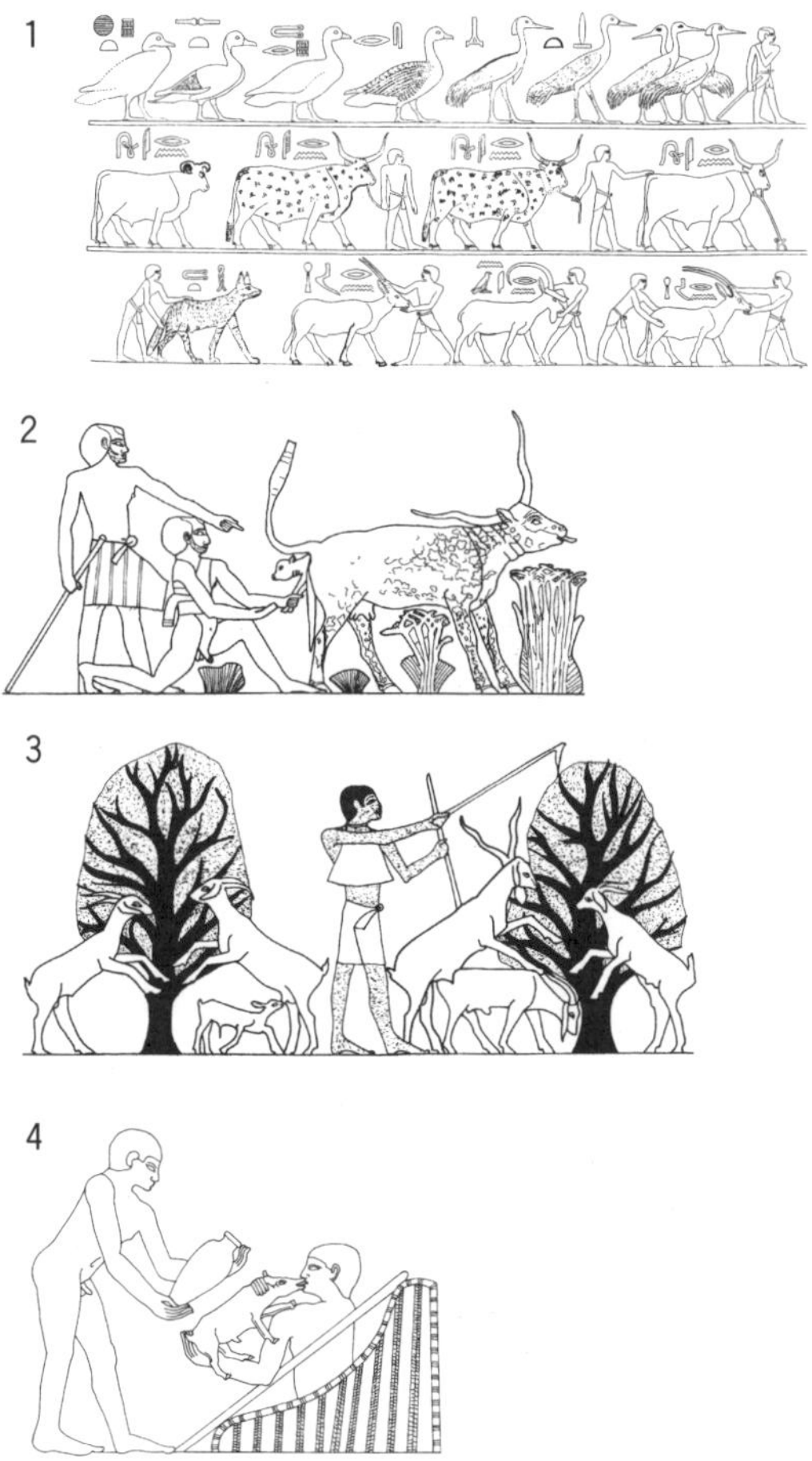

図24●牧畜の様子

1：家畜動物（ネフェルの墓室壁画）（Ikram 1995 : Fig. 2）　2：牛の出産（ティイの墓室壁画）（Janssen and Janssen 1989 : Fig. 23）　3：山羊の飼育（ネフェルとカハイの墓室壁画）（Janssen and Janssen 1989 : Fig. 25）　4：豚の飼育（カゲムニの墓室壁画）（Janssen and Janssen 1989 : Fig. 27）

以降である。第三種は角のない牛で、古王国時代から描かれることがあるものの、比較的稀である。第四種はゼブ牛で、新王国時代になってエジプトに導入されたといわれるが、疑義も提示されている。

牛は体が大きく多量の食糧を必要とするため、飼育には手間がかかった。そのため王朝時代には主に王や王族、神殿あるいは貴族によって所有され、牛飼いたちが飼育を担当していた。牛飼いたちが牛の群を管理し、餌をやり、出産を助け、子牛を育て、搾乳する様子を描いた壁画は、古王国時代以降豊富に残されている（図24-2）。通常、放牧によって牛に飼料が与えられ、とくにデルタで盛んに放牧が行われていたらしい。しかし、時には穀物等の飼料を手で与えることもあった。一方農民たちは、農作業等に役立てる役畜として牛を飼うことはあったものの、食肉用として消費することはほとんどなかった。

牛は、上述のようにアフリカ大陸北東部で旧石器時代から飼育されていたという説があり、新石器時代には確実に飼育が始まっていたが、初期の飼育方法の詳細については不明である。後述のように、初期王朝時代には牛を飼う施設が、王家によって所有されていた（第4章3参照）。

羊と山羊

羊と山羊は、牛に比べれば体が小さく比較的飼育しやすいため、王族や貴族以外の人々にも飼育が可能であった。羊と山羊は性質がおとなしく、自然に群を作りたがることも、飼育が簡単な理由であり、山羊や羊の群を率いた牧者たちの姿は、古王国時代以降の壁画に登場する。羊と山羊は、肉とミルクを食糧として提供するほか、獣毛、腸、皮などが工芸品の材料として使用された。

古代エジプトの壁画には、二種類の羊が描かれている。一種は、角が横に向かって伸びるタイプで、毛足が長く、細い尾を持ち、中王国時代まで主流を占めた。もう一種は、丸まった角と短く脂肪の付いた尾が特徴で、中王国時代以降に普及した。

山羊も壁画に何種類かが認められるというが、諸説がある。最も一般的なのはねじれた角を持つタイプで、他に半月形の角を持つタイプがいたという。ねじれた角を持つタイプの山羊は、先王朝時代あるいは新石器時代まで遡る。主に草のみを食べる羊に比べて、山羊はさらに強力な消化器官を持っていたため飼料の範囲が広く、乾燥や疫病にも強かった。例えば、サッカラにある第五王朝のネフェルとカハイの墓には、牧者に率いられた山羊が木の葉を食べる様子が描かれている（図24-3）。

豚

豚は野生のイノシシを家畜化したもので、王朝時代の豚は比較的やせて色の濃い体毛を持つ動物として壁画に描かれている。雑食性であるため、残飯等の飼料で飼育することができた点が、牛や羊・山羊とは異なっていた。

前述のように豚は新石器時代のメリムデ文化から飼育が始まっており、不思議なことに王朝時代の神殿や墓の壁画には滅多に登場しないが、遺跡から出土する獣骨から、実際には比較的一般的に飼育されていたことが明らかになっている。サッカラにある第六王朝の宰相カゲムニの墓室壁画（図24-4）には、子豚にミルクを与える男性の図が描かれており、豚も丁寧に飼育されていたことを物語っている。

家禽

エジプトでは多様な家禽の飼育が盛んであった（81頁図24-1）。ガチョウ、アヒル、ハトが王朝時代に一般的で、肉を食べるだけではなく、卵も利用された。鶏は、第二中間期もしくは新王国時代頃になるまで知られていなかった。

飼育された鳥類は野生にも生息していたので、飼育の起源は明らかではない。しかし、ガチョウ、アヒルおよびハトは、遅くとも古王国時代には飼育されていたことが当時の壁画から確認されている。囲いをした庭に家禽を放し飼いにしたり、鳥籠で家禽を飼育する図は、サッカラにある第五王朝の宰相カゲムニの墓をはじめとする官僚たちの墓の壁面を飾っていた。上記のような一般的な家禽以外にも、ツルなどの野生動物が飼育されることがあったが、食糧目的であったかどうかは明らかではない。

3 狩猟・漁労・採集

前六千年紀末以降に農耕・牧畜が導入されるまで、ナイル河流域の人々の生活は、狩猟・漁労・採集という、獲得経済によって支えられてきた。新石器時代に農耕・牧畜が導入された後も、これらの生業は比重と意義を若干変えながら続いてきたが、王朝時代の経済の中でこれらの重要性は相対的に低くなっていた。

狩猟

狩猟は旧石器時代から行われてきた生業のうち、王朝時代に最も衰退した生業である。前四千年紀の先王朝時代までは比較的頻繁に狩猟が行われていたらしいことが、遺跡から出土する野生動物の骨から推測されており、王朝開闢前後の印章には王家の猟場を示すと解釈される文字も記されている。しかし、古王国時代の壁面にも狩猟の描写は登場するものの、王朝時代に野生動物の狩猟を示す証拠は著しく減少してしまう。この原因の一つは、気候の乾燥化に伴う環境変化にある。新石器時代に始まる気候の乾燥化は王朝時代初期まで次第に進行し、古王国時代のうちに、かつてはナイル河流域近くにも生息し、現在もスーダンや東アフリカに生息しているサバンナの動物が、ナイル河周辺から消滅あるいは激減してしまったという。さらに、新石器時代に始まった農耕・牧畜に依存する経済が王朝時代にすっかり定着して、ナイル河に生息する魚類の他にも、タンパク質を栽培した豆類や家畜動物から得られるようになったため、狩猟の重要性が低下したのであろう。

野鳥狩りは、王朝時代になってからも比較的頻繁に行われた狩猟であった。ナイル河流域の湿地にはたくさん鳥類が生息しており、さらに渡りの季節には、暑い夏には地中海北岸のヨーロッパに棲み、寒い冬にはアフリカ大陸に移動する渡り鳥が飛来した。古王国時代頻繁に官僚たちの墓室壁画に描かれた湿地での野鳥狩りの場面からは、当時の人々が「投げ棒」と呼ばれるブーメランに似た棒状の道具を用いて野鳥を狩っていたことが知られる。

その他アンテロープ、オリックス、ガゼル、ウサギ、カバ等の出土獣骨や壁画の描写は、狩猟が継続していたことを示す。先王朝時代以来、これらの動物の狩猟には弓矢、銛などの道具が使用され、猟犬も用いられた。王朝開闢前後の印章に描かれた図柄が狩猟用のわなであるという従来の解釈が正しければ、わなもこの頃には用いられていたことになる。

一方、生業活動とは別に、王朝時代には祭儀やレジャーとしての狩猟や漁労が行われたことが知られている。官僚たちがピクニックのように家族づれで湿地を訪れ、墓主である男性が野鳥を狩る姿が、古王国時代以降の墓室壁画に頻繁に描かれている。

漁労

ナイル河とその周辺の湿地に生息する魚を捕らえて食糧とすることは、すでに後期旧石器時代から盛んに行われていた。その後農耕と牧畜が主生業となった王朝時代になっても、魚類はナイル河流域で生活する人々にとって重要な蛋白源だったようであり、漁労活動が衰退することはなかった。

基本的にナイル河は豊かな魚類の生息地で、ナイル河の魚類については、壁画と出土魚骨からの情報がある。古くから頻繁に食されていた魚類として、ナマズ、ナイル・パーチ、ティラピア、ボラ、ウナギなどが知られている。これらのうち、ナマズ、ナイル・パーチ、ティラピアは旧石器時代からナイル河流域で捕獲されていた。

王朝時代の壁画に人々が漁労を行う姿が描かれており、その方法は多様であったがことがわかっている（図25）。最も古くから行われていた漁労方法は、おそらく手で魚を捕らえる方法であったと思われるが、先王朝時代のうちに銛や釣り針も使用されていた。そして、すでに古王国時代第五王朝までには、漁網やわなも用いられていたことが確実である。

銛は最も古くから使用された漁労具の一つで、続旧石器時代には骨製の銛が頻繁に用いられていた。先王朝時代には骨製の他に銅製の銛も作られるようになり、先端が尖った単純な銛だけではなく、複数の返しが付いた銛、離頭銛、二つの銛頭を持つ銛などの多様な形態の銛が作られた。王朝時代の墓

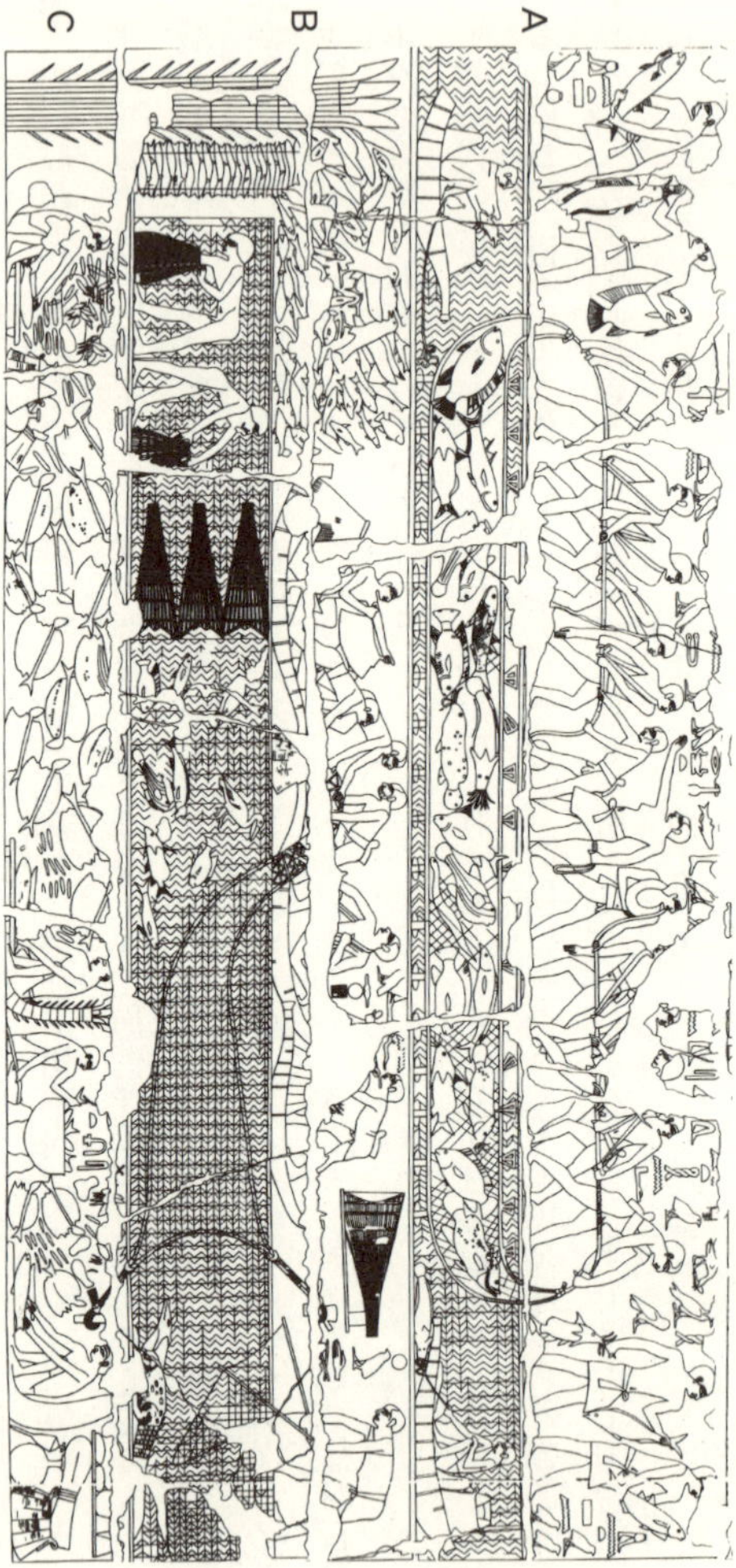

図25●漁の様子（ニアンククヌムの墓室壁画）（Harpur 1987 : Fig. 83）
A：引き網を使った漁　B：筌と小型の網を使った漁　C：魚の解体と干物作り

室壁画には、ティラピアなどの魚を銛で突いて捕らえる図柄が描かれていることから、銛による漁労がその後も継続したことが明らかである。

釣り針もメリムデ遺跡やオマリ遺跡から骨や角から作られた出土例があり、すでに新石器時代には普及した漁労方法であったと思われる。王朝時代の壁画に登場例は比較的少ないが、サッカラにある古王国時代第五王朝の王女イドゥトの墓の壁画には、一本の綱の先に四つの釣り針を付けて舟の上から釣りをする人物が描かれている。古王国時代まで返しのない釣り針が用いられ、返しのある釣り針が一般的になったのは中王国以降であった。

複数の漁師たちがときにはパピルスの舟に乗り、漁網を使って魚を捕獲する様子は、古王国時代から古代エジプト人が好んで墓の壁画に描いたモチーフである（図25）。漁網の錘と思われるものが新石器時代のメリムデ文化やオマリ文化以降に出土例があることから、おそらく漁網の起源も古くまで遡り、王朝時代最古の壁画は第四王朝初期に年代付けられる。王朝時代の漁網には、V字形の枠を付けて手で魚をすくうように扱う捕虫網のような小型の網（図25-B）と、長方形の大型網を多人数で扱う引き網（図25-A）があった。しばしば墓室壁画に描かれる大勢の漁師がロープを引いて魚を捕らえる場面は、この引き網を使った漁である。

また、筌《うえ》を用いた漁労も行われていたことが、王朝時代の壁画から知ることができる。古王国時代の壁画には、細長い円錐形をした籠のような筌を使って漁をする人々が描かれている（図25-B）。筌を河の中に浸けておき、広い方の口から入った魚が出られない仕組みになっていたらしい。ざるのような形のわなを使った漁の様子も、壁画に描かれた例があった。ただし、王朝時代以前の漁網やわなを使った漁法については、詳細が明らかではない。

上記のように、ナイル河周辺における漁労は旧石器時代まで遡り、主要な漁労方法も多くが王朝時代以前に開発されていた。

採集

植物採集は、旧石器時代には中心的な生業の一つであり、新石器時代に農耕・牧畜が導入された後にも継続されてきた。しかし、食物経済におけるその比重の変化については、先に述べたような栽培植物の候補が野生種か栽培種か不明のものも多く、王朝時代の壁画にはほとんど採集の様子が記されていないので、正確に推し量ることは難しい。

野生植物のうちで、湿地に生えるパピルスは王朝時代に使用頻度が増した植物であったかもしれない。パピルスの茎はボート、紙、ロープやマットの材料となり、茎と地下茎は人間の食糧や家畜の飼料として使用された。

4 調理

調理の起源は旧石器時代に始まった火の使用まで遡り、エジプトでは続旧石器時代に始まった土器の使用は、食材に水を加えての煮炊きを可能にすることによって、食材の幅を広げたと考えられている。そして先王朝時代から古王国時代にかけて、旧来の狩猟・採集・漁労によって入手した素材を用いた調理だけではなく、農耕・牧畜が提供する素材を対象として、さらに多様で複雑な調理方法が用いられるようになっていった。この時期におこった調理技術の発達は、おそらく王朝時代の食糧事情に大きく影響しており、古代エジプト文明の形成と深く関連するであろう。そこで、ここではとくに文明の形成と関連する複雑な調理の出現に焦点を当てて述べてみる。

古代エジプトの食物調理について、実は文字で書かれたレシピはない。しかし、墓の壁画にはしばしば食材獲得から調理の過程が描かれており、遺跡から出土した食糧の遺物と合わせて、いくらか当時の調理と食生活について知ることができる。

パン

古代エジプト人の主食は麦であり、通常粉に挽いてからパンに加工して食されていた。麦を粉に挽くための道具である石皿と磨り石は新石器時代のファイユーム文化から出土しているので、パンは新石器時代から作られていたであろう。そのパンは、意外なほど複雑な工程を経て作られ、王朝時代には味や形にいくつものヴァリエーションがあった。

最も頻繁に王朝時代のパンの材料として使われたエンマー小麦と大麦は、いずれも穀粒が厚い殻に覆われていることが特徴で、麦の調理はこの籾殻をおそらくは臼のような道具を使って取り除くことから始まった。殻を取り去った麦を、次に平たい石皿もしくは鞍形をした石臼を使って粉に挽いた。古王国時代の墓から出土した粉挽きをする女性の模型を見ると、地面に楕円形の平たい石皿を置き、その前に跪いて細長い石を石皿の上で前後させて、粉を挽いている。プトレマイオス朝時代以降に回転式の石臼が導入されるまで、新石器時代から石皿を使って粉を挽く光景がどの家庭でも見られたであろう。

こうして挽いた麦の粉を鉢に入れて水と混ぜ、それを焼いてパンが作られる。現代のパン作りに用いられる小麦は、含有されるタンパク質の働きで、水を加えるとグルテンと呼ばれる物質ができて粘りけが生じる。さらにそこに酵母（イースト）を加えると、パン種が発酵して、多孔質でスポンジ状のパンができる。しかし、古代エジプトのエンマー小麦や大麦には、現代の小麦と違ってグルテンを生成するタンパク質がそれほど含まれていないため、水を加えても粘りけがでなかった。また、古代エジプトのパンには酵母が含まれている例も認められたが、含まれていない例もあったという。そこで、焼き上がったパンは、たいてい現代のパンよりも膨らみが少なかった。

壁画のパン焼きの場面を見ると、通常は発酵させて形を整えたパン種を円筒形の竈の中に入れてパンを焼いたことが知られる。円筒形の竈を使用してパンを焼いている様子は古王国時代からしばしば壁画に描かれている。

他方、王朝時代のパン作りには、パン焼き型も用いられていた（図26-1）。熱した粘土の型にパン生地を流し込んで焼く、もしくは型ごと焼く方法である。パン焼き型は、先王朝時代ナカダIII期の初頭から実物が出土するようになり、初期王朝時代以降にその数が増えた。初期のパン焼き型は直径二〇センチメートル強の浅い鉢形で、器壁が厚く、外部側面と底部の間に稜を持つことが特徴である。一九九〇年にこのようなパン焼き型を用いてパンを焼いた古王国時代の施設が、ギザの大ピラミッド南南東約一キロメートルのところで発掘された。ピラミッド造営に携わった労働者たちの居住地の一角に設けられたこのパン焼き工房では、卵ケースのように並べて設けられた床の穴に釣り鐘形の型を据え、パン生地を入れて円錐形の蓋をしてから、周りに燃えさしをかぶせてパンを焼き上げたと推測されている（レーナー 2001：236–237）。型を用いたパン焼きの様子は、古王国時代の壁画にも描かれていた。

パンの他に、麦は粉にして水を加え、粥状にするオートミールとして食されていただろうことが推測されている。

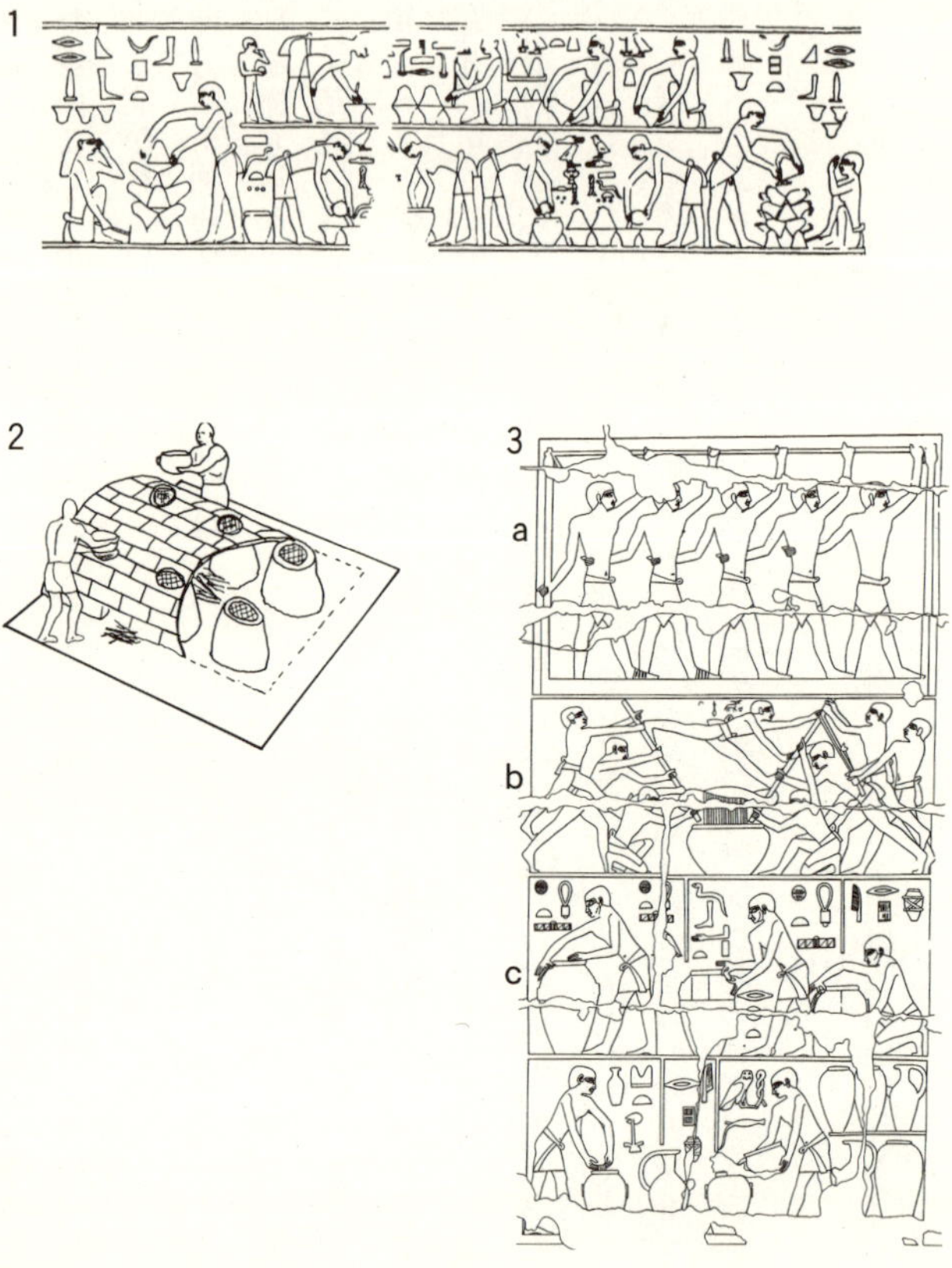

図26●調理の様子

1：古王国時代の型を使ったパン作り（ティイの墓室壁画）（Lehner 1997：236）

2：ヒエラコンポリス遺跡 HK24A 地区のビール醸造施設復元図（先王朝時代）（Geller 1992：Fig. 4）

3：古王国時代のワイン作り（ニアンククヌムとクヌムヘテプの墓室壁画）（Murray 2000b：Fig. 23）

a：ブドウを踏んで果汁を絞る　b：ブドウを布に包んで果汁を絞る

c：ブドウ汁を壷に入れて封をする

ビール

古代エジプト王朝時代には、頻繁に麦からビールが作られていた。現在ビールは嗜好品と見なされがちであるが、ビタミン等の栄養素も含まれ、古代エジプト人にとっては食糧の一部であった。ビールは、古王国時代から国家からの給与もしくは配給品目にも含まれていたことが知られていて、貴族以外の人々も入手可能なアルコール飲料であった。ビールの材料には大麦もエンマー小麦も用いられた例があり、現代のビールと違って苦み成分のホップや炭酸ガスを使わない古代のビールは、ナツメヤシなどで風味が付けられることがあった。

ビールの製法として、現在二通りの説が提示されている。

一つはパンからビールを作る方法である。まずはビール用のパンを低温で焼き、それをざるに入れて水で濾し、できた液体を壺に入れて発酵させてビールを作る。現在もスーダンなどでは、この製法でビールが作られている。

近年もう一つの方法として、麦芽（モルト）を用いるビール造りが行われていた可能性が指摘されている。D・サミュエル等が提唱する麦芽を使うビール造りの説（Samuel 2000）は、新王国時代のアマルナ遺跡において発芽した麦が出土したことや、麦芽を意味する可能性があるエジプト語が古王国時代から存在することを主な根拠にしている。麦に適量の水分を加え、適当な温度にして発芽させると、酵素が生成されて、麦の澱粉質を糖分に変え、発酵させやすくする。この麦芽を混ぜた液体を発酵させて、ビールを作ったという。

知られる限りエジプト最古のビール醸造址は、J・ゲーラーによって上エジプト南部のヒエラコンポリス遺跡HK24地区で一九八〇年代に発掘され、先王朝時代ナカダI期末からII期初頭に年代付けられている（Geller 1992）。発掘されたのは、直径一メートル近い大型の甕に麦を混ぜた液体を入れ、加熱するための施設である（図26-2）。この醸造施設で一回に生産できたビールは最少でも四〇〇リットル近い量であったという。甕の中から、エンマー小麦と大麦の穀粒や籾殻、ナツメヤシの果肉と栽培種のブドウの種が検出された。また、筆者自身が二〇〇三年から二〇〇五年にかけて発掘したヒエラコンポリス遺跡HK11C地区のビール醸造用らしき施設も、ナカダII期中葉のものであり、三×七メートル以上の大型の施設であった。さらに、アビュドス遺跡ではナカダIII期頃に年代付けられるもっと大規模な醸造址が、デルタのテル・エル＝ファルカ遺跡でもナカダII期末頃に年代付けられるビール醸造址が出土しているので、ビール作りは先王朝時代のうちにエジプト中に普及していたと考えられる。S・ヘンドリックス等は、ナカダIII期からビールを入れたと思われる土器の数が増加することから、この頃からビールの生産量が増えたと推測している（Hendrickx. 2002）。

ワイン

ワインは、いわば発酵したブドウ・ジュースであるが、詳細に見るとまさしく文明の産物である。というのは、エジプトにおいて外来種であるワインブドウを栽培し、ワインを作ることは容易ではなかったし、その入手と管理にも早くから多大な労力が払われていたからである。こうして作られたワインは、王朝時代の一般庶民は手に入れにくい貴族の飲み物であった。

ワインはエジプト語で「イレプ」と呼ばれ、ブドウ栽培とワイン作りの様子が古王国時代以降の壁画にしばしば描かれている（図26-3）。壁画によれば、ワインブドウをブドウ棚を作って栽培し、熟したブドウを手で摘み取る。それを大きな盤に入れて足で踏んだり、袋に入れて果汁を絞り、できた果汁を壺に詰めた。ブドウの皮には酵母が付着していたため、果汁は自然に発酵してワインになった。

王朝時代のワイン作りには栽培種のワインブドウが使われていた。前四千年紀からエジプトの遺跡でワインブドウの出土が報告されていて、デルタではナカダII期からワインが作られた可能性もあるが、ナカダIII期のアビュドス遺跡U－j号墓から出土したワインはパレスチナからの搬入品であったかもしれない。

エジプトにおける本格的なワイン作りは初期王朝時代から始まったと考えられている（第4章3参照）（James 1996 ; Murray 2000b）。当時のワインは、底部が尖った丈の高い壺に入れ、蓋の上から粘土の封をして、そこに円筒印章を転がして保存されていた。最古のワインの記録は、第一王朝アネジイブ王と第二王朝カセケムウィ王の印影である。後者の印影には、王名とブドウ棚の図に加えて、それぞれメンフィスとデルタ北部の地名という、生産地と思われる文字が記されていた。現代のワインのラベルにも製造年や産地が記されるが、エジプトではすでに初期王朝時代にその先駆があったわけである。

古王国時代には、「北部（デルタ）のワイン」、「アベシュ椀のワイン」、「スヌ・ワイン」（東部デルタ産）、「ハム・ワイン」（西部デルタ産）、「イメトのワイン」（北部デルタのブト産）という五種類のワインが、好ましいワインとして墓の供物のリストに挙げられるようになった。これらの産地を見ると、当時のワインが主にブドウ栽培に適したエジプト北部で行われていたことが推測できる。こうしてワイン作りは古王国時代には普及していたが、さらに一般的になるのは新王国時代になってからであった。

乳製品

家畜の乳はおそらく古くからそのまま飲まれていたと思われるが、そこからヨーグルト、チーズ、バター等の乳製品が作られたかどうかについては明瞭な証拠が少ない。

バター作りに用いられる土器製のチャーンは、ナカダI期末〜II期初頭に並行する時期に、デルタのブトやマーディにパレスチナから持ち込まれたことが知られている（204頁図46A-2）ものの、エジプトにその伝統は根付かなかった。他方S・ヘンドリックス等は、比較的容易に作れる発酵乳（ヨーグルト）が、先王朝時代ナカダIII期頃からエジプトでも作られ始めたことを示唆している（Hendrickx 他 2002）。その根拠は、この頃から登場する稜を持った浅鉢形土器と小型の壺形土器が、発酵乳作りと保存に用いられた可能性が高いからであった。この指摘が正しければ、乳製品に関しても、先王朝時代末に調理方法の開発によって利用幅が広がったことになる。

5 住居

住居

エジプトでは食糧生産以外の生活もナイル河の恩恵を大きく受けており、住居もその例外ではなかった。王朝時代の人々は、基本的に泥と植物でできた家屋に住んでいた。古代エジプトではピラミッドや神殿のような石造建造物が普及していたというイメージが定着しているかもしれないが、石材の使用は永遠に残すことを意図した神々や死者のための宗教建造物に限られており、生きている人々は、王や王族も含めて、通常主に日乾レンガ、すなわち泥で住居を築いていたのである。

日乾レンガは、通常ナイル河の沖積土という最も簡単に入手できる材料から作られていた。ナイル河が上流から運んできた焦げ茶色の沖積土に水と藁などの混和剤を混ぜて、地面に置いた長方形の型に流し入れ、型をはずすと直方体の形ができる。これをしばらく太陽の下に曝して放置しておくと、自然に乾燥して固まった。日本のような湿潤な地域では、これを焼成して赤茶色の焼成レンガを作るが、エジプトでは古代以来焼かないままのレンガを建材として使用していた。日乾レンガは水を加えると再び溶けて泥に戻るが、雨の少ないエジプトではこうした事態をめったに心配する必要がなかったのである。

王朝時代の住居の大半は日乾レンガを積み上げて壁が築かれており、部分的に植物質の建材が用いられていた。例えば、天井の梁、窓、戸口などには木材が使用されることが多かった。天井は、日乾レンガの壁の上に木材の梁を渡し、その上に葦やヤシなどの植物の葉で編んだマットを敷き、そこに泥を塗って仕上げてあった。窓や戸口は、枠を木材で作り、木材やマットで作った扉を取り付けた。石材や焼成レンガは、入口の敷居や扉の軸受けなどの特別な部位にのみ用いられたに過ぎない。日乾レンガの表面には泥の漆喰を塗って仕上げることが一般的で、王宮や貴族の邸宅は、壁面が着色されたり、壁画が描かれることもあった。

日乾レンガで建造された王朝時代の家屋の形態は、概して矩形であった。複室構造を備えるものが多かったが、規模や仕上がりは、建造物の使用目的や所有者の社会的身分によって異なった。最も大型の住居は王宮であり、官僚たちはそれに次いで大型の住居を築いたが、一般民衆や農民の住居ははるかに質素であったと思われる。

新石器時代のメリムデ文化以来、ナイル河下流域ではいくつか住居が検出されているが、先王朝時代までの家屋は、日乾レンガを使わず、泥と植物の幹・枝・葉を用いて造るだけの簡単なもので、平面形態は円形もしくは隅丸方形であった。ヒエラコンポリス遺跡HK29地区で検出されたナカダII期前半に年代付けられる焼失住居（184頁図41－2、185頁図42）を見ると、半地下式の隅丸方形プランを持つ住居は、周囲に細い木で壁を築いた上に植物の葉や泥を貼って仕上げてあったらしい。そしてその外側には、庭を囲うように柵がめぐらしてあり、ここで家畜を飼っていたという説がある。

王朝時代のエジプトの住居建築を特徴づける日乾レンガの使用は、先王朝時代ナカダII期に始まったと考えられるが、当時の集落址検出例が少ないので、正確なところは不明である。その後ナカダIII期になってから、矩形平面形態と多室構造を持つ日乾レンガ造の建物がエジプト中に普及した。

第一王朝には巨大なマスタバ墓（234頁図51－2）や葬祭周壁が日乾レンガで築かれるようになっているので（第4章2参照）、当時の住居の検出例は極めて乏しいものの、ほぼ同じような発展が住居構造にも起こっていたと推測できる。マスタバ墓がある程度当時の住居の様子を反映しているという仮説が正しいならば、サッカラの第一王朝のマスタバにマットらしい図柄が描かれていることから、住居にはマット（莫蓙）あるいは織物も使われていたと考えられる。

こうしてナカダIII期以降、日乾レンガという建材を使用することによって、矩形の大型で複雑な構造を持つ建造物を築くことができるようになった。また、これが後述するような集落における集住を可能にすることにもなり、都市の発展にも繋がったであろう（第5章1参照）。

家具

王朝時代の王宮や貴族の私邸には、木製の家具や調度が豊富にしつらえられていた。新石器時代以降、マットが住居、貯蔵施設、墓などに頻繁に用いられていたところに、木製の家具の出土例が著しく増加するのは先王朝時代のナカダIII期になってからである。初期王朝時代の王墓地アビュドスや首都付属の墓地サッカラからは秀逸な木工技術を用いて制作された家具の出土例があり、王族や高官たちが黒檀や象牙などの稀少な素材で作った調度を使っていたことがわかる（第7章2参照）。ギザで発見された第四王朝クフ王の母ヘテプヘレス王妃の墓から出土した家具は、古王国時代には、ベッド、椅子、櫃（タンスの代わりのもの入れとして用いられる）、天蓋などの優美な家具が王族女性に用いられたことを示している。

6　衣服と装い

繊維と織物

王朝時代には、人々がさまざまな形の衣服をまとっていたことが、壁画や彫像の表現から知られている。そうした衣服が実際にどのような素材と技術で製作されたのかは、近年出土品の研究から次第に明らかになってきた（Jones 2002）。

王朝時代の衣服の素材には、亜麻、獣毛、獣皮が用いられていた。それらのうちでも、古代エジプトの人々が最も頻繁に使用したのは亜麻という植物質の繊維であった。亜麻から作った衣服は比較的通気性が良く、おそらく獣皮や獣毛よりはエジプトの環境に適していたのであろう。亜麻から織った布はすでに前六千年紀末のファイユーム遺跡から出土例があり、王朝時代の壁画に描かれる人々がまとっている白っぽい衣服は、たいていこの亜麻から作られていた。獣毛を使った織物も、先王朝時代から出土例がある。

亜麻から衣服を作る過程は実に複雑で、長い時間と手間を必要とした。亜麻は畑で栽培されており、成熟すると手で引き抜いて収穫された。亜麻の茎をしばらく水に浸し、そこから繊維を取り出した。

繊維の質は、亜麻の収穫時期によって左右された。まだ亜麻が若いうちに収穫すると、細く柔らかい繊維を得ることができ、すでに成熟した亜麻を収穫すると、太く堅い繊維が得られ、前者の方が上質の布を作ることができた。茎から取り出したばかりの亜麻は、細い繊維が絡まった綿のような状態で、そこから撚り合わせて糸が作られる。この紡錘の仕事には、通常円盤系の紡錘車を取り付けた長い棒が用いられた。

次に撚り合わせた糸を使って、布が織られる。前四千年紀から、機織りには「横機」と呼ばれる地面と水平方向に縦糸を張るタイプの機が用いられたことが、上エジプト中部バダリ遺跡から出土した先王朝時代ナカダ文化期の土器に描かれた機の図から知られている。この横機は王朝時代を通じて用いられたらしいが、新王国時代以降には「縦機」と呼ばれる垂直に縦糸を張るタイプの機織り機も西アジアから導入された。王朝時代の布は、たいてい縦糸と横糸を交互に上下させる単純な平織りとその変化形であった。

衣服

古代エジプトの人々の衣服の形については、出土した衣服に加えて、壁画や彫像が最も豊富な情報を与えてくれる（図27）。

王朝時代の初期から約三〇〇〇年を通じて、男女ごとに基本的な衣服の形は変わらなかった。男性

図27●カイエムセヌと家族（サッカラ）
（McFarlane 2003：Pl. 61）

は、「キルト」と呼ばれる膝上丈の腰布を着用することが普通であった。キルトは長方形をした一枚の布からできており、腰の周りに巻き付け、一端をウエストに挟み込んだり、ベルトや紐で止めて着用された。一方女性は、「筒形ドレス」と呼称される胸下から足首までを覆う長い衣服をまとっていた。この衣服は、布の端を肩の上で縛ったり、肩紐を使って体に止め付けられた。下着として、三角形の布の一辺に紐を付けた「褌」のような衣服が用いられていたことも知られている。庶民の衣服にはおおよそ上記のような基本形が王朝時代を通じて用いられ、壁画にはしばしば裸もしくは下着姿で働く人々の姿も描かれている。一方、概して時期がくだるにつれて貴族層の衣服は華美になって行く傾向が認められる。古王国時代には、男性は膝下丈の長いキルトやサッシュ・キルトと呼ばれる長い布を複雑に巻き付けるキルトを纏うようになった。

王朝時代以前の衣服についてはほとんど知られていない。図像資料も現物資料も乏しいからである。ナカダ文化の彫像・塑像やナカダII期中葉に年代付けられるヒエラコンポリス一〇〇号墓の壁画（266頁図56-1）を見ると、男性は「ペニス・ケース」、女性はウエストから下を覆う腰布を纏った例が多いようである。後者は白く彩色されていることから、亜麻布であった可能性が高いであろう。

王朝時代の男性の衣服のようなキルトが頻繁に描かれるようになるのは、王朝開闢期以降のことである。「サソリ王の棍棒頭」（72頁図23-2）や「ナルメル王のパレット」（51頁図16）には王や従者たちが短いキルトを付けた姿で登場し、この衣服がその後の主流になった。また、後述のようにセド祭の長衣をまとった王が描かれ始めた例も、この頃に遡る（126頁図30－2）。

初期王朝時代の衣服を描いた図像資料は乏しいものの、この頃には優美で複雑な作りの衣服が着用されるようになっていたことが出土資料から明らかになっている。第一王朝に年代付けられるタルカン遺跡出土のドレスは、長袖とV形のネックを持ち、ネックの両脇から袖にかけての部分に美しいプリーツが寄せられていた。古王国時代以降の壁画に描かれる男性のキルトや新王国時代以降に見られる女性の衣服の細かい縞模様は、このプリーツ加工の表現であり、その起源は少なくとも初期王朝時代まで遡ることになる。

人類が衣服を用いた当初の目的は、外界からの物理的な衝撃や暑さ・寒さという気温から身体を保護することにあった。やがて衣服は身分標章や装飾等の目的も果たすようになったが、エジプトにおいて王朝時代に見られるような華美な衣服の伝統が始まったのは、王朝開闢前後のことであり、宮廷文化の成立と密接な関係があったと思われる。

装身具と化粧

王朝時代の人々は、装身具、ヘアスタイルあるいは化粧にも気を配っていた。公式の場面では、男女ともにヘアバンド、襟飾り、腕輪、指輪、アンクレットなどの装身具を身に付け、鬘を被って、目の回りにアイシャドーを付けていたという。

ナイル河下流域における装身具の起源は古く、後期旧石器時代のカダン文化の埋葬人骨が、首の近くに穴を開けた石製のペンダントを下げていたのが最古例である。先王朝時代には、石製や貝製のビーズを連ねたネックレスや腕輪、ペンダントなど、多様な装身具が用いられるようになっていた。しかし、さらに初期王朝時代になって、精巧な加工を施して装身具を作成する技術が発達した。アビュドスにある第一王朝第三代ジェル王の墓から出土し、金、トルコ石、ラピスラズリ、紫水晶を用いて制作された三つの腕輪は、こうした傑作の例である。

王朝時代の人々は、ヘアスタイルにも気を配っており、貴族層は鬘を用いていたことが知られている。実物出土例には、ジンモウから作られたものの他、獣毛や植物の繊維から作った例がある。鬘には入念にカールや細かい編み下げが施されていた。こうした髪のおしゃれの伝統は、前四千年紀までは遡る。ヒエラコンポリス遺跡HK43墓地のナカダ文化の墓に埋葬されていた女性は、モヒカン刈りのように頭頂部の髪を立てていたという。

王朝時代以前から、エジプトの人々は化粧にも高い関心を持っていた。前五千年紀の末から、墓には死者の遺体とともに化粧用のパレット（33頁図9-29・30）が納められていて、これはアイシャドウなどの化粧品をすりつぶすために用いられた道具であった。青もしくは緑色のクジャク石、黒い色の方鉛鉱、赤い色の赤鉄鉱などが、古くから使われた化粧用の顔料である。これらの石をパレットですりつぶし、水や油と混ぜて、目の回りに塗布した。化粧用の顔料と思われる鉱物は、先王朝時代から墓に副葬品として納められていた。

7 生活のサイクル

古代以来近年まで、エジプトにおける人々の生活は、ナイル河の増水と農業の周期に合わせて営まれてきた（図28）。そこで古代エジプトの暦は、一年の始まりをナイル河の増水の始まりに設定した太陽暦であるとともに、農業暦でもあった。王朝時代の暦は、一年を三〇日から成る一二カ月に五日の付加日を加えた三六五日としていて、一二カ月は四カ月ずつの三つの季節に分けられ、それぞれが「増水季（アケト）」、「播種季（ペレト）」、「収穫季（シェムウ）」と呼ばれた。「増水季」は、ナイル河が増水して耕作地が冠水し、農業は休みになる時期である。「播種季」は、増水が引いて潤った耕作地に麦の種を播き、それを育てる時期である。「収穫季」は、麦の収穫を行った後、脱穀、運搬、貯蔵等の作業を行う時期であった。農業以外の生業も、大きくナイル河の周期と気候に左右されてスケジュールが概ね決まっていたと思われる。

このような一年や一月の概念や暦がいつ頃から始まったのかは明らかではない。しかし、第一王朝から、ヒエログリフの「年」を表す記号がラベルに用いられており、第五王朝に作成された「パレル

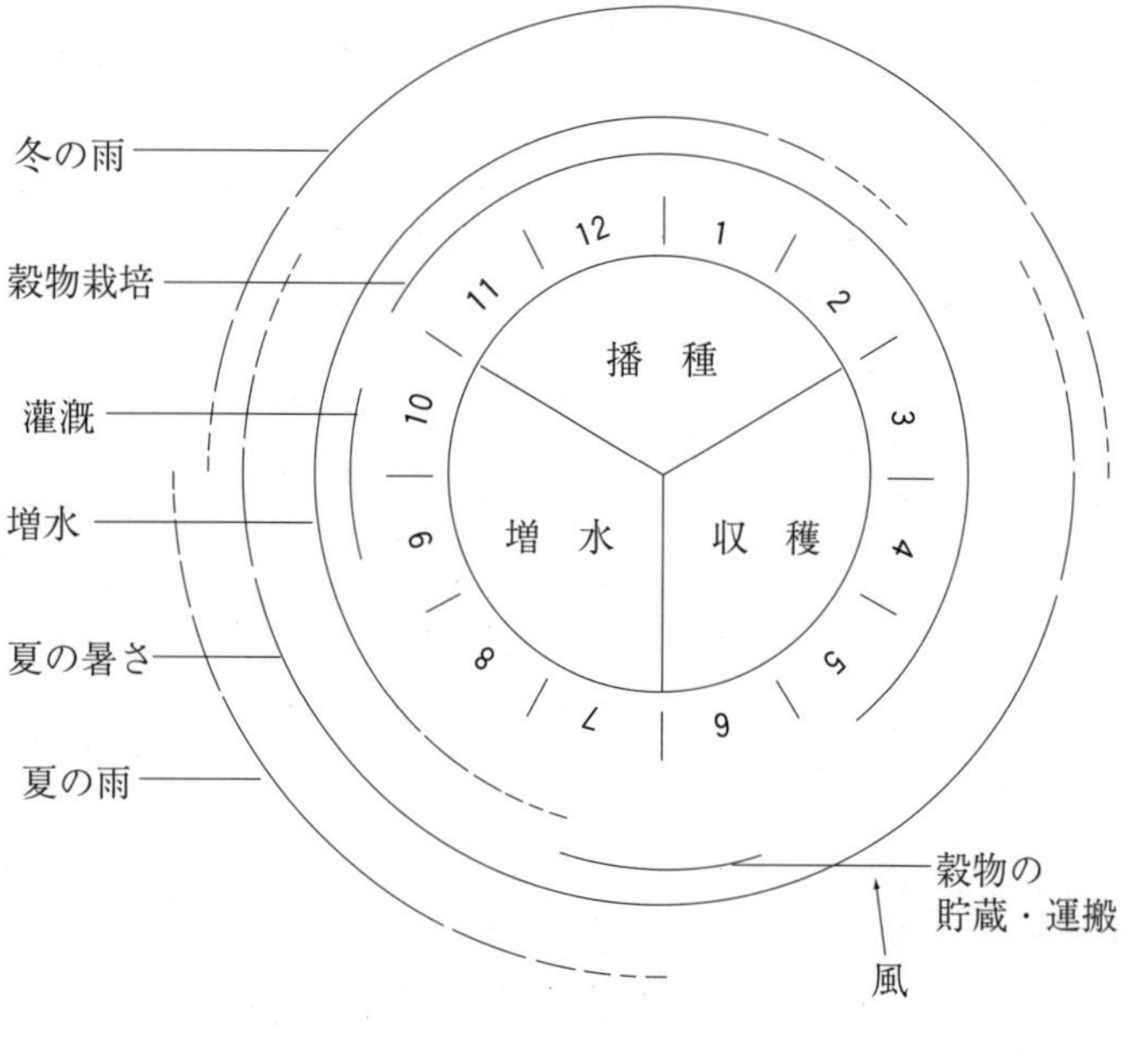

図28●古代エジプトの暦と農業サイクル（Hassan 1984 : Fig. 3）

モ・ストーン」には、第一王朝の王の治世から「年」、「月」、「日」の記述があった（41頁図11）。

8 生活様式の確立と発達

上記のような古代エジプトの生活を見てくると、当時の基本的な生活様式とそれに必要な基本的技術は、概ね王朝時代以前に成立していたことがわかる。

王朝時代の生業の根幹を成すナイル河の増水システムを利用した麦栽培を中心とする農業は、前六千年紀末の新石器時代に始まり、前四千年紀初頭の先王朝時代までにはほぼ確立していた。園芸作物も主要なものは、先王朝時代頃に登場している。農業を補完する牧畜も、王朝時代の主要な家畜となる動物がいずれも新石器時代に導入されており、漁労はおそらく先王朝時代のうちに主だった漁法が知られていたであろう。

住に関して見ると、新石器時代以降しばらくの間、泥と植物質建材が用いられていたが、王朝時代の主要建材となった日乾レンガが先王朝時代ナカダII期半ばに導入され、ナカダIII期にはそれを用いた多室構造の矩形建造物が普及した。そして初期王朝時代には、日乾レンガを用いて大型建造物を築く技術も登場した。

衣についても、主要素材の亜麻は前六千年紀のうちに栽培されるようになり、そこから布を織る技術も先王朝時代のナカダ文化のなかで、十分に発展していた。化粧や装身具も、その起源は王朝時代以前に遡る。

こうした基本的な生活様式の形成は、前六千年紀末に始まった新石器時代以降実にゆっくりしたペースで進み、現在まで継続しているものも少なくない。衣・食・住の基本となる素材が、アフリカ大陸自生であれ、西アジアからの伝来であれ、いずれにしてもナイル河下流域の環境に密着あるいは適したものであったことを考えると、この基本的な生活様式はある程度環境への適応の結果として生まれたと言っても良いであろう。

しかし、前四千年紀の先王朝時代の間に、単なる適応だけでは説明できない多くの変化が急速に起こってきたことも明らかになった。果樹栽培、型を用いるパンの製法、ビール醸造、ワイン作り、乳製品、日乾レンガ造の矩形建造物、優美な家具、精巧な織物や装身具など、必ずしも生存に不可欠ではない多様は生産技術が発達していたのである。ここでは取りあげなかったが、この時期に冶金術や文字使用（第7章1参照）、ファイアンス制作を含む新技術の導入や発達が加わったことも忘れてはならない。

こうした王朝時代以前からの生活文化の継続性と発展を考慮したときに、始めて王朝時代に統一国家が出現してから発展した要素を明らかに見極めることができるようになるであろう。後に述べていくように、王朝時代になって著しく変化した部分は、端的に言うと王と宮廷文化とに密接な関係があった。それは、ナカダ文化に始まった複雑な文化・社会に基礎を置きながら、ナカダIII期に形を成しはじめ、そして第一王朝開闢とともに急速な成長を始めたのであった。

第4章 古代エジプトの王と国家

古代エジプト文明は、第1章で述べたような砂漠の環境の中で、第2章で述べたような歴史的な過程を経て、基本的には第3章で述べたような独自の生活様式の基盤の上に成立していた。この第4章以降では、古代エジプトを独特の文明として成立させた主要な特徴を取りあげて、そうした特徴がどのように生まれてきたのか、古王国時代末に至るまで、形成と発展の過程をたどりながら明らかにする。

その際、まずは良く知られた古代エジプト王朝時代（新王国時代までを含む）のそれらの特徴に関する概観からはじめて、その成立過程に遡る記述方法で、古代エジプト文明の形成過程に迫ってみたい。

1　王権

古代エジプトの王権観

古代エジプト文明を理解するために、約三〇〇〇年という長い期間にわたって古代エジプト社会を一つの国家あるいは文明としてつなぎ止めてきた要である「王権」の概念を、最初に説明したい。というのも、古代エジプト王朝時代を通じて、概ね常に王がエジプトという国家・社会の中心と象徴を成してきたからである。現代は法によって国家や国民や領土を規定しているが、このような近代的な国家概念がなかった当時、それを通じて国をある程度明瞭にイメージし、王の必要性を臣民が納得して国がまとまるための概念装置が王権であった。近年、「王権」は古代エジプト社会の中心となる「制度」と認識されているのである（O' Connor and Silverman（eds.）1995）。

古代エジプトの王に科せられた最も重要な役割は、神々と人間との仲介であった。しばしば古代王権の性格を分類する際に、「世俗的な王権」と「宗教的な王権」との区分が用いられるが、古代エジプトは明らかに後者であった。古代エジプトの王は、人間としてやがて死すべきこの世の存在であると十分認識されながらも、神々の化身あるいは子孫として神聖性を帯び、他の人間とは明確に異なる特別な存在であった（畑守　2003；屋形　1980）。またそれゆえに、公式に神々と交流できるこの世で唯一の仲介者＝司祭であると考えられた。この司祭的な性格においては、古代エジプト王は、日本の天皇に近いであろう。

王がこの世において特別な存在であることは、当時の世界観を形作っていた王朝時代の神話の中でも繰り返し語られていた。例えば、今日「ヘリオポリスの神学」の名称で呼ばれるカイロ近郊ヘリオポリスを中心に編み出されたと推測される神学体系では、創造神アトゥムを始祖として混沌の中から世界が創造される過程が神々の系譜とともに語られており（第6章1参照）、王はその末裔であるハヤブサの神ホルスと同一視されていた。すなわち王は神々の子孫であった。また、「メンフィスの神学」の名称で呼ばれるプタハ神を創造主とする神学大系の中では、王であるホルスは先王の長男であるために神々の裁定によって正統な王として認められた、とされている。すなわち王は、神々によって合意された存在であった。実際古代エジプトの王は時期によってさまざまな神々と結びつけられ、初期王朝時代にはホルスの化身にもなれば、古王国時代には太陽神ラーの息子や新王国時代にはアメン神の息子にもなったが、常にこうした神話によって、巧みに宇宙と世界観のうちに特別な存在として位置づけられていたのである。

神々との仲介者である王が現世で行うべきことは、宇宙の秩序（エジプト語で「マアト」）をこの世において維持することであった。神々が創造した宇宙の外側には無秩序が存在しており、それはこの世においてもしばしば現れる。そこで王の役割は、天候不順、外敵の侵入あるいは社会的混乱等の形でこの世に現れるさまざまな無秩序を排することであった。したがって王には、外敵（無秩序）からエジプト（秩序）を守ための肉体的・軍事的能力や、社会において正義（エジプト語ではやはり「マアト」）を行って国を安定させるための政治的・経済的能力も期待された。

古代エジプト王権のもう一つのユニークな特徴は、しばしば王権の「デュアリズム（二重性）」と称されてきた、王が「上エジプト王」と「下エジプト王」という二重の性格を持つことである。エジプト全土を表すために、初期王朝時代から「上下エジプト」あるいは「二つの国土」といったような表現が用いられていたが、それは王権についても当てはまり、王は常に「上下エジプト王」として国家に君臨した。

神話や神学大系において、王はしばしば出自的に神々と結びつけられていたにもかかわらず、古代エジプトの王権は、純粋な血統によってではなく、「王」という役職に与えられていた。したがって、血統的には繋がらないいくつもの王朝の交代を経ても、王権は継続したのである。

王権は臣民の合意なくしては成立しないという点で、王は絶対的権力者でありながらも、他方で王権観に縛られた存在であった。しかし、王を宇宙の秩序のうちに位置づけ、この世に不可欠なものと捉える王権観は、必ずしも自然に生じたものではない。王権観成立の歴史的過程を見ると、むしろ王を含むエリートたちが巧みに王を世界観や宇宙観の中に位置づけることによって、王の社会的・神話的地位を正統化し、臣民を支配しようとした意図をくみ取ることができるであろう。

歴代の王たちによって絶え間なく繰り返されてきた王権概念操作が、歴史資料の中に明確な形をもって始めて顕在化するのは、文字や図像表現が出現する初期王朝時代前後のことである。それは、これから個別に述べるように初期王朝時代以降には、王号と王笏の使用や巨大王墓の建造などに顕れている。

王権概念の起源

神々と交流する司祭として呪術的な力を持つことに加えて、社会の秩序と正義を守り、なおかつ外的から臣民を守る肉体的・武力的な力を持つという古代エジプトの王のイメージは、その原形が先王朝時代のナカダ文化に遡る可能性がある。王朝開闢以前の前四千年紀には未だ統一国家が成立していなかったので、文字通りの王権の概念は存在しようもなかったが、当時の小規模な共同体の支配者たちの中に、後の王権観の祖形を認めることができるであろう。

先王朝時代ナカダ文化の支配者たちの墓と思われる大型・富裕墓には、しばしば小型墓には見られない大型墓特有の遺物が副葬品として納められていた。ナカダ文化の初期（ナカダⅠ期～Ⅱ期前半）には、とくに棍棒頭と象牙製品が、多くの墓地に共通して大型墓に集中する傾向が顕著である。これらは当時の支配者の重要な象徴であったと考えられ、王朝時代の関連する例からある程度その象徴的な意味を探ることができる。

棍棒は、棒の先端に石でできた円盤形もしくは洋梨形の先端部（棍棒頭）（33頁図9－1・2）を取り付け、敵を殴る武具であったが、大型墓から出土する棍棒頭はさらに象徴的な意味を持っていた。王朝時代の図像表現（51頁図16、210頁図48－3・4）を見ると、第一王朝初期から、王が外国人の敵を殴る武具として棍棒を手にした姿が描かれている。つまり王朝時代に棍棒は、王の武力的あるいは肉体的力を示す象徴としての役割を果たしており、その象徴的意味は王朝以前まで遡る蓋然性が高い。

ナカダ文化の大型墓から出土する「象牙」製品は、実際にはその多くがカバの牙から作られており、少数が真の「象牙」製である。象牙から作られた製品には、護符、櫛やヘアピンなどの装身具、像などが含まれる（図9－12～16）。その中でも、とくに牙の先端部から作ったり、牙先端部の形を模した護符は当時の大型墓に集中する。王朝時代にカバは、ナイル河最大の動物として恐れられると同時に、豊穣の象徴として崇拝の対象になっていた。カバの狩猟を描いた図は、ナカダ文化Ⅰ期の彩文土器に描かれており、王朝時代にも初期から王が銛でカバを狩る様子が図像資料に残されていて、カバの狩猟が王権を強調する行為であったことを示している。カバは自然界の脅威の象徴であったことから、カバ狩りは自然をコントロールする支配者の肉体的あるいは呪術的力を表現する行為であった可能性が高い。

このように、ナカダ文化初期から棍棒や象牙製品の副葬を通じて、支配者たちが肉体的パワーとそれが自然界に及ぼす呪術的パワーとを強調していたらしいことがうかがわれる。また、すでにこの頃には、「赤冠」や「ヘカ杖」(図29)のような王朝時代の王冠・王笏が使用されていたことも知られている。

ナカダIII期途中から、文字と図像が新たに使用されるようになり、当時の支配者像がより明瞭に表現されるようになった(第7章参照)。文字や図像によって王権を表現する方法は、王朝時代のエジプトで主流を占めた方法である。この頃に年代付けられる奉納用の大型石製のパレットや棍棒頭、象牙製や木製のナイフの柄や櫛等に刻まれた図像表現には、頻繁に蛇、ガゼル、ライオン、ダチョウなどのさまざまな野生動物が登場する。例えば、「狩猟のパレット」には、ライオン、ダチョウ、ウサギなどの動物を狩る狩人たちの姿が描かれており、「二頭の猟犬のパレット」にも、動物の狩猟の場面が表されていた。一方、「ゲベル・エル＝ターリフ出土のナイフの柄」(266頁図56-2)や「カーナヴォンのナイフの柄」(図56-3)には、整列した動物が描かれている。

当時の図像表現に登場する動物の中には、ライオンや雄牛のように、力強い支配者の象徴として描かれているものもあるが、狩猟対象となっている動物や整列した様子で描かれた動物は、おそらく自然界という無秩序を表しており、これらの動物の狩猟の様子や整列させた姿を通じて、自然という無秩序を支配者が制御したことを象徴的に表す意図を持っていたと解釈できるかもしれない。すなわち、先に述べたような王朝時代の王が果たすべき秩序の維持がここに表現されていることになる。

図29●王号・王冠・王笏
1：古王国時代までの王号（屋形 1998：390）
2：初期王朝時代の王冠と王笏

さて、ナカダIII期には上述のように初期の文字と図像表現を用いて王権を表現するシステムが登場しており、ここに王朝時代の王権の表現方法が制度化されたと言っても良いであろう。しかし、この時期にはまだ、後の古代エジプト王権に欠かせない要素である「二国の王」として統一エジプトの王権を表現する方法は確立されていないようである。このデュアリズムを含む王権の概念を明瞭に表す表現方法が出現するのは、初期王朝時代のことであった。それはおそらく、実際の国土統一と密接な関係があったと思われる（第2章4参照）。

王号

ナカダIII期後半に文字と図像を用いて王権を表す方法が始まったが、それは第一王朝開闢以降に急速に形式が整えられ、精緻になったように見える。文字を用いた王権表現の方法として、最も早くに出現し、王朝最後まで継続したのが「王号」という王のみに許された称号の使用であった。王朝時代には複数の王号が用いられたが、最古の王号が登場したのは第一王朝開闢前のことである。

最も早くに登場した王号は、「ホルス王号」である（図29）。通常、この王号の長方形（「セレク」と呼ばれる）は王宮の正面を、ハヤブサは王がその化身である太陽神ホルスを表すと解釈され、王名は長方形の上半部に記される。ホルス王号の前身はナカダIII期まで遡るが、後世まで用いられるような典型的なホルス王号を始めて使用したのは、第〇王朝末のカー王であった。

その後、第一王朝第五代のデン王が「上下エジプト（ニスウト・ビティ）王号」（図29）を使用するようになり、その下に固有の王名を記した。通常、スゲは上エジプトを、蜜蜂は下エジプトを表し、王が二つの土地すなわちエジプト全土の主であることを表すと解釈される。

「二女神（ネブティ）王号」（図29）は、第一王朝第七代セメルケト王治世から使用が定着した。二つの籠の上に、それぞれ上エジプトの（王冠の）守護女神ネクベト（ハゲワシ）と下エジプトの（王冠の）守護女神ウアジェト（コブラ）が載っている。この下に固有の王名を書くことによって、上下エジプトの女神たちが王を守護する様子を視覚的にも理解できるようになっていた。

第二王朝の後半に、「ホルス王号」に代わって、ペルイブセン王がセレクの上にセト神を戴く「セト王号」（50頁図15-B）を、カセケムウィ王がホルス神とセト神の両方を戴く「ホルスとセト王号」（図15-B）を一時的に用いた。このような王号の変化は、しばしばホルス神を奉じる勢力とセト神を奉じる勢力との間で王権争いが起こり、両者を再び統合してエジプト全土の王権を回復したカセケムウィ王が、「ホルスとセト王号」を用いたと解釈されている。

第三王朝初期以降、これらに加えて「黄金のホルス王号」（図29）が定着した。この「黄金」の意味については、恒久的な輝きを持つ黄金が王の神性を表すとする説や、日の出の太陽の輝きを表すとする説がある。また、「ヌベト（黄金の町の意、上エジプトの「オンボス」、現代遺跡名は「ナカダ」）」の守護神がセト神であることから、この王号がセト神と関係があり、先に述べた第二王朝末のホルス神とセト神を奉じる勢力が争った結果、前者が勝利したことをこの称号が表すという解釈もある。

第四王朝になると、さらに「ラー神の息子王号」（図29）が用いられるようになった。この王号は、まさに王が太陽神ラーの息子であることを示し、この下に「カルトゥーシュ」と呼ばれる楕円形の枠で囲んだ王名が記された。

中王国時代以降、さらにいくつかの王号が加わったが、初期王朝時代から古王国時代にかけて生み出された上記の「ホルス王号」、「上下エジプト王号」、「二女神王号」、「黄金のホルス王号」および「ラー神の息子王号」の五つは、長期間にわたって使用され続けた。

このように古代エジプトの王たちは、王朝開闢前後から、王号を用いて自らの位置づけと神々との関係を、言語的にも視覚的にもアピールしてきた。最初に「ホルス王号」によって王が太陽神ホルスの化身であることを示唆し、間もなく「上下エジプト王号」と「二女神王号」によって、王が「二つの国土」すなわちエジプト全土の支配者であるという古代エジプトの王権概念にとって重要なデュアリズムを表すようになったのである。

王冠と王笏

古代エジプトの図像表現において、王は通常一目でそれと分かるような特有の装束を身につけている。王冠、笏杖、特徴的な衣服などの王装束は、たくさんの人々の中で王の存在を際だたせる役割を果たしていたし、それぞれが象徴的な意味を持っていた。これらの王の装束がセットとなって図像資料の中に頻繁に形を残すようになるのは第一王朝開闢頃からであるが、王のシンボルのいくつかは、先王朝時代のうちに使用されるようになっていた。

古代エジプト王が古くから最も頻繁に着用した冠は、「白冠」と「赤冠」であった（図29）。赤冠は、すでに上エジプト南部ナカダ遺跡から出土したナカダⅠ期に年代付けられる土器の断片に描かれており、起源がこの時期まで遡る。白冠は、第一王朝開闢直前の「サソリ王の棍棒頭」（72頁図23-2）、あるいはそれよりやや早いナカダⅢ期末に年代付けられる下ヌビアのクストゥールL24号墓出土の香炉（図30-1）にその最古例が遡る。起源と初期の意味合いはさておき、第一王朝初代「ナルメル王のパレット」（51頁図16）にこれらの王冠がはじめて二つとも描かれ、王朝時代には白冠は上エジプト王の、赤冠は下エジプト王の象徴と考えられた。第一王朝第五代デン王治世以降、二つの冠を重ねた「二重冠」も用いられるようになって、これらの冠の着用が「上下エジプト王」、すなわちデュアリズムを伴う全エジプト王の象徴になっていた。

第三王朝初期のジェセル王以降、「ネメス」と呼ばれる縞模様の布でできた頭巾が用いられるようになった。ネメスは古王国時代以降の王たちによって頻繁に用いられ、ネメスを被った王像の良く知られた例として、第四王朝にギザに作られた大スフィンクス（56頁図18-2）と、王家の谷の王墓から出土した第一八王朝ツタンカーメン王の黄金のマスクを挙げることができる。これらの王冠と王のか

1

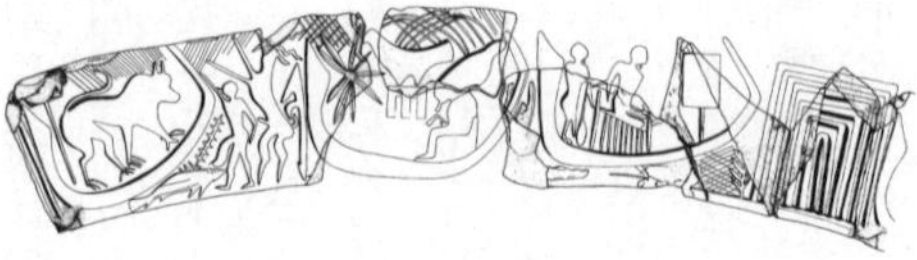

2

3

4

図30●王権の祭儀

１：クストゥール遺跡出土の香炉（Williams 1986 : Pl. 34）　２：ナルメル王の棍棒頭（ヒエラコンポリス遺跡出土）（Smith 1946 : Fig. 31）　３：ジェル王の印章（アビュドス遺跡出土）（Petrie 1901 : Pl. 15-108）　４：デン王のラベル（アビュドス遺跡出土）（Petrie 1900 : Pl. 15）

ぶり物の他に、王が「ウラエウス」と呼ばれる蛇を額に付ける慣習が、第一王朝デン王以降に定着した（210頁図48−3）。

笏杖を手にすることによって権威を表す慣習も、先王朝時代まで遡る。王朝時代前半にしばしば王が手にした笏杖として、「ヘカ杖」、「ウアス杖」および「殻竿」が挙げられる（図29）。ヘカ杖の起源はナカダII期後期まで遡り、アビュドス遺跡U墓地からはナカダIII期の出土例がある。ヘカ杖は、元来家畜を制御する際に使われた牧人の杖であったと考えられ、それをかたどったヒエログリフは「支配」を意味した。ウアス杖は、上端に正体不明の動物（一説にはセト神の動物もしくはロバ）の頭を戴く杖で、第一王朝第四代ジェト王以降に用いられた。ヒエログリフの意味は「統治」であった。殻竿は、元来脱穀用の道具であったと考えられている。王が手にした姿で描かれた最古例は、第一王朝初代ナルメル王の棍棒頭の浮彫（図30−2）である。

王朝時代にはこれらの王笏のうち、ヘカ杖と殻竿はしばしばセットとして用いられ、前者が王の牧人支配者としての側面を、後者が王の農民支配者としての側面を表すと考えられてきた。その他にも、上述の棍棒や長い杖が王笏として用いられることがあった。

初期王朝時代には、王特有の装束があったことが確認される。ほぼ確実にこうした装束の起源は先王朝時代まで遡ると思われるが、現物や図像表現の資料がないために、詳細がわからない。

おそらく後の王朝時代において代表的な王装束の一つになることが明らかな衣装は、一般に「セド祭のローブ（外衣）」と称されるマントのような長い衣装であろう。大きな布を肩から羽織って着ていたようであり、初期のものは膝丈くらいの長さである。最古例は第一王朝初代ナルメル王の棍棒頭（図30-2）で、第三代ジェル王の印影（図30-3）や第五代デン王のラベル（図30-4）等にも描かれており、王朝時代には後述するセド祭の際に必ず王によって着用された。

第一王朝初期のナルメル王のパレット（51頁図16）を見ると、ある種の儀式に臨んだ王は、別の決まった装束を纏っていたことが推測される。このパレットにおいて、王は膝上の短いキルトを纏い、おそらくは複雑なビーズ細工で作られたと思われるエプロン（前垂れ）を付けている。また、腰の後ろから「雄牛の尾」を下げ、顎には付け髭を付けている。これらの装束は、後の王朝時代の王たちによって、祭儀の際に繰り返し装着されてきた王の公式衣装である。

儀式とパフォーマンス

今日においても、最も派手に王権を臣民にアピールする機会は何らかの儀式であるように、実際には古くから儀式というパフォーマンスの中でこそ、最も有効に王権が表されてきたと思われる。初期の儀式やパフォーマンスについては、考古学的資料や文字資料に情報が残されにくいが、神々との交流は儀式を通じて行われたため、儀式は王権にとって不可欠であった。

先王朝時代の儀式の様子は、彩文土器に描かれた図像（32頁図8）やヒエラコンポリス遺跡一〇〇号墓の壁画（266頁図56－1）の描写から僅かに推測されるが、その性格はかなり曖昧模糊としている。ナカダIII期末から支配者を描いた図像表現が急激に豊富になって、ようやくこの時期以降について王権祭儀の実体がやや明瞭にわかるようになる。

儀式に臨む王の姿を描いた遺物として最古の例は、おそらくナカダIII期末に年代付けられる下ヌビアのクストゥール遺跡L24号墓から出土した石製の香炉（図30－1）であろう。この香炉には周囲に浮彫が施されており、三隻の舟が描かれている。そのうち一隻には白冠を戴く王が描写されているため、王権祭儀との関係が推測される。また、ほぼ同時期と思われる石灰岩製の「サソリ王の棍棒頭」（72頁図23－2）で、王は儀式用の短いキルトと雄牛の尾を着用し、白冠を被って現れ、鍬を手にして運河の縁に立っている。この場面は、前述のように王が灌漑用の運河掘削の儀式を行っている様子と解釈されている。

また、第一王朝初代のナルメル王もいくつか有名な記念物を残している。何度か言及した「ナルメル王のパレット」（51頁図16）の片面には、白冠を被った王が、右手に持った棍棒を振り上げ、左手で髪を掴んだ捕虜を打ちすえる姿が描かれている。別の面には、赤冠を被った王が、神々のシンボルを掲げた旗竿（標章）に先導されて、首を切断されて横たえられた敵の一群を視察する様子が表されている。近年アビュドス遺跡で発掘された同王のラベルが同じ出来事を記していたので、実際の戦闘とその勝利を表す儀式であった可能性が高い。その後、王朝時代を通じて、王が棍棒で敵を打ちすえる図柄は繰り返し描かれるようになった。また、「ナルメル王の棍棒頭」（図30－2）では、階段を持つ厨子の下に赤冠を被って座す王を中心に儀式が挙行されており、しばしば後述するセド祭との関係が指摘されている。

第一王朝開始以降、王権の祭儀として各王が治世の最初に挙行したと考えられているのが、即位の際の儀式である。第五王朝に作成された年代記「パレルモ・ストーン」には、初期王朝時代から第五王朝まで、各王が即位した年（41頁図11－aの治世の区切りの左側）にたいてい「上下エジプトの統一」と「壁を回る」の二つが記されており、即位の儀式を示すであろうことが推測されている。「上下エジプトの統一」は、新たな王の誕生を国土の再統一という象徴的表現で表す儀式と考えられる。「壁を回る」は、おそらく当時の都であったメンフィス（古代名は「イネブ・ヘジュ（白い壁）」）の市壁もしくは建造物の壁をめぐる儀式であったと思われ、王が首都ひいてはエジプト全土を支配することを象徴的に示す意図をもって行われたらしい。

王朝初期あるいはそれ以前から、王権と密接に関連していた重要祭儀として研究者の間で広く認識されているのが「セド祭」である。セド祭は第一王朝にはすでに挙行されており、その後王朝時代の終わりまで絶えることなく継続された。セド祭の詳細には不明な部分が多く、時代によって内容も移り変わったらしいが、資料が豊富に残された新王国時代以降には、王が即位してから三〇年目に初回の祭りが行われ、基本的に王が統治能力を維持していることを改めて示す機会であったらしい。

先王朝時代の図像に描かれたいくつかの儀式は、しばしば王朝時代のセド祭と関係があると指摘されているが、セド祭挙行の記録がよりはっきりと残されるようになるのは、第一王朝以降である。第一王朝以降には、治世が三〇年に及ばない王も含めて、多くの王がセド祭に言及すると思われる記録を残している（図31）。

アブ・グラーブに築かれた古王国時代第五王朝ニウセルラー王の太陽神殿の浮彫は、セド祭に関する詳細が描かれた数少ない資料の一つである。この王のセド祭には、今日「走行儀礼」と名付けられている王が国境を象徴する印の間を走る儀式や、階段上に据えられた玉座に長衣を纏って座る儀式、地方の神々の神殿を訪ねる儀式などが含まれており、上エジプト王と下エジプト王として、王は同じような儀式を二回行ったらしい。

これらの他にも、前述のカバ狩りなど、王権と関連する多数の儀式があった。

まとめ

このように見てみると、王朝時代の国家制度の基幹を成す王権概念の起源は、先王朝時代の支配者にまで遡る可能性が高い。というのは、王権の概念、赤冠とヘカ杖、一部の王権祭儀の概念などの原型が先王朝時代のうちに認められるからである。しかし、先王朝時代の資料の中に漠然と認められる支配者概念と王朝時代のそれとの間には、大きな隔たりが感じられる。

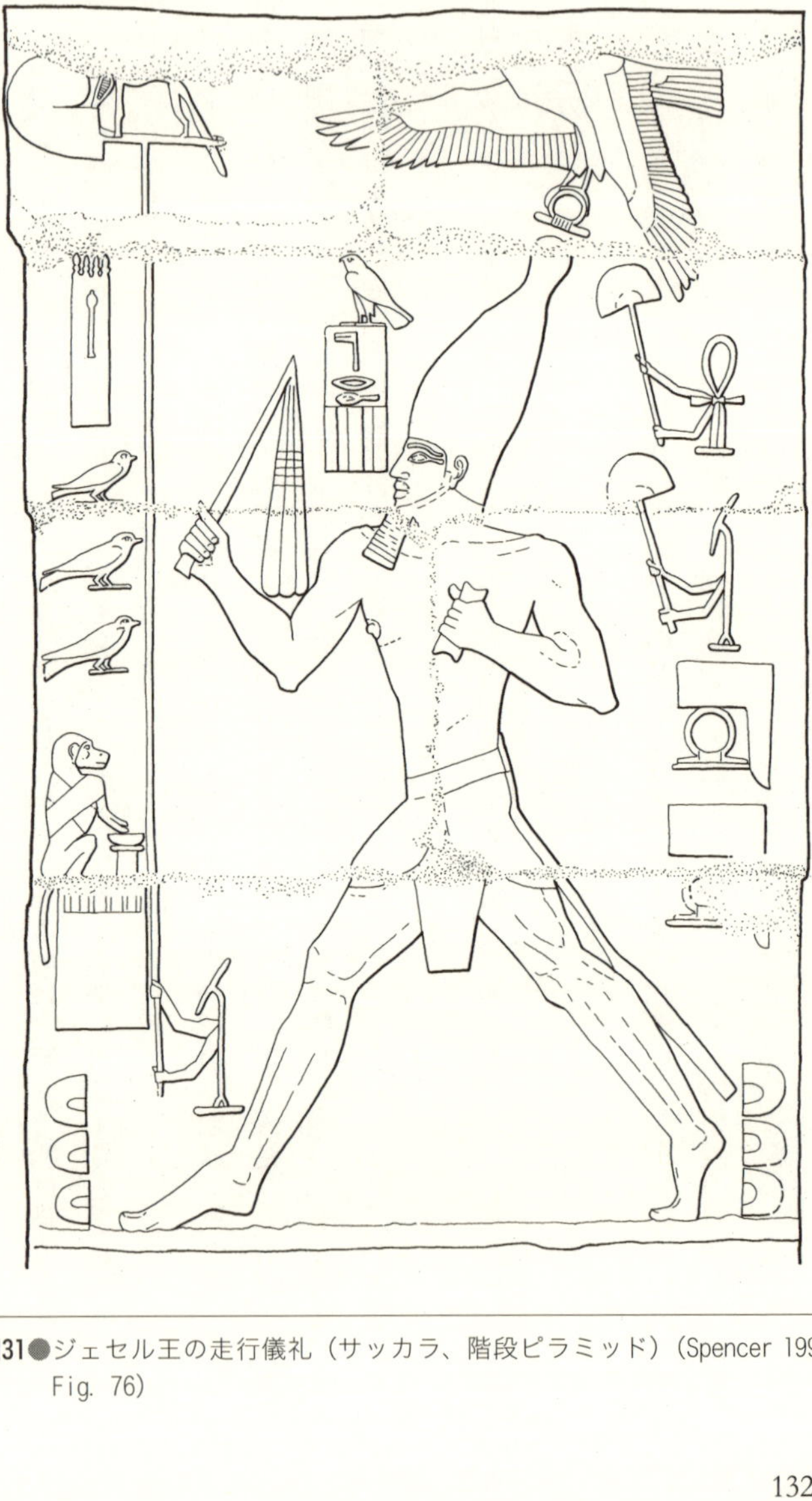

図31●ジェセル王の走行儀礼（サッカラ、階段ピラミッド）（Spencer 1993: Fig. 76）

隔絶の理由の一つは、表現方法の違いに求められる。ナカダIII期以降に、王国の支配者の地位が明確になるとともに、文字と図像を組み合わせた王権の表現方法が始まって、王朝時代まで継続する主要な王権の表現様式が形作られた。文字と図像という新しい道具が、王朝開闢前後の国家と王権確立に与えた影響は極めて大きかったであろう。また、もう一つの理由は、第一王朝初期から用いられたデュアリズムの概念に求められる。この概念は、王を全国の支配者として明瞭に位置づける役割を果たし、その後長く王朝時代の王権と官僚組織の骨格に影響を与え続けた。

ナカダIII期以降の王権観の確立は、冒頭でも述べたように、当時の支配者とエリートたちによって、積極的かつ意図的に進められたと思われる。

2　巨大王墓

古代エジプトの王墓

古代エジプト文明は巨大王墓とそれを通じた王の崇拝で特徴づけられ、その顕著な例が古王国時代のピラミッドである。こうした巨大王墓と王崇拝の伝統は、新王国時代になって埋葬場所が「王家の谷」という一般の人目からは隠れた場所に移された後にも、沖積低地の縁に築かれた壮麗な葬祭殿に引き継がれていた。

後に詳述するように（第6章2参照）、古代エジプトの人々は来世における復活・再生を信じていた。死後にも生命の継続を求める人々の来世観は、先王朝時代から埋葬の中に現世と同じような社会的な身分差を生じさせることにもなった。そして王朝時代になると、現世において特別な存在であった王の埋葬は、王権の発達に伴って、その他の人々の埋葬とは形態的にも規模的にも大きく異なるものへと発達を遂げた。

古代エジプトの王権観の特徴の一つは、王が死後の世界とも密接に関連づけられていたことである。例えば、オシリス神は冥界の支配者であり、この世の王がその化身であるホルス神の父であると信じられていた。そして死した王は、やがて父オシリスと合一して冥界に君臨することになるという。あるいはまた、死した王は太陽神の船に同乗して、永遠に天空と冥界をめぐったという。したがって、来世の存在を信じた古代エジプトの人々にとって、王は来世をも左右する重要な存在であり、死してなお、宇宙の秩序の維持者であり続けた。

先王朝時代の大型墓

前四〇〇〇年より少し前に年代付けられるバダリ文化から、すでにエジプトの埋葬には、副葬品の多寡として身分の差が認められている。この頃から先王朝時代を通じて、最小の墓は、屈葬にした遺体をようやく納める長径七〇センチメートル程度の楕円形の土壙墓であった（234頁図51-1）。そしてナカダI期になると、やや大きく造られ、多数の副葬品を納める墓が現れて、埋葬の中に身分差がよりいっそう明瞭に顕れるようになったが、この頃の墓はいずれにしろ砂漠に掘り込まれた土壙墓なので、墓に見られる社会階層の差はたいして大きくなかった。

しかし、ナカダI期後半あるいはナカダII期には、ナカダ遺跡T墓地やヒエラコンポリス遺跡HK6地区の墓地など、大型墓を集めた墓地が造営されるようになっており、これらの墓地に当時の支配者たちの墓が含まれると考えられている。例えば、ヒエラコンポリス遺跡HK6地区の墓地には、ナカダII期前半に二三号墓が築かれた。この墓は、五・五×三・一メートルの墓坑の周りに、木製の支柱を埋めた跡が検出されていて、木材とマットで上屋がかけられていたことが推測されている。さらに、その外側に一六×九メートルの規模の木製支柱を並べた柵が築かれていたという。それとほぼ同時期の一六号墓は四・三×二・六メートルの土壙墓で、近くで検出された象と野生牛の埋葬はこの墓に伴っていた可能性が指摘されている（Friedman 2005）。ナカダII期後半には、墓坑の内側を日乾レンガで貼り、二室に区切って壁画を描いた一〇〇号墓がヒエラコンポリスに築かれた。すなわちこの頃から、支配者たちの墓は、特別の墓地に目立った形で作られはじめていたのである。

さらにナカダIII期になると、この時期に成立した王国の支配者と考えられる人々の墓が、ヒエラコンポリス（図32-2）やアビュドスにひときわ大きく造られるようになった。例えば、アビュドス遺跡ウム・エル＝カアブにあるU墓地は、この地の支配者たちの墓地であったと考えられている。その中でも特に大型のU-j号墓（図32-1）は、地下構造が約一〇×八メートルの規模を持つ（Dreyer 1998）。内部は日乾レンガで築かれ、大小一二室に分けられていた。発掘調査を行ったG・ドライヤーの解釈によれば、この墓は広間を持つ家もしくは王宮をかたどっていた。中には四〇〇個を越えるパレスチナ産の土器、石製容器、象牙製ゲーム、文字を刻んだラベルなどの、当時としては稀少な副葬品が多数納められていた。しかしながら、この段階ではまだ他の人々の墓との差異はたいして大きくはなかった。

初期王朝時代の王墓

古代エジプトの特徴を成す巨大王墓建造の伝統は、第一王朝開闢とほぼ時を同じくして著しく顕在化した。規模と形、また副葬品の質と量の点から、他の墓とは大きく異なる墓が組織的に築かれるようになったのである。ただし、当時の王墓の基本建材は相変わらず日乾レンガであり、大型墓の所有者も王だけではなく、王族や豪族あるいは高位官僚に及んでいた可能性がある。

アビュドスのU墓地に接するウム・エル＝カアブにおいて、第一王朝八代の王たちの墓が発見されている（Petrie 1900; 1901）（42頁図12-2）。現在残っているのは地下構造のみで、いずれの墓も砂漠に

1

2

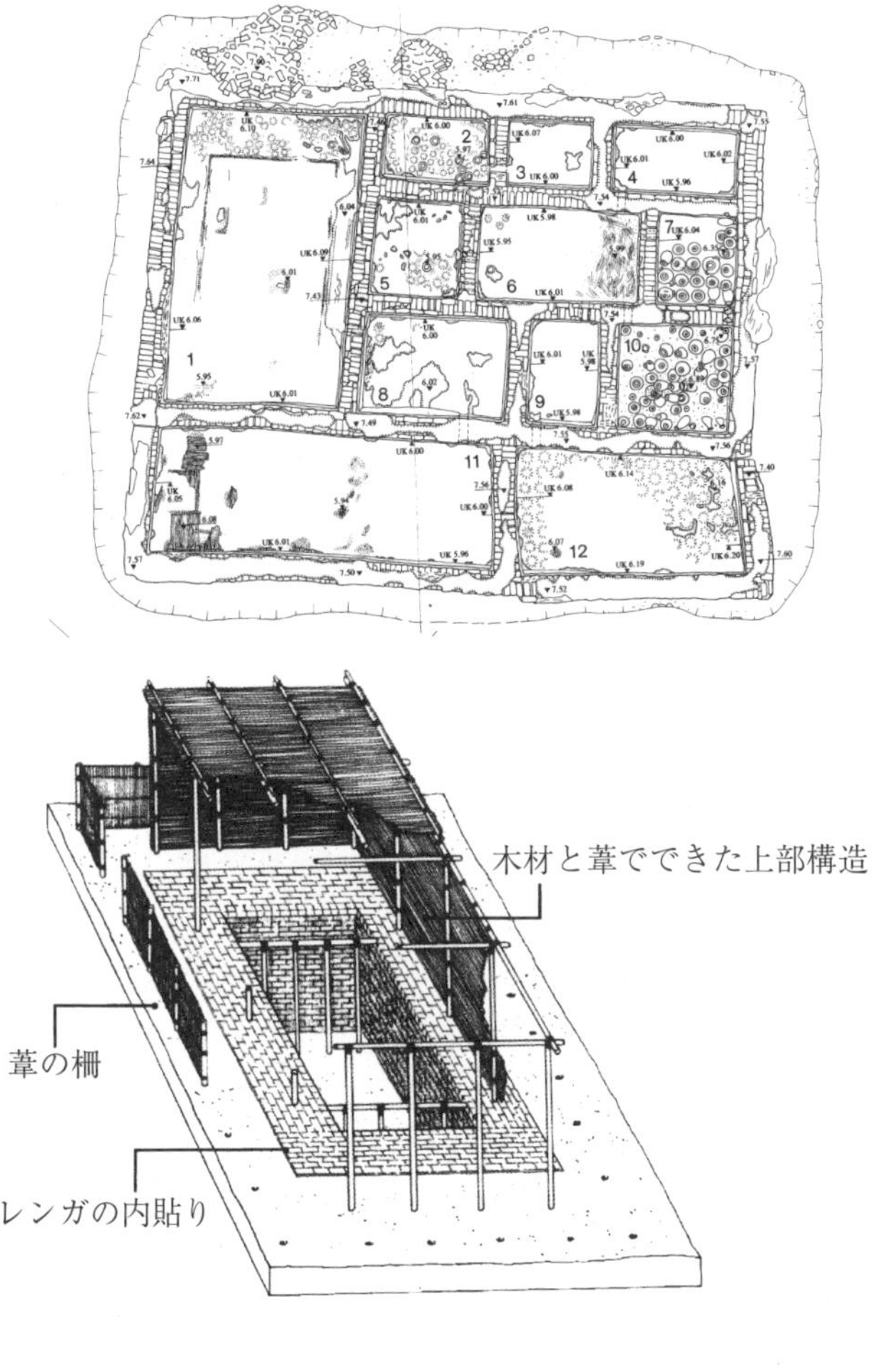

図32●ナカダIII期の大型墓
1：アビュドス遺跡ウム・エル＝カアブU-j 号墓平面図(Dreyer 1998：Abb. 2)
2：ヒエラコンポリス遺跡 HK6 地区 1 号墓復元図（Friedman 2005 after B. Fagan)

穿った長方形の穴の周りに日乾レンガで厚い内貼りを施して築造されていた。第一王朝初代ナルメル王の墓は二つの別れた墓室を持つだけの小規模なものであったが、その後、次第に王墓は大型化していった。第二代アハ王の墓は、三つの別れた墓坑から成る点でナルメル王の墓と類似していたとはいえ、隣に計三四基の小さな方形の殉葬墓が並べて築かれていた。殉葬は第一王朝の間継続し、そのピーク時である第三代ジェル王の墓には三〇〇基以上の殉葬墓が伴っていたが、後世の王墓には引き継がれなかった。

このジェル王の墓から、単一の大きな墓坑が墓の中心を成すようになり、通常木材で壁、床、天井などが築かれた。近年の第四代ジェト王墓における再調査が上部構造について明らかにしたところによれば、玄室（棺を納めた部屋）は低いマスタバのような日乾レンガを貼ったマウンドに覆われ、さらに墓全体がそれより大きなマウンドに覆われていたという（図33-1）。つまり、外見は古王国時代の官僚墓の代表的な形態である「マスタバ（アラビア語でベンチの意）」墓と同じ直方体であった。ジェル王以降の墓は、玄室の周りに副葬品を納める複数の細かい部屋が取り巻く構造になっていた。

第五代デン王の墓から、外から玄室に続く階段が設けられるようになった。階段が設置されたことで、玄室を深い位置に造れるようになっただけではなく、墓の建造後に遺体を埋葬することが可能になった。この構造変化は、後のピラミッドや大型マスタバのように、墓主の生前から大型墓を築く伝統の出現と密接に関係するであろう。

1

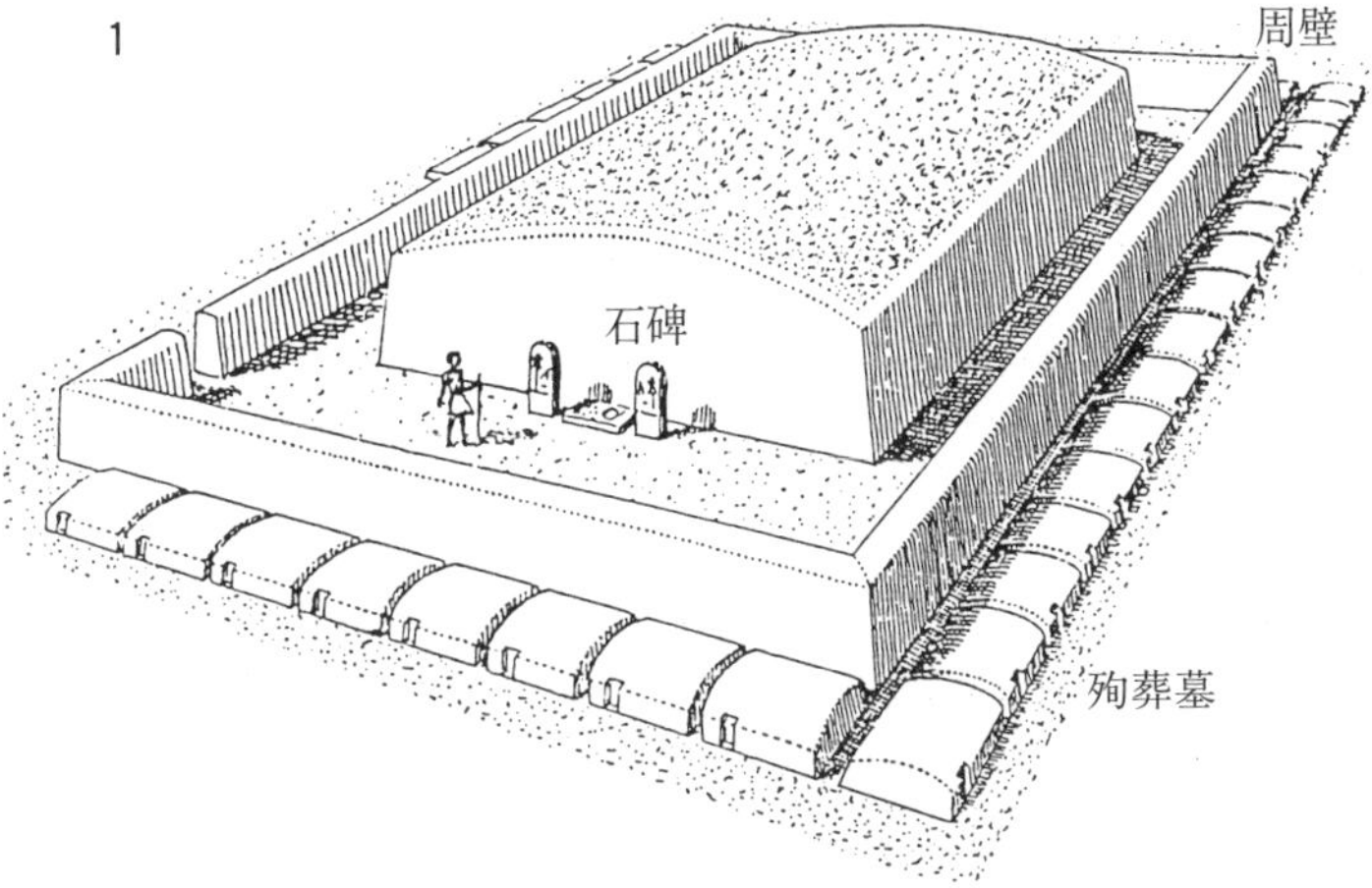

2

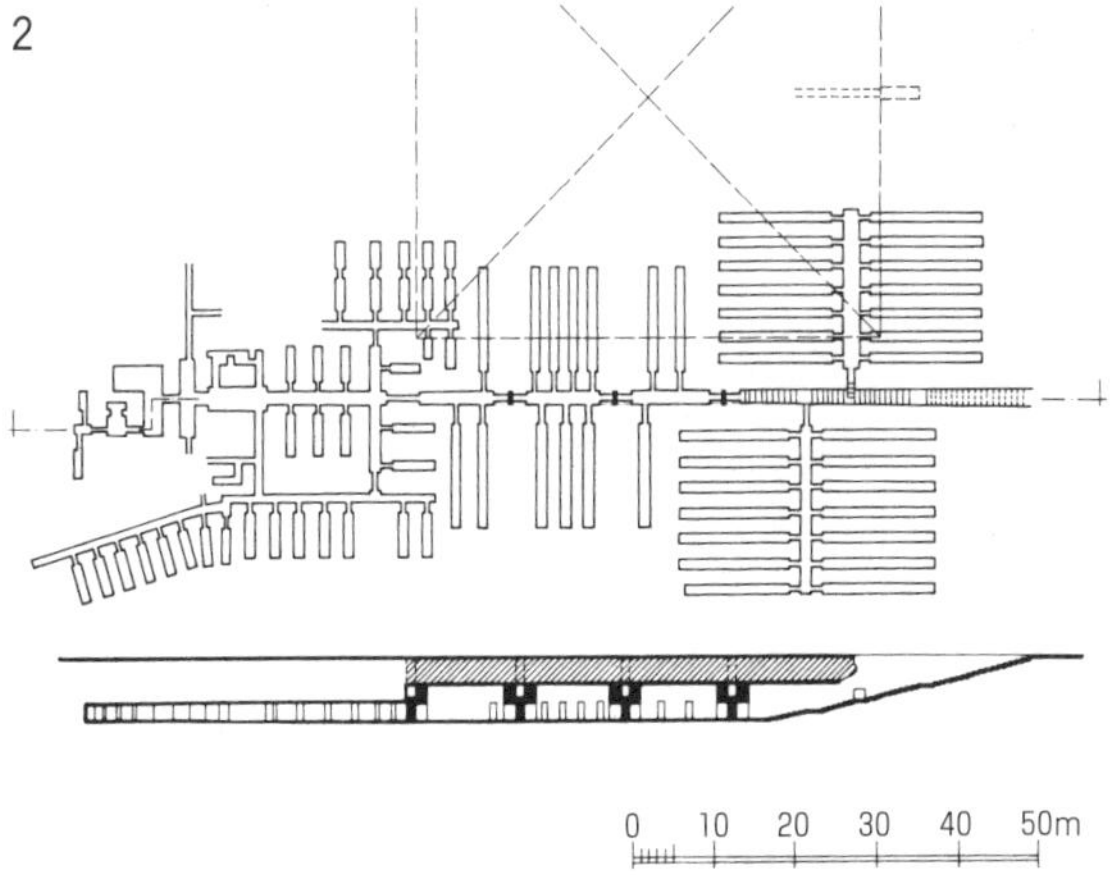

図33●初期王朝時代の王墓
1：メルネイト王妃の墓復元図（アビュドス）（Lauer 1995：pl. IV） 2：ヘテプセケムウィ王墓の地下回廊施設（サッカラ）（Stadelmann 1985：Abb. 10）

ウム・エル＝カアブから約二キロメートル離れた沖積低地際には、ジェル王以降、それぞれの王がもう一基ずつ大型の施設を建造していた（42頁図12－1）。今日「葬祭周壁」と呼称されるこれらの建造物は、日乾レンガで築いた長方形の大型壁体で囲まれており、長辺が一〇〇メートルを越えるものもある。周壁の内部には目立った建造物の痕跡が残されていないが、周囲からはウム・エル＝カアブの王墓と同じような殉葬墓が検出され、カセケムウィ王の葬祭周壁の傍らには、一〇隻あまりの木造の舟が埋納されていた。ここで王の遺体を一時的に安置したり、葬祭が行われたとする説がある。類似する日乾レンガ造の大型壁体はヒエラコンポリス遺跡にも存在し、カセケムウィ王治世に年代付けられている（口絵3）。

他方、エジプト北部のサッカラにも、第一王朝第二代アハ王治世以降に大型墓が多数造営されるようになった（44～45頁図13）。二〇世紀前半にW・B・エメリーの発掘調査によって検出された当初、これらは王墓と考えられていた（Emery 1961）が、近年はむしろ王族や高位官僚たちの墓と見なす説が優勢である。これらの墓は、「マスタバ」と呼ばれる直方体を呈する墓で、大型のものは一辺四〇メートルを越える規模を持つ（234頁図51－2）。大型のマスタバ墓は、サッカラ以外にも、ナカダ、タルカン、ギザに築かれている。ナカダ遺跡の大型マスタバ墓は、ナルメル王の妃でありアハ王の母であったネイトヘテプが所有者であったらしいが、その他の所有者はわかっていない。

第二王朝の王墓は、サッカラとアビュドスの二カ所の墓地に建造された。一九〇〇年頃にサッカラで検出された二つの巨大な地下回廊施設は、ヘテプセケムウィ王とニネチェル王の墓の一部と考えられており、上部構造はすっかり失われてしまっている（Stadelmann 1985）（図33-2）。これらの地下施設は、長辺一〇〇メートルくらいの範囲にわたって石灰岩の岩盤中をトンネル状に掘り込んで造営されていて、枝分かれした長い通廊の両側に長方形の室がいくつも設けられ、迷路のような複雑な構造をしている。さらに近年、オランダの調査隊がウニス王のピラミッド参道南側において、第三の地下施設を発見した。この地下施設は規模は前二者よりも小さいものの、やはり第二王朝の王墓施設の一部と推測されている。

サッカラの砂漠奥部、第二王朝の地下回廊施設の西方には、「ギスル・エル＝ムディール」ともう一つの巨大な長方形周壁が残されている。第二王朝末から第三王朝に年代付けられ、葬祭施設の一部である可能性があるが、詳細は不明である（白井　1996）。

ピラミッドの始まり（第三王朝時代）

このような大型王墓の伝統をさらに一歩押し進め、巨大王墓を紛れもないエジプトの特徴として知らしめたのが、第三王朝初期のジェセル王であった。石を建材として用いることで規模が大きく堅固な建造物を築くことが可能になって、これ以降、古代エジプト王の墳墓形態としてピラミッドが定着することになった。しかし、この時期に建造されたピラミッドは、「階段ピラミッド」と呼ばれる段を持つピラミッド（54頁図17、図34）であり、用いられる石材も比較的小型であった。

第三王朝初期のジェセル王は、サッカラにエジプトで始めての石造建造物であり、かつまた最古のピラミッドである「階段ピラミッド」を築いた。このピラミッドは、王の建築家であったイムヘテプによって設計されたといわれる。

ジェセル王の階段ピラミッド本体は、何度かの設計変更を経て、最終的にピラミッド形になった。最初の建造物は平たい直方体で、マスタバ墓のような形をしていた。玄室は最初の段階からマスタバの中心付近に垂直に穿たれた穴の中に設計されており、花崗岩でできていた。後にマスタバの大きさが二度にわたって拡大され、その後マスタバの上に四段の階段状のピラミッドが建てられた。さらにピラミッドに増築が加えられた結果、最終的に今日見られるような六段から成るピラミッドが完成したのである。最終のピラミッドは、東西が一二一メートル、南北が一〇九メートルと、平面形態が長方形を呈していた。このように階段ピラミッドは、設計変更の過程の中に、マスタバからピラミッドへの変化を内包している点も非常に興味深い。

階段ピラミッドは、ピラミッド本体と周辺の施設が「コンプレックス（複合体）」を形成しており、南北約五四五メートル、東西約二七七メートルの巨大な周壁で囲まれている。複雑な凹凸を持つパネルで飾られた周壁外面は、当時の王宮の外観を模していたらしい。周壁内部には、ピラミッドの北側に葬祭殿があり、東側には「南のパビリオン」と「北のパビリオン」とそれぞれ呼称される建造物群

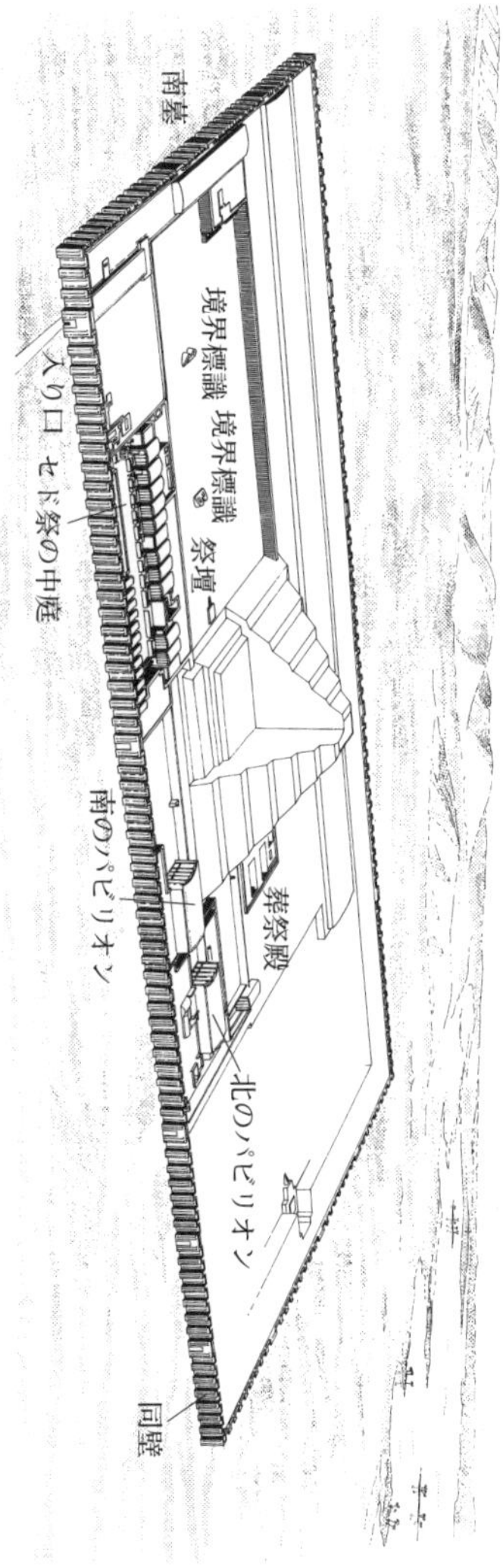

図34●ジェセル王の階段ピラミッド（Stadelmann 1985 : Abb. 13）

と、地方の神々を祀る小さな祠堂を両側に並べて築いた「セド祭の中庭」がある。ピラミッド南側の広い中庭には、ピラミッドの直ぐ下に祭壇が据えられ、二つのB形をした石が置かれている。この石は、エジプトの国境を象徴する標識で、セド祭の「走行儀礼」の際に、王がこれらの周りを回ったと考えられている。南墓は、地下構造がピラミッド本体下の地下構造と類似し、もう一つの王墓と考えられる施設である。一説には、「上下エジプト王」というデュアリズムに対応して作られた二つ目の墓であるという。このように階段ピラミッド・コンプレックスは、今生と同じく来世においても、王が宇宙の秩序を維持する祭儀を継続するべく構成されていた。

この最初のピラミッドの原形については議論のあるところだが、多くの研究者は、内部にマウンドを有していた初期王朝時代のアビュドスの王墓やマスタバ墓からの発展と考えている。また近年、アビュドスの葬祭周壁やヒエラコンポリスのホルス神殿（193頁図44-1）との共通性も指摘されており、これらの影響もあったかもしれない。

ジェセル王が始めた階段ピラミッドとその複合体の形式は、第三王朝の間継続した。次王セケムケトがジェセル王のピラミッドの直ぐ南西に未完成の階段ピラミッドを建て、カーバー王と思われる王がザウィエト・エル＝アリアンに現在「重層ピラミッド」と呼ばれる未完成の階段ピラミッドを築いている。

真性ピラミッドの完成

第四王朝初期に、側面が平らな正四角錐のピラミッド、すなわち「真性ピラミッド」が登場するが、ピラミッドと言えば思い浮ぶギザのピラミッド群のような側面の傾斜角度が約五二度の安定した形態に至るまでには、いくつかの試行錯誤があったらしい。傾斜角度の試行錯誤を行ったのは第四王朝初代のスネフェル王であり、メイドゥームに一基、ダハシュールに二基の大型ピラミッドを建造し、さらにサイラにも小型のピラミッドを築造していた。

スネフェル王が最初に着工したのは、メイドゥームのピラミッドである。「崩れピラミッド」の名称でも呼ばれるこのピラミッドは、底辺が一四四メートルの長さを持つ。現在は上部が崩れてしまい、三段の塔のような内部構造を曝している。かつてこのピラミッドの創建は第三王朝末のフニ王に帰されていたが、近年スネフェル王が着工し、一旦放棄した後、治世末期に再び建造を再開したという説が提示されており、実際底部近くに残存する表装石の傾斜角度も五一・五〇と後述するギザのピラミッドに近い。

その後、スネフェル王はさらに二基の大型ピラミッドを建てた。ダハシュールにそびえ立つ「屈折ピラミッド（南のピラミッド）」と「赤ピラミッド（北のピラミッド）」である。

屈折ピラミッド（図35）は、側面の傾斜角が途中で変更されていることから、この名称で呼ばれて

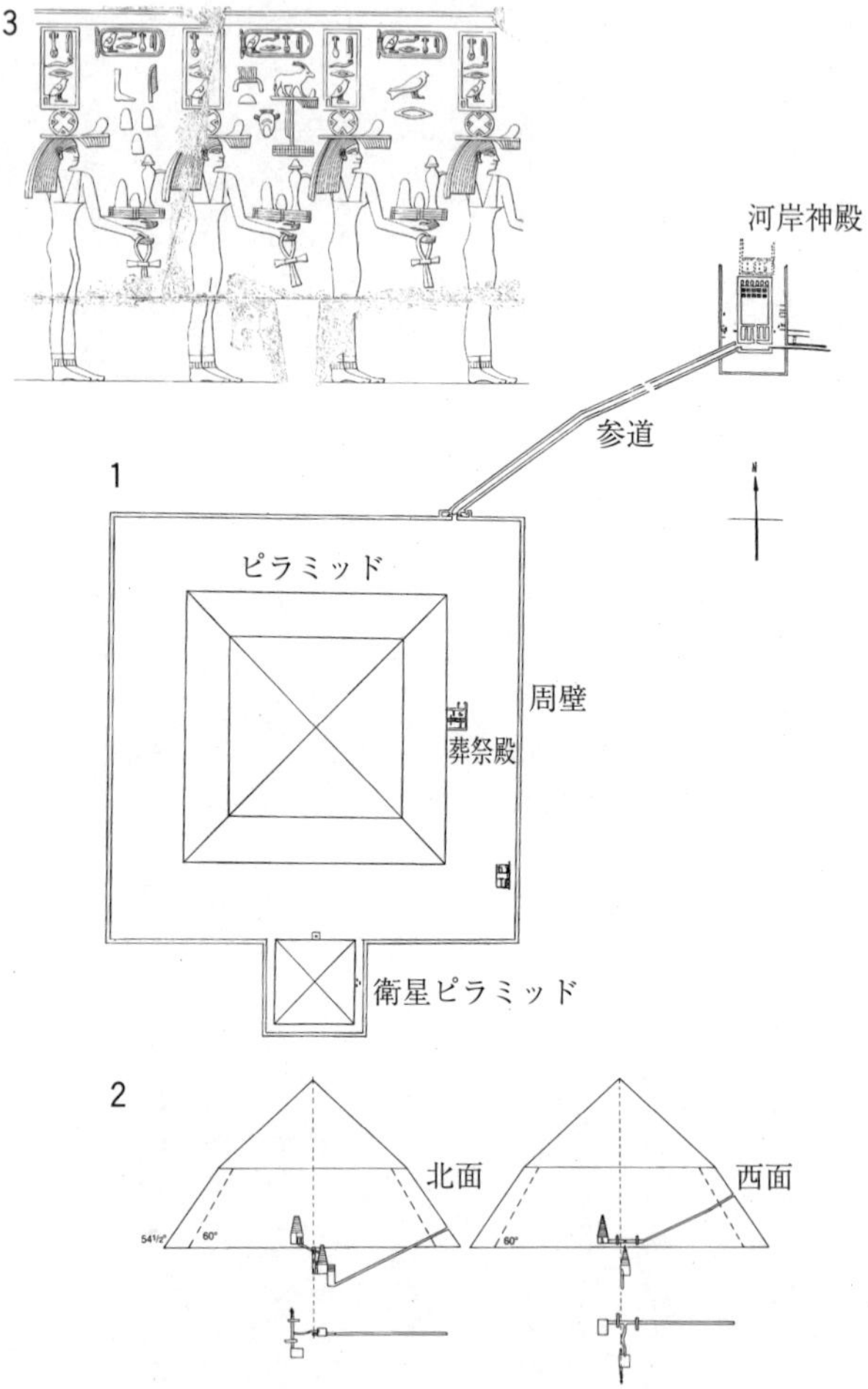

図35●スネフェル王の屈折ピラミッド（ダハシュール）
1：平面図（Fakhry 1961：Fig. 43）　2：断面図（Stadelmann 1985：Abb. 24）　3：河岸神殿の浮彫（Fakhry 1963：Fig. 16）

いる。一辺一八八メートルの規模を持つこのピラミッドは、下部の傾斜角が五四度あまり、上部の傾斜角が四三度あまりであった。このように傾斜角が変更された原因は、通常傾斜角についての試行錯誤の結果と解釈されている。内部への入口はピラミッドの西側と北側に設けられていて、それぞれ「上部玄室」と「下部玄室」と呼ばれる部屋にたどり着いている。ピラミッドの南側には、小型の衛星ピラミッドが築かれている。また、ピラミッドの東側には小さな礼拝施設があり、そこから北東に向かって伸びる二一〇メートルの参道の先に「河岸神殿」が築かれた。河岸神殿の壁面には、エジプトのノモスもしくは主要な町を擬人化した女神たちが、ピラミッドに向かって供物を運ぶ行列が描かれていた。

赤ピラミッドは、おそらく最古の真性ピラミッドで、一辺二二〇メートルの規模と約四三・二二度という緩い傾斜角を持つ。この傾斜角は、屈折ピラミッド上方の傾斜角と一致する。内部への入口はピラミッドの北側にあり、それを降ると、二つの前室の先に設けられた玄室に至る。ピラミッドの東側には小規模な葬祭殿が建造されていたが、参道や河岸神殿が検出されていないのは、おそらく王の死によって、これらの周辺建造物の造営が中断されたためであろうと考えられている。

ピラミッド本体を王墓の中心とする点では、スネフェル王のピラミッド群は第三王朝の階段ピラミッド群の概念を踏襲しているとはいえ、ピラミッド本体の内部構造や周辺建造物の構成には大きな刷新が認められる。後のピラミッド・コンプレックスにおいて、ピラミッドの東側に設けられた葬祭殿、そこからナイル河方向に向かって伸びる長い参道、その先端に築かれる河岸神殿、ピラミッドの近くに位置する衛星ピラミッド、ピラミッド本体とピラミッドに接する葬祭殿を取り囲む周壁などが重要な構成要素になるが、それらのほとんどはスネフェル王のピラミッドにおいて初原的な形で現れている。またピラミッド建造方法についても、核に大型の石材を、表装石にトゥラ産の良質石灰岩を用い、内部に持送り式の天井を持つ部屋を構築するなど、後世のピラミッドの先駆をなした。

一つのピラミッドの大きさでは、後述するクフ王がギザに築いたピラミッドが最大であるものの、一人の王が行ったピラミッド建造事業の規模という点から言えば、三つの大型ピラミッドを築いたスネフェル王は、クフ王を遙かに凌いで古代エジプト最大である。後述するように、この背景には大規模事業を可能にする官僚組織の確立があった。

ピラミッドのピーク（ギザの三大ピラミッド）

スネフェル王の後継者であるクフ王は、カイロ西方にあるギザ台地にエジプト最大のピラミッドを築いた（図36）。それに続いてカフラー王とメンカウラー王がギザに築いたピラミッドは、いずれも古代エジプト最大級のピラミッドであり、この時期をピラミッドのピークと呼べるであろう。

クフ王のピラミッド（図37）は、一辺約二三〇メートル、高さ約一四六メートルの規模を持つ。約二三〇万個の石材が使われ、平均の石材重量は二・五トンといわれるこのピラミッドは、規模だけで

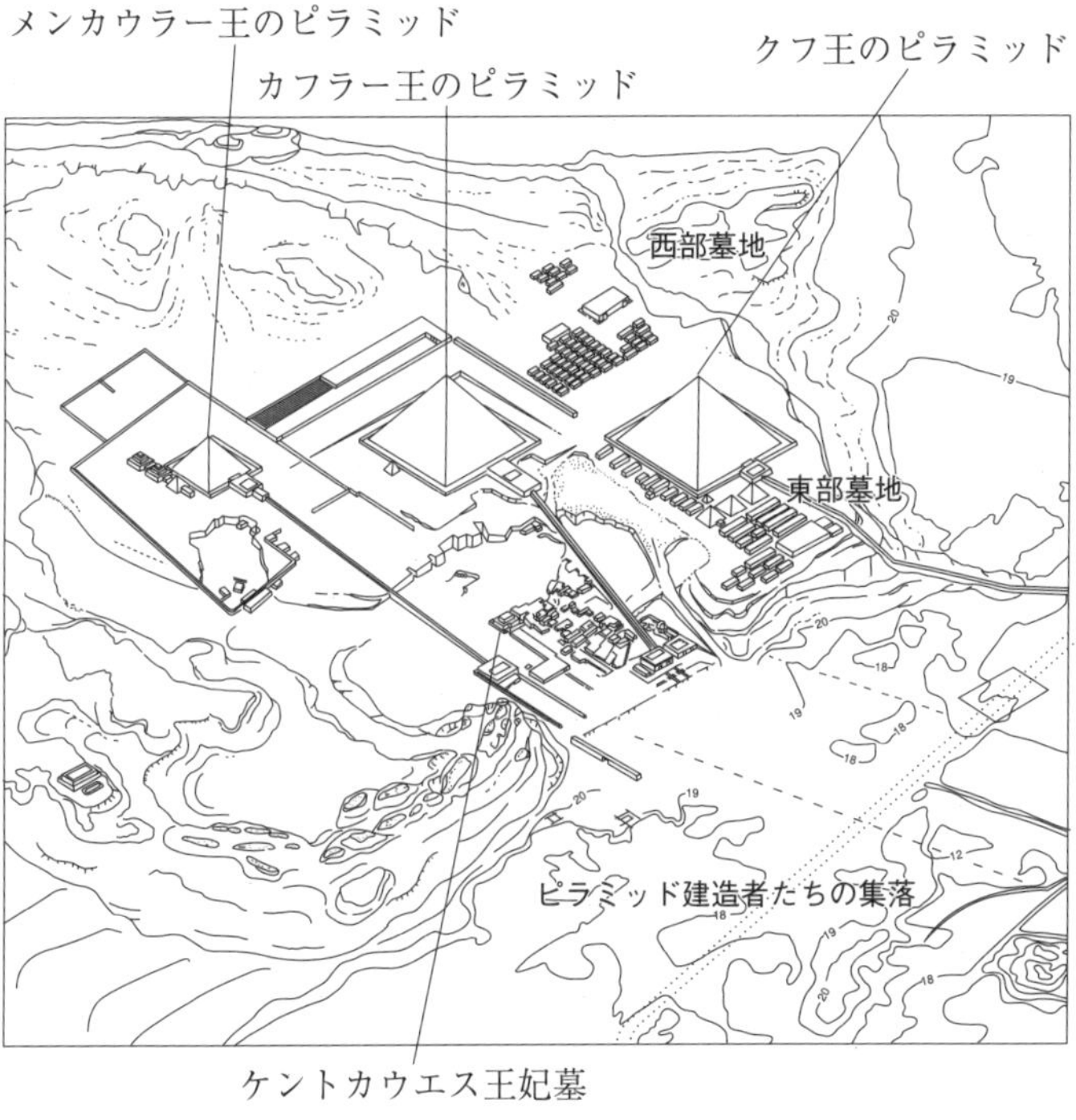

図36●ギザ台地とピラミッド群（Lehner 1997：230-231 より）

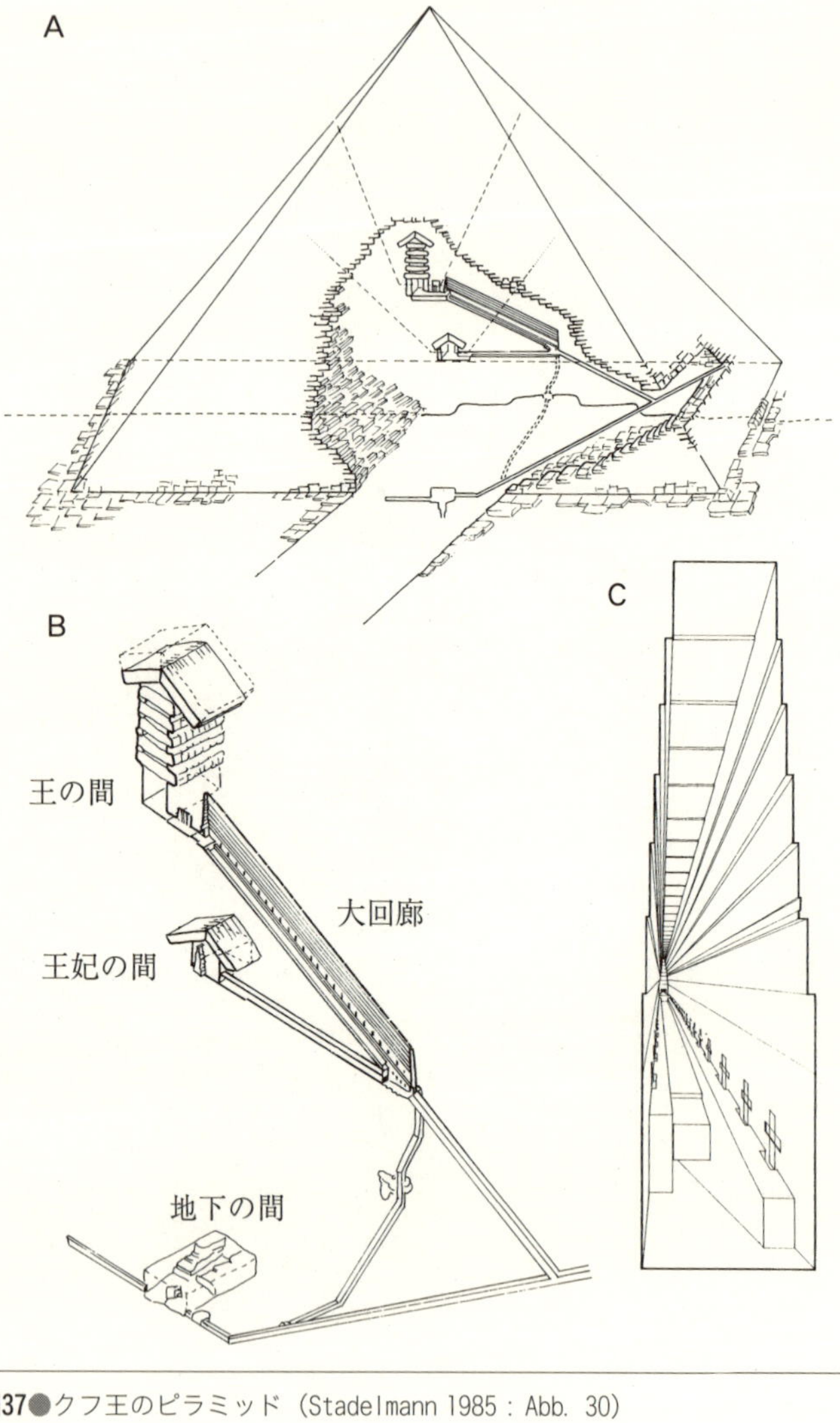

図37●クフ王のピラミッド（Stadelmann 1985：Abb. 30）
A：ピラミッド全体　B：内部の室　C：大回廊

はなく、巨大石材の使用や建築の正確さの点においても、ピラミッドの頂点をなす建造物であった。

クフ王のピラミッドは北面に入口を持ち、内部には、下方から「地下の間」、「王妃の間」、「大回廊」、「王の間」という四つの大きな空間が設けられ、その間が細い通路で結ばれている。地下の間は、岩盤を穿って築かれており、未完成である。王妃の間は、実際には王妃の埋葬室ではなく、王の「カー（魂）」の彫像を納めていた可能性がある。王の間に続く通路の先に築かれた大回廊は、持送り式の天井を持つ長さ四六・七メートルの斜めの回廊である。王の間は花崗岩で表装され、室の東部に花崗岩製の棺が置かれている。ただし、これらの空間の他にも、ピラミッド内には未知の空間が存在するかもしれない。

クフ王のピラミッドの東側には葬祭殿が築かれていて、今日も玄武岩製の床石の一部が残っている。ピラミッド本体と葬祭殿を周壁が取り囲み、周壁の南東には衛星ピラミッドが、その東側には三基の王妃のピラミッドが建造されている。葬祭殿から東に伸びる参道は、崖を下ってさらに沖積低地の中に続いており、ピラミッドから約七四〇〇メートルのあたりに河岸神殿があったと推測されている。ピラミッドの東側に三基の舟形坑が穿たれ、南側には二つの長方形の穴の中に大きな木造船が解体して納められていた。

クフ王を継いだその息子のジェドエフラー王は、ギザの北方約八キロメートルにあるアブ・ラワシュに、天然の丘陵を利用してピラミッドを築こうとしたが、未完成に終わった。

クフ王のもう一人の息子であったカフラー王のピラミッドは、底辺約二一五メートル、高さ約一四三・五メートルと、クフ王のピラミッドよりもやや小さかった。ピラミッドの東側に赤色花崗岩とアラバスターで内貼りされた壮麗な葬祭殿が、そこからは約五五〇メートル東に向かって伸びる参道が、その先には花崗岩で表装された河岸神殿が築造された。そして、河岸神殿近くの参道の北側には「大スフィンクス」と呼ばれる長さ約七三メートルの人頭獣身の巨大な像が岩盤から彫り出され、その前に河岸神殿と並べてスフィンクスを祀る神殿が築かれている。

カフラー王の息子メンカウラー王が建てたピラミッドは、底辺約一〇三メートル、高さ約六五メートルと、先の二基のピラミッドよりもだいぶ小型である。ピラミッド・コンプレックスは王の存命中には完成しなかったらしいが、ピラミッド東側に据えられた葬祭殿、ピラミッドを取り囲む周壁、長さ六〇八メートルの参道、その先の河岸神殿が築かれた。

ギザに築かれた三大ピラミッドは、ピラミッドのピークであったが、すでにそのうちに規模縮小という衰退の兆しをかいま見せていた。第四王朝末の王シェプセスカフは、南サッカラに「マスタバ・エル＝ファラウン（ファラオのマスタバ）」と今日呼称される直方体の墓を建造した。これは、古王国時代の中で王墓の形式としてピラミッドを採用しなかった希有な例である。

ピラミッドの小型化（第五・六王朝）

第五王朝になると、概してピラミッド本体は規模が小さくなり、使用される石材も小型になって、建造方法もそれ以前の時期に比べて遙かに手抜きになった。第五王朝以降のピラミッドは、たいてい内部構造の核壁の外側と表装石だけを堅固な石積みにしているが、使用された核石材は概して小型で粗略に整形が行われており、しばしばその隙間の部分には石のかけらや砂が用いられていたのである。すなわち、ピラミッド本体の規模と建造技術の面においては、第四王朝前半のピークを過ぎるとピラミッドは衰退したのであった。しかし一方で、第五王朝は葬祭殿が大きく発達した時期でもあり、また葬祭殿、参道、河岸神殿などに浮彫装飾がそれ以前より熱心に施されるようになった。

第五王朝のピラミッドは、サッカラとアブ・シール（図38）に造営されている。初代ウセルカフ王はサッカラにピラミッドの建造場所を選地したが、サフラー王以降四人の王たちはアブ・シールに建造地を移した。サフラー王のピラミッドは、本体の底辺が七八・七五メートル、高さ四七メートルと比較的小型である。しかし、ピラミッド本体に比べて大きな葬祭殿を備えており、葬祭殿や参道の壁は浮彫で装飾されていた。このピラミッド・コンプレックスの形態がその後のコンプレックスにも踏襲されていて、葬祭殿も後の葬祭殿の概念上の起源となっている。

サフラー王以降の第五王朝と第六王朝に築かれたピラミッドは、ネフェルイルカラー王のピラミッ

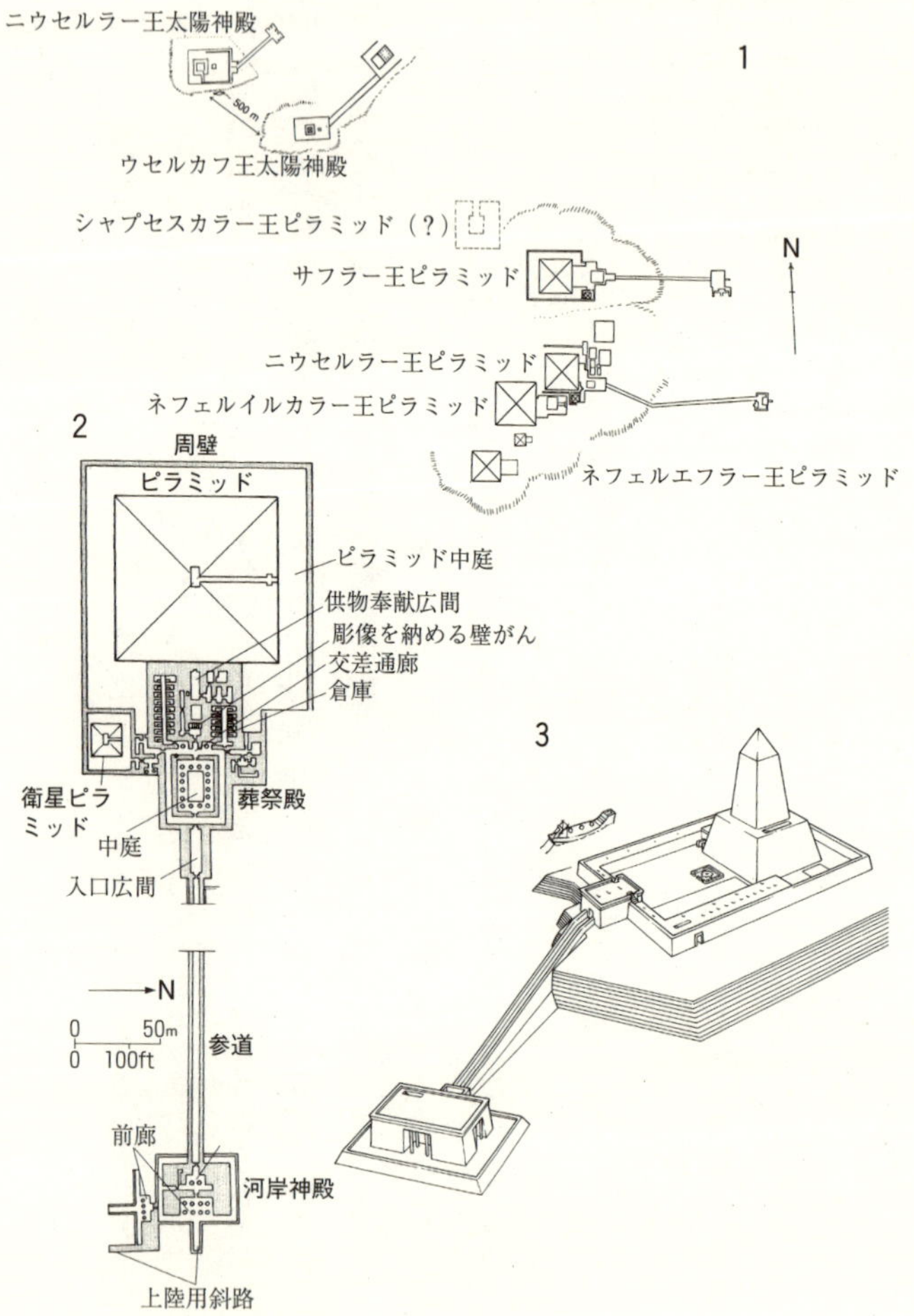

図38●アプ・シール遺跡
1：遺構配置図　2：サフラー王ピラミッド平面図（Lehner 1997：143）
3：ニウセルラー王太陽神殿（Lehner 1997：151）

ドの底辺が一〇〇メートルを越えるのを除いて、いずれも底辺が八〇メートル以下と小型である。しかしいずれも比較的大型の葬祭殿を構え、コンプレックスの壁面が浮彫で飾られた。この時期の最も大きな刷新といえば、後述する「ピラミッド・テキスト」が第五王朝最後の王ウニスによって導入されたことであった。

かつて、第五王朝以降のピラミッド本体の小型化の原因を、王家の経済的な衰退に帰す説があったが、必ずしもそれが主要な原因ではないかもしれない。むしろ巨大ピラミッド建造によって王権や中央集権国家を盛り立てる時代が過ぎて、葬祭殿で行う祭儀や太陽神殿建造などに関心が移っていったことの方がピラミッドの小型化に影響していたようである。

ピラミッド・テキスト

「ピラミッド・テキスト」とは、第五王朝最後の王ウニス以降、王や王妃のピラミッド内部に刻まれた葬祭文書に近年の研究者が与えた名前である。内容の解釈は難しいが、ピラミッドの性格を明らかにするための重要な手がかりを与えてくれる。

ピラミッド・テキストは一続きの文章ではなく、王の来世における再生と復活を保証するいくつもの呪文が並べられた呪文集であった。これまでに一〇〇〇近い呪文が知られており、それぞれのピラミッドには何らかの理由で選択された呪文のみが記されているため、長さも内容もピラミッドごとに異なっている。通常玄室と前室に刻まれるが、棺や前室以外の部屋まで続いていた例もあった。これらの文書は葬祭の際に神官によって朗唱されたという説が有力であるものの、朗唱の順序については諸説があって定かではない。

J・アレンの近年の研究（Allen 1994）によれば、ピラミッド・テキストは内容と記される場所に基づいて、いくつかのグループに分けることができるという。玄室の北壁には、死者に来世における生活必需品を与えることを目的とした「供物儀式」が記され、これらは供物の受け手である死者に向かって述べられる短い呪文から成っている。玄室南半部には「復活の儀式」の呪文が記され、これらは、王の魂を石棺から来世に向かって送り出すために、死者と神々に向かって述べられる呪文から成る。玄室の切妻屋根の天井には、石棺とその中身を蛇などの有害な生き物から守るための呪文が、西壁には、天空の女神ヌトに語りかける呪文が書かれることがあった。前室や通廊の壁には、死者がピラミッドという墓における夜からピラミッドの外にある来世における昼へと移動するのを助けるための呪文が記された。

ピラミッド・テキストは、主に王の来世における復活を太陽になぞらえている。古代エジプト人にとって、毎夕沈んでは毎朝再び昇る太陽は、再生復活の象徴であった。太陽は日没後に冥界を旅した後、夜明けに再び復活するが、その力を冥界においてオシリス神から受け取ると考えられていた。それと関連してか、テキストには、亡き王が天に昇り、神々の領域に迎え入れられるための呪文が多数含まれていて、梯子、雲、嵐、薫香、太陽光線、鳥の姿など、あらゆる昇天の手段が言及されている。また、王が「冥界の支配者」オシリス神と合一することも重要なテーマであった。

こうしてピラミッド・テキストの研究からは、ピラミッドは王が再生復活を遂げる装置として築かれたことが推測される。古代エジプトにはその後、中王国時代に普及し、主に棺に記された「コフィン・テキスト」、新王国時代に普及し、主にパピルスに記されたた「死者の書」という一連の葬祭文書が現れるが、ピラミッド・テキストはその先駆となるものであった。

王墓以外のピラミッド

古王国時代には、王墓以外の役割を持つピラミッドも建造されていた。それらは、「衛星ピラミッド」、「王妃のピラミッド」、「地方の小型ピラミッド」である。

衛星ピラミッドは、先にも述べたように、王墓を中心とするピラミッド・コンプレックスの一部を成していて、王のもう一つの墓と考えられる小型のピラミッドである。第三王朝ジェセル王の階段ピラミッド・コンプレックスの南墓にその起源が求められるという説があり、通常ピラミッド本体の南東か南側に位置している。

古王国時代の間、王以外にピラミッド形の墓を作ることができたのは、王妃をはじめとする王族女性たちだけであった。王妃のピラミッドは、王族女性を埋葬したピラミッドで、王墓の傍らに建てられている。王のピラミッドよりは遙かに小型であるが、内部の玄室に石棺が据えられており、第六王朝以降は内部にピラミッド・テキストも刻まれた。王妃のピラミッドも現在までにすっかり内部は盗掘されている。

古王国時代には、埋葬施設ではないピラミッドも少数ながら建造された。埋葬施設であるピラミッドとの大きな違いは、内部に玄室のような空間を持たないことである。通常一辺一八〜二五メートルの小さな規模を持ち、階段形をしている。

この頃の墓であるピラミッドが、ファイユームの入り口以北、デルタ頂部以南のナイル河西岸に建造されたのに対して、この埋葬施設ではないピラミッドは、たいていこの地域以外に築かれ、ときにナイル河の東岸に位置することもある。これまでに、上エジプト北部ファイユーム低地東方のサイラ、上エジプト中部東岸のザウィエット・エル＝マイティン、上エジプト南部ナイル河西岸のシンキとナカダ、エル＝クッラ、エドフ南、中洲のエレファンティネ島で検出されている。これらのうち、エレファンティネのピラミッド近くではフニ王の名が、サイラのピラミッド近くからはスネフェル王の名が発見されていることから、多くは第三王朝末から第四王朝初期に年代付けられると考えられている。

これらのピラミッドの建造目的は明らかではなく、従来ホルスとセトの神話にとって重要な場所を示した印とする説や、第二王朝のカセケムウィ王によるエジプト再征服の段階を示したとする説が提示されていたが、いずれもあまり説得力はなかった。

近年エレファンティネのピラミッドと周辺遺構を考察したS・ザイデルマイヤーは、新たに小型ピラミッドの性格について論じている(Seidlmayer 1996a)。それによれば、王墓を模した小型ピラミッドは地方における王の崇拝の拠点であり、基本的にノモスの行政中心地に配置されていた可能性があるという。言い換えれば、地方において王の威信を示し、国家の求心力を高めるための装置が、ピラミッドという王の埋葬施設の縮小版であったわけである。ピラミッドが古王国時代のエジプトの国家に果たした役割の大きさを、地方行政の観点からも認識できるであろう。

まとめ

上記のように、早くから来世の存在を信じていた古代エジプト人は、先王朝時代から埋葬に身分差を表現していて、支配者たちの墓が大きく造られるようになっていた。しかし、規模、形態、副葬品の質と量の点から、突出した王墓が築かれるようになるのは、王権が確立した初期王朝時代以降のことである。王権の発達に石という建材の開発が加わって、第三王朝ジェセル王以降には、強大な王権を如実に表す巨大ピラミッドが築かれるようになったのであった。

先王朝時代からエジプトの人々は、埋葬を社会における身分表象の機会として積極的に利用しており、古王国時代には巨大な王の葬祭記念建造物であるピラミッドを築くことによって、王を中心とする強大な国家のイメージを具現化して作り上げたように思われる。後述するように、古代エジプトの官僚組織は、ピラミッド建造を通じて国家規模の組織が完成されたので、大胆にいえば、ピラミッドが強大な国家を創造したと言えるかもしれない。

3 官僚組織

古代エジプトの社会構造と官僚組織

古代エジプト社会の特徴の一つは、明瞭な社会階層を伴う構造であった。その頂点には王と王族が君臨し、それに官僚たち、つまり文字を使うエリートたちが加わって、支配階級を形成していた。そして、被支配階級の大半は農民であった。王朝時代の初期には、職人、兵士、神官といった中間的な階層に属す人々は少なかったため、当時の社会構造は大きく二分されていたことになる。

被支配階級の農民が大半を占め、基本的に自給自足の農村経済が中心である社会・経済構造は、当時の農業生産性と密接に関連していた。先王朝時代の農業生産高は五〇人で一人の非食糧生産者を養える程度であったらしく、初期王朝時代もこの数値をそう大きく上回ることはなかったであろう。つまり、支配階級を成す人々のような非食糧生産者人口には、限界があったのである。

古代エジプトは、明らかに組織的には官僚社会であった。理念的には王が国家行政の中心であったが、実際に国家システムを運営していたのは多数の官僚たちであった。特別な警察権力や成文法が存在しなかった社会の中で、王権と世界観に裏付けられた権威が当時の国家権力の主な源泉であり、権力は主に経済や宗教、あるいは伝統的な親族組織や地縁組織を含む社会制度の支配を通じて行使された。

王朝時代を通して、王の命を直接受けて行政組織を司る中心的な人物はたいてい「宰相」であったことは知られているものの、それより以下の官僚組織については、組織図のような明解な資料がないばかりか、時代によって多様に変化しているため、とくに古い時代については組織内容がほとんど明らかではない。以下この節では、経済に関連する事項を含めた官僚組織について、中央と地方に分けて述べてみたい。

官僚組織の萌芽（ナカダⅢ期）

基本的に自給自足の農村経済が中心であったこと以外、先王朝時代の経済構造については全く明らかではない。しばしば先史時代の生産様式や土地所有を推測する手がかりとして、貯蔵穴をはじめとする穀物貯蔵施設の位置や規模が考慮されるが、前四千年紀のエジプトにおいて、穀物貯蔵施設はこれまでほとんど検出されていない。したがって、全体的な社会や経済との関係は明らかにはできないものの、文字を用いた物品の管理がナカダIII期に始まったらしいことが知られており、この初期の物品管理システムが、王朝時代の官僚組織の発達に深く関わっていた可能性がある。

上述のように（第4章2）、先王朝時代の支配者の墓地と考えられるアビュドス遺跡U墓地からは、ナカダIII期に年代付けられる土器、ラベル、封泥に書かれた文字資料が多量に出土し、初期の文字の利用方法について有力な資料が得られている（第7章1参照）。

これらの資料の解読を試みたドライヤーによれば（Dreyer 1998）、土器とラベルに記されていた文字は、いずれも内容物の由来に関する記述であるという。土器には、王が設立した施設あるいは領地の名前が、内容物の由来として記されていた。また、ラベルが示す物品由来は、①王家の経済施設（王が設立した領地、農園、家禽飼育施設など）、②管轄する管理部署（東岸あるいは西岸の地域や猟場？の管理部署、鳥、魚、穀物、布、武具の支給部署）、③地域（ブト、バスタなど）の三種類に分類されている。

土器に記した銘文、封泥に押捺した印章、物品に取り付けたラベルによって物品を管理する方法は初期王朝時代にも継続して行われており、ここに官僚組織あるいは少なくとも管理方法の萌芽を見ることができると思われる。ただし、これまで同時期の他の遺跡から出土した文字資料の数は限られているので、管理対象となった範囲も小さな王家の家政に限定されていたのかもしれない。

ここで注目しておきたいのは、この時期にインクで銘文が記された土器の多くは、円筒形の「波状把手土器」であり、ナカダII期からパレスチナの土器を模倣して生産が始まった土器の子孫であることである。ナカダII期にこの土器の胎土は「マール・クレイ」と呼ばれる特殊な土からできていて、一種の威信財として大型墓に集中的に副葬されていた。この土器の製作地が一箇所であったとは限らないが、ナカダII期にはこの種の土器の生産と分配がある程度管理されていた可能性がある。確かに文字を用いた物品管理は王朝時代の不可欠な特徴であり、管理における文字の重要性は大きかったものの、文字のない時代にも、物品の生産と流通の管理が行われていた可能性を排除することはできないであろうことを、ここで指摘しておきたい。

初期王朝時代の官僚組織

第一王朝の開闢とほぼ時を同じくして文字使用が活発になり、現代まで残された文字資料中に官僚組織発達の片鱗が認められるようになる。とくに王墓や官僚たちの墓から出土したラベル、封泥、土器、石碑などにしばしば官職の名前や称号や部署の名前などが記されていて、官僚組織解明の手がかりを提供している。

しかしながら、冒頭で資料的制約について述べておかなければならない。これらの初期段階にある文字は極めて稚拙で難解であるだけではなく、内容に大きな偏りがある。ラベル、封泥、インクの銘文は、壺をはじめとする限られた種類の墓の副葬品に付けられていたもので、官僚組織についての記述内容もそれに関連した事項に限定されている。例えば、油についての記述は多いのに対して、穀物に関する言及は稀である。また、石碑も例外を除いてアビュドスの王墓の殉葬墓から出土したもので、墓主はほぼ宮廷官僚に限られる。したがって、宮廷官僚の称号は比較的良く残されているが、それ以外の称号の残存は散発的であるうえに偏っている。さらに、初期王朝時代の間には、未だに組織が固まっていないためか、称号やその書き方、さらには記述媒体までもが頻繁に変化している。つまり、残された資料に当時の官僚組織の全貌が反映されているとはとうてい期待できない資料状況である。

そこで以下には、あえて残されている資料からわかる範囲を推測してみた。その限りでも、初期王朝時代の官僚組織は、後世の組織に比べると極めて規模が小さかったと考えられるし、古王国時代と比べてもさらにいっそう王家の家政と国家の区別がなかったことが確実である。

A：宰相と高官

王朝時代を通じて、王に従いながら官僚組織の頂点を成してきたのは、常に「宰相」であった。古王国時代に宰相が最有力官僚になるが、その先駆となる称号「チャティ」を持った人物は、最初に第一王朝ナルメル王の治世に現れる。「ナルメル王のパレット」（51頁図16）の表面において王の前を歩く人物がそれであり、同じ人物が「ナルメル王の棍棒頭」（126頁図30－2）の王の後ろにも表されている。ただし、この宰相称号はナルメル王治世以降は第三王朝まで知られておらず、初期王朝時代には宰相が固定的な職として確立してはいなかったと思われる。

王宮およびその家政の管理に関与し、王のそば近くに仕えていた官僚たちについては、アビュドスの王墓を取り巻く宮廷人たちの殉葬墓に建てられた石碑の記述からいくぶん明らかになっている(図39-1～4)。「王宮の管理官(ケルプ・アハ)」と呼ばれる役職が王宮管理の長であったらしく、第一王朝ジェト王以降、各王の治世に一人もしくは二人の官僚名が知られている。ただし、とくに第一王朝の王宮官僚たちの墓は、王墓に付属する小さな墓であった。

宰相と王宮管理に携わる官僚以外の高官たちについて知るために、封泥などに名前が頻出し、サッカラの大型墓の所有者にも比定される有力な人物たちの称号を見てみた。第一王朝ジェル王治世にはアムカ、デン王治世にはセケムカセジュ、ヘマカ、アンクカやセトカなどがそうした高官として挙げられる。これらの高官たちが保持していた称号のうち最も重要なものは、「ケルプ(管理官)」や「アジュ・メル(意味不明)」をはじめとする後述の「御料地」の監督官としての称号であり、他の施設の「アジュ・メル」の称号も併せ持つことが多かった。また、デン王治世以降には「下エジプトの印璽官」の称号が、高官の称号として用いられるようになっている。おそらく王の葬祭神官と思われる「セケヌウ・アク」の称号保持者も、しばしば高官たちの中に認められた。

B：王領地とその管理

王朝時代には、その初期から王がエジプト全土の名目的な所有者であったが、すでに古王国時代か

図39●初期王朝時代の官僚組織資料
1-4：アビュドス遺跡殉葬墓の石碑（Petrie 1900：Pl. 31） 5-16：印影に記された御料地（Wilkinson 1999：Fig. 4. 1） 17-20：印影に記された生産施設？（Kaplony：1963 III より） 21-25：土器に記された税の記録（Emery 1939：Pls. 14 & 21；Helck 1987：184）

ら土地の相続に関する記録があって、実際の土地所有者は地域の住民であるか、あるいは少なくとも王以外の人々に実質的には所有に近い使用権が認められていたと考えられる。

多くの土地は実質的に王が所有していなかった可能性が高い中で、初期王朝時代に、王が直接所有していたと思われる土地や施設などの不動産の存在が認められている。その代表が「御料地」である。

初期王朝時代の銘文を集成したP・カプロニーが「御料地（ドメイン）」と称したもの（Kaplony 1963 I）は、外側に多数の出っ張りを持つ楕円形もしくは長方形のヒエログリフで表され、当時の墓から出土する封泥に残された印影に頻繁に記されている（図39-5～16）。第一王朝第三代ジェル王以降、第三王朝ジェセル王までの間、概ね各々の王が一つずつ新しく設立したと考えられ、それぞれ固有名詞をもっていて、先王が設立した御料地は、後継の王たちによって継続して維持されることが多かった。御料地を記した封泥は、ほぼ全て王や高官たちの墓から出土している。このことから、御料地が墓に食糧を中心とする壺に入れた物品を供給したことは確実であり、古王国時代の「葬祭領地」のようなものであったのかもしれないが、生前の王の経済を支えたかどうかについては明らかではない。この御料地の管理を担当した官僚は、（御料地の）「アジュ・メル」、「ケルプ」、「ケルプ・ヘリ・イブ」、「ヘリ・ウジャ」等の称号を持ち、前述のように当時の高官たちであった。

御料地の他にも、土地と食糧生産に関連する王の土地所有の例として、ブドウ園が挙げられる。規模は小さいながらも、初期王朝時代から王の直轄地として、ブドウ園が営まれていた可能性が高い。

第一王朝アネジイブ王治世から印章にブドウ園の記述があり、その後しばらく言及されないが、第二王朝末のカセケムウィ王治世に再び認められ、第三王朝以降には普遍的な王家の施設になったらしい。

初期王朝時代には、矩形の「フウト」と呼ばれるヒエログリフ記号（第5章1参照）とともに記される施設が言及されている（図39-17～20）。これらの中には、王家の直轄する生産施設と解釈できるものが含まれる。例えば、「フウト・イフウ（牛の館？もしくは所領）」は牛の飼育に携わる施設である。W・ヘルクによれば（Helck 1987）、こうした生産施設として、他に皮革職人、豚の畜人、書記、機織りなどに関連する施設が認められ、第一王朝デン王治世以降にその言及が増加したという。これらの施設のいくつかは王宮の近くに位置したらしいが、「フウト・イフウ」はメンフィス北方のやや離れたところにあったという。また、「砂漠のアジュ・メル」という称号記述があることから、当時の王家の管理が及ぶ土地は王都から離れたところにも存在し、「アジュ・メル」が地方を治める官僚の称号としても使われていたらしい。

C：徴税

初期王朝時代の王や官僚たちが自ら生産活動を行っていなかった以上、王領地やそれ以外から物資を集めて国家もしくは王家の経済源とする必要があった。しかし、当時の徴税行為についての資料も極めて乏しい。従来、「ホルスの巡幸」と称される行事と、「イヌウ」をはじめとする税と思われる文字の存在が、徴税が行われた証左と考えられている。

「ホルスの巡幸」は、パレルモ・ストーンに第一王朝初期の王以降一年おきに記されている（41頁図11-d）他、同時代資料のラベルの中にもいくつか記述が認められる。この行事は、王が舟に乗って旅をする行為を含むことはほぼ確実で、従来巡幸の目的は、各地で裁判と徴税を行うことであったという説が唱えられてきた。当時の王墓や高官墓から出土したラベルには、この行事とともに油の名前や個数が記されている。

一方、土器やラベルに記されたいくつかの文字は、「税」に相当する意味を持つ可能性が指摘されている（図39-21〜25）。それらのうちでも「イヌウ」は、新王国時代まで「税」に近い意味での使用例があるため、従来最も頻繁に研究者の考察対象となってきた。最初に第一王朝アハ王のラベルに登場してから、「イヌウ」（図39-22・25）はほぼ王朝時代を通じて言及例があり、ラベルにおいてはしばしば「油」が一緒に記されている。他にも第〇王朝末期のカー王治世に始まる「イプ」をはじめとして、「ジェファ」、「ジェフ」、「ヘン」、「イウト」の言葉も、イヌウに近い税のような意味を持っていた可能性が高いと考えられている。これらの言葉はしばしば「上エジプト」もしくは「下エジプト」と結びつけられているため、当時の徴税システムが上下エジプト別に組織されていた（後世はおそらくそうである）という見解があるが、墓の副葬品の油に関する記述が、どこまで国家の経済全般に普遍化できるのかは明らかではない。

ちなみに、古王国時代に重要な役職になる「宝物倉の監督官」の前身として、初期王朝時代に上エジプトの「ペル・ヘジュ（白い家）」と下エジプトの「ペル・ジェセル（赤い家）」が登場するが、その重要性は後世ほどではないようである。

初期王朝時代の官僚組織の特徴は、冒頭にも述べたように、まずは後世の官僚組織に比べて規模が小さいことである。国家といっても、その経済規模は王個人の財政でまかなえる程度であったらしい。そして、既存の明瞭な国家概念がないので、できたばかりの国家がその時に必要に応じて、必要な部署と役割を官僚（と言うよりも身近な有力者）に与えていったと考えた方が良いかもしれない。それは結果的に、めまぐるしい部署の変化、新たな部署の設立と担当の分化、官僚称号や部署の表現様式の変化をもたらしていて、そこに何らかの固定的な構造を見いだすのは容易ではない。当時の官僚組織が王族中心であったかどうかについて明瞭な証左はないが、その可能性は高いであろう。

古王国時代の中央行政組織

古王国時代の間に、官僚組織は次第に充実し、規模も大きくなって、中央集権国家としての体裁を整えた。こうした堅固な官僚国家形成の背景には、ピラミッド建造という大規模な国家事業が関与していたと考えられる。

古王国時代の官僚組織については、主に当時の官僚たちの墓に残された称号から研究が進められてきている。確かに、当時の官僚たちの墓には、墓主の生前の地位を誇るように、多数の称号が並べたてられている。しかし、その作業はたとえて言えば、今日言葉のよく分からない外国のある会社に勤める人たちの名刺を集めて、その肩書きから会社組織を推測するようなもので、称号からの官僚組織復元が困難を極めることは推測にかたくないであろう。

第三王朝時代に後世まで継続する官僚組織の体裁が整い始めたことは、少ないながらも、当時の官僚たちの称号や銘文資料からうかがい知ることができる。初期王朝時代の間、王家の需要に応じて随時設けられてきたさまざまな部署と役職を、ピラミッドの建造開始にともなって、国家規模に再組織化することが必要になったのである。ピラミッド建造は、建材の調達や職人や労働者の組織化に始まり、それを経済的に支えるための全国からの徴税組織、関連物資や人員を管理するための組織、さらには王の葬祭を維持するための組織などなどの発達を余儀なくした。そして大型ピラミッドが築かれた第四王朝時代には、さらに大規模な官僚組織が必要になっていった。

初期王朝時代以来、初期の官僚組織は王族中心に構成されてきたと推測されており、第四王朝半ば頃までこの王族中心の官僚組織が継続したことが知られている。とくに最も重要な宰相職は、たいてい王子をはじめとする王族男性によって占められていた。例えば、ギザ台地に大ピラミッドを築いた第四王朝のクフ王は、複数の王妃との間に何人もの王子をもうけており、そのうち王位を継承しなかったカワブ、クフカフ、ミンカフは、いずれも「宰相」の称号を持っていた。

しかし、第四王朝半ば頃のメンカウラー王の治世から王族以外が宰相に任命されるようになり、官僚職の王族離れが始まった。この傾向は次第に進んで、第五王朝サフラー王治世までには、一旦王族があまり行政に関与しなくなる体制ができた。一方それとともに、官僚組織は拡大化と複雑化の道をたどった。そのために、第五王朝後半以降には、何度か「行政改革」とも呼ぶべき官僚組織の改変が行われた。

第四王朝の大半の間、宰相と「労働の監督官」の二つの役職が重要であったが、第四王朝の終わりもしくは第五王朝のはじめに役職が増やされた。第五王朝の官僚組織については、従来の研究の結果、ある程度重要な部署とそれを担当する官僚について明らかになっている。古王国時代の中央官僚組織について詳細な考察を行ったN・ストラドウィックによれば（Strudwick 1985）、第五王朝には、「宰相」の他に、「大いなる館の監督官」、「王の記録の監督官」、「王の（全ての）労働の監督官」、「二つの穀物倉の監督官」、「二つの宝物倉の監督官」の五つの役職が国家の中央行政にとって要所を担っていたという。たとえて言えば、これらの役職は、現代日本の省庁の「大臣」に相当する。

「宰相」は古王国時代の高官称号「チャイティ・サブ・チャティ」に概括的に当てられた訳で、第三王朝にこの形の称号が始めて現れ、第四王朝以降古代エジプトで最重要の役職称号であり続けた。古王国時代には、しばしばその他の重要役職も宰相によって兼任されることがあった。「大いなる館の監督官」は、裁判を司る役職であったと考えられている。「王の記録の監督官」は、文書に関連する最も重要な部署で、王が関連する記録を扱ったらしい。「王の（全ての）労働の監督官」は、第四王朝初期から継続的に用いられていて、建築、工芸品制作、遠征、農作業などに必要な人員（労働力）の配備を司る役職であった。「二つの穀物倉の監督官」は、上下エジプトすなわちエジプト全国の穀物倉を管理する役職であり、多数の「穀物倉の監督官」たちとともに、穀物の徴収と分配を司った。「二つの宝物倉の監督官」は、エジプト全国の穀物以外の物品を司った。そこには金属、布、ワインや油が含まれたらしい。これらの重要役職の下には、それぞれに従う多数の官僚たちがいた。

これらの重要役職称号が示す国家行政に大きく関与する官僚たちの他に、もっと王の個人的な領域に仕える多数の宮廷官僚たちがおり、その基本的な組織は初期王朝時代から継続していた。

地方の行政組織

王朝時代にエジプトは、ギリシア語で「ノモス」、エジプト語では「セパト」と呼ばれた地方行政単位に分けられていた（図40）。これは現代日本における「県」のようなものにあたり、通常日本語で「州」の訳語が与えられている。ローマ時代には、エジプト全体がメンフィスより南の上エジプトとそれ以北の下エジプトに大きく分けられてから、上エジプトが二二、下エジプトが二〇のノモスに細分されていた。各ノモスには中心となる州都があり、ノモスの名は、ヒエログリフで書き表す他に、

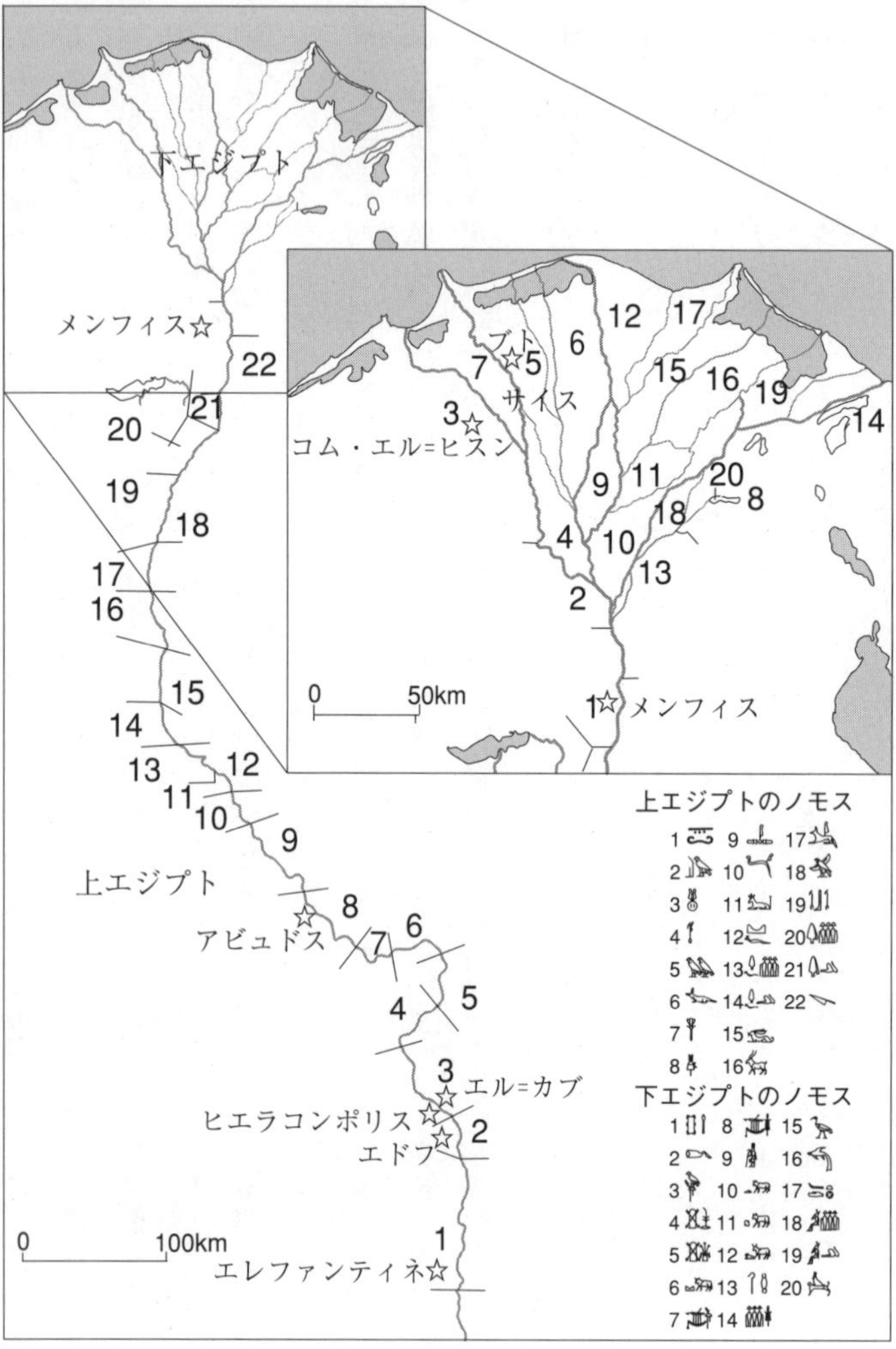

図40●古代エジプトのノモス

しばしば旗竿の上に掲げたノモスの標章によって表された。ノモスは、王朝時代に人工的に分けられた行政区分として機能しており、中王国時代にはその範囲も明確に定められるようになっていた（古谷野 2000；2001；2003）。

こうしたノモスの起源は、先王朝時代の自然発生的な地域共同体あるいは「部族」に遡るという説がある。その根拠は、ナカダII期後半に制作された彩文土器に描かれた図像である（口絵4・5、32頁図8）。この時期の彩文土器には多数のオールを備えた船が描かれており、船上に構えられた祠堂の端に旗竿が立てられ、その上端に標章（シンボル）が掲げられていた。これらの標章のいくつかが、後のノモスの標章と共通することから、ノモスの起源も先王朝時代に求められたわけである。実際、王朝時代のノモスの州都のうち、上エジプト第一ノモスのエレファンティネ、第三ノモスのヒエラコンポリスやエル＝カブ、第五ノモスのコプトス、第八ノモスのアビュドス（ティニス）をはじめとして、多くの州都には先王朝時代から比較的大型の集落が存在し、王朝開闢前後から神殿も築かれていた。したがって、先王朝時代から繁栄していた自然発生的な集落（第5章1参照）が、後のノモスの核になったことは確かにあったであろう。しかし、先王朝時代の彩文土器に描かれた標章は、この頃から崇拝されていた地方神のシンボルであった可能性があり、必ずしもノモスの原形となるような地方組織が存在したことを意味しないかもしれない。

一方、ノモスの起源を初期王朝時代に求める研究者もいる。実際、初期王朝時代のうちに「アジュ・メル」の称号を持つ官僚たちが、一部の地方もしくはそこにある施設を管理していたらしいことは、先に述べたとおりである。また、第二王朝後半からいくつかノモスの標章と思われる記号が記された例がある。しかし、初期王朝時代に、王家の直接支配や管理が及んだ範囲は少数の特別な場所や施設に限られていたらしい。

最古の明瞭なノモスに関する言及は第三王朝初期から現れるが、第三王朝末のフニ王治世から第四王朝初期のスネフェル王治世頃に、ノモスの組織が整えられた可能性が高い。サッカラに墓を築いたこの頃の高官メチェンの墓には、複数のノモスが言及されており、ダハシュールに造営されたスネフェル王の屈折ピラミッドに付属する河岸神殿には、上エジプトの多くのノモスを人格化した女神たちが供物を運ぶ姿で描かれていた（146頁図35-3）ことが、当時の地方組織化の進行を示す。また、この地方行政組織を国家意識のもとに機能させていくために、第三王朝末から第四王朝初頭にかけて、地方に王墓の縮少版である小型ピラミッドが築かれた可能性があることについては、先に述べた。

第四王朝には地方を管理する官僚称号も増加する。概して上エジプトに比べて下エジプトの地方組織化が遅れていたらしく、地方官僚の称号にも上下エジプトで違いがあった。上エジプトのノモスの管理者の称号として、第三王朝から用いられていた「支配者」や「土地の長」に加えて、「委任状の監督官」が登場した。一方下エジプトのノモスの行政官には、「アジュ・メル」と「大所領の支配者」の称号が用いられた。当時の官僚は複数のノモスの行政官の称号を持ち、墓を王都メンフィスの近くに築いていたので、王都の付近に居住する官僚が遠隔地にある複数のノモスの地方行政に支配を及ぼしていたと考えられる。このような地方行政組織の発達は、先にも述べた王墓であるピラミッド建造と密接な関係がある点では、中央行政組織の場合と同じである。

第五王朝になると、さらに称号の数が増えて、地方行政組織が複雑化した様相がうかがえる。第四王朝に用いられた称号の他に、上エジプトの行政官にも「所領の長」の称号が使用されるようになり、上下エジプトのノモスについて「王の人々の監督官」と「王の知人」の称号が現れるようになった。さらに、上エジプトのノモスの行政官には「城塞の管理官」と「新しい町の管理官」が、下エジプトの行政官には「管理官」の役職が加わった。第五王朝初期から、上エジプトの地方行政官は一人が一つの地域を担当し、官僚たちの墓が地方に築かれるようになったことから、官僚たちが担当地域に居住するようになっていたと推測される。一方、下エジプトについては、まだ地方行政官がメンフィスに居住する慣習が続いていたようである。また、この頃に西部砂漠に位置するファラフラ・オアシスやダックラ・オアシスにも、王から任じられた官僚が登場した。このことは、ナイル河流域を越えて、西部砂漠のオアシス地帯も本格的に国家行政に組み込まれたことを示すであろう。

第六王朝には、地方行政官の世襲化が行われるようになっていたことを示す例が顕著になる。また、古王国時代後半から、地方官僚が地方の神殿行政も指揮するようになっていた。こうした世襲の地方行政官たちが、古王国時代末に中央権力の衰退に乗じて実質的に地方支配し始めたことが、第一中間期の分裂につながった。

まとめ

古代エジプトにおける官僚組織は、どうやら直接食糧生産を行わない人々が、物品あるいはそれを生産する人々を管理するシステムに始まったのかもしれない。その萌芽は古いかもしれないが、明瞭に認識できるようになるのは、ナカダIII期に出現した文字の助けが必要である。ナカダIII期に文字を使って行われるようになった物品管理システムは、統一国家が形成された初期王朝時代から国家と結びついた管理・行政システムとして発展するが、初期王朝時代には王の家政の拡張の範囲を大きく越えなかったと思われる。

そうした小規模な王家家政の延長である官僚組織が本質的に変化したのは、石造ピラミッド建造が始まる第三王朝であった。ピラミッド建造を国家事業として支える政治・経済システムを創出するべく、伝統を踏まえつつも官僚組織が国家規模で整備された結果、第四王朝のピラミッドという巨大石造建造物を造り上げるまでの強固な中央集権体制ができあがった。こうした意味で、ピラミッド造営が始まった古王国時代になって始めて、統一国家にふさわしい官僚組織が誕生したと言えるかもしれない。

また、古王国時代の国家概念は王を中心に形成されてきており、王都に拠点を置く中央行政が王を焦点としていた（第6章2参照）だけではなく、地方行政も、王の権威の象徴として地方の小型ピラミッドを頂き、王と密接に結び付いた官僚たちによって、取りしきられていた。ここにも、王（国家）―ピラミッド（王墓）―官僚組織の構図を見出すことができるであろう。

第5章　古代エジプトの集落と外国

1　古代エジプトの都市と集落

都市と集落

人間の主たる生活空間である集落の様子を古代エジプトの景観とともに思い描くことは、当時の歴史を考える上で不可欠である。どこの地域でも古代から、文明社会の中には必ず都市と呼べるような大型集落が存在し、政治、経済、宗教、生産、交換などの諸側面おいて中心的な役割を果たしていたことが認められている。エジプトにおいても文明形成期に都市が誕生し、王朝時代には各地に大規模な都市が存在していたことは確かである。

エジプトにおける都市と農村を考察したＦ・Ａ・ハッサンによれば（Hassan 1993）、古王国時代のエジプトの総人口は一二〇万人程度であり、その大半は農村に住んでいて、農村人口は一一四万人程度、平均的な集落の人口規模は四五〇人くらいであったという。つまり都市の数と人口は少なかったわけであるが、その少数の都市こそが文明の重要な牽引役になっていた。

古代エジプトの人々は、前述のようにナイル河の沖積低地内にあるやや小高くなった自然堤防上や低位砂漠の縁辺部に、日乾レンガの家屋から成る集落を営んでいた（第3章5参照）。そのため当時の集落は、後世の増水で破壊されたり、沖積土に覆われたり、あるいは現在の集落の下に埋もれたりして、これまで検出・発掘された例が極めて少ない。このことが、エジプトにおける集落と都市研究の大きな障害になっている。

集落の残存状況が悪いことに加えて、古王国時代までの初期のエジプト人は、集落を現在の市・町・村といったような人口規模に基づいて分類する発想を持っていなかったらしく、文字資料から都市を見いだすことが難しい。これらのことが大きく影響して、一九五〇年代末以降、しばしばエジプトは「都市なき文明」と評されてきたが、近年の考古学的調査は、実際初期の古代エジプトにも多数の都市が存在したことを明らかにしている。

発掘調査の進展にともなって、エジプトの都市の性格が、古代メソポタミアのような都市国家とは異なっていたことも明らかになってきた（高宮 1999）。古代メソポタミアをはじめとする他地域・他時代に見られるような都市国家が、政治的に独立して自治的な性格が強かったのに対して、王朝時代のエジプトの都市は、むしろ国家の政策の影響を大きく受け、国家の一部として機能する性格が強かったようである。また、エジプトでは前述のように都市人口が比較的小さかった。この自治制の弱さと比較的小規模な都市人口が、古代エジプトに「都市なき文明」の評価をもたらしてきたもう一つの原因である。

しかし、こうした文明による都市と国家の関係の違いを、B・G・トリッガーは「都市国家」と「領域国家」という二つの政治システムの違いとして記述しており（トリッガー 2001）、異なるシステムが生じた原因の一端を、国家形成期の状況に求めた。先王朝時代のエジプトはいまだ人口が比較的少なくて、各地の都市が未発達のうちに統一国家ができあがったことが、ナイル河下流域に広い地域を支配する領域国家が早期に出現した要因であるという。

王朝時代のエジプトの集落は、自然発生的あるいは人工的という発生要因、国家における機能、および規模などに基づいて分類することができると思われるが、ここではエジプトにおける都市の起源と首都について述べた後、古王国時代までの集落を、便宜的に人工的集落と自然発生的集落に大きく分けて紹介する。

都市の出現（先王朝時代）

当初は小規模な農耕村落がナイル河に沿って点在する景観の中に、エジプトで最初の都市が誕生したのは、おそらく前三五〇〇年頃のナカダ文化の内部と考えられている。この頃から上エジプト南部において一部の集落が最初に大型化し、都市と呼べる程度の規模に成長したことが推測されているが、実際に当時の都市遺跡が明瞭に発掘された例はなく、先王朝時代の都市の数は少数に限られていた可能性が高い。

これまでのところ、最初に都市化した集落の筆頭候補に挙がっているのが、上エジプト南部に位置するナカダ文化最大の遺跡、ヒエラコンポリスである。ヒエラコンポリス遺跡では、長径二キロメートルあまりの細長い範囲にわたって砂漠の上に集落の跡が広がり、ナカダII期半ば頃にはその人口が一五〇〇人程度に達したと推測される。

初期の都市の研究を行ったM・ビータクによれば（Bietak 1979）、通常初期の都市の要件として、①人口が二〇〇〇人以上の規模を持ち、人口密度が高いこと（五〇〇人以上／km^2）、②コンパクトな居住形態を持つこと、③作業・社会階層の違いによって、地区が分化していること、④行政・商業・司法・交通の地域的中心であること、⑤非農業的共同体であること、⑥物資と生産業の中心であること、⑦労働・職業・社会階層が分化していること、⑧ときに宗教の中心であること、⑨ときに避難や防御

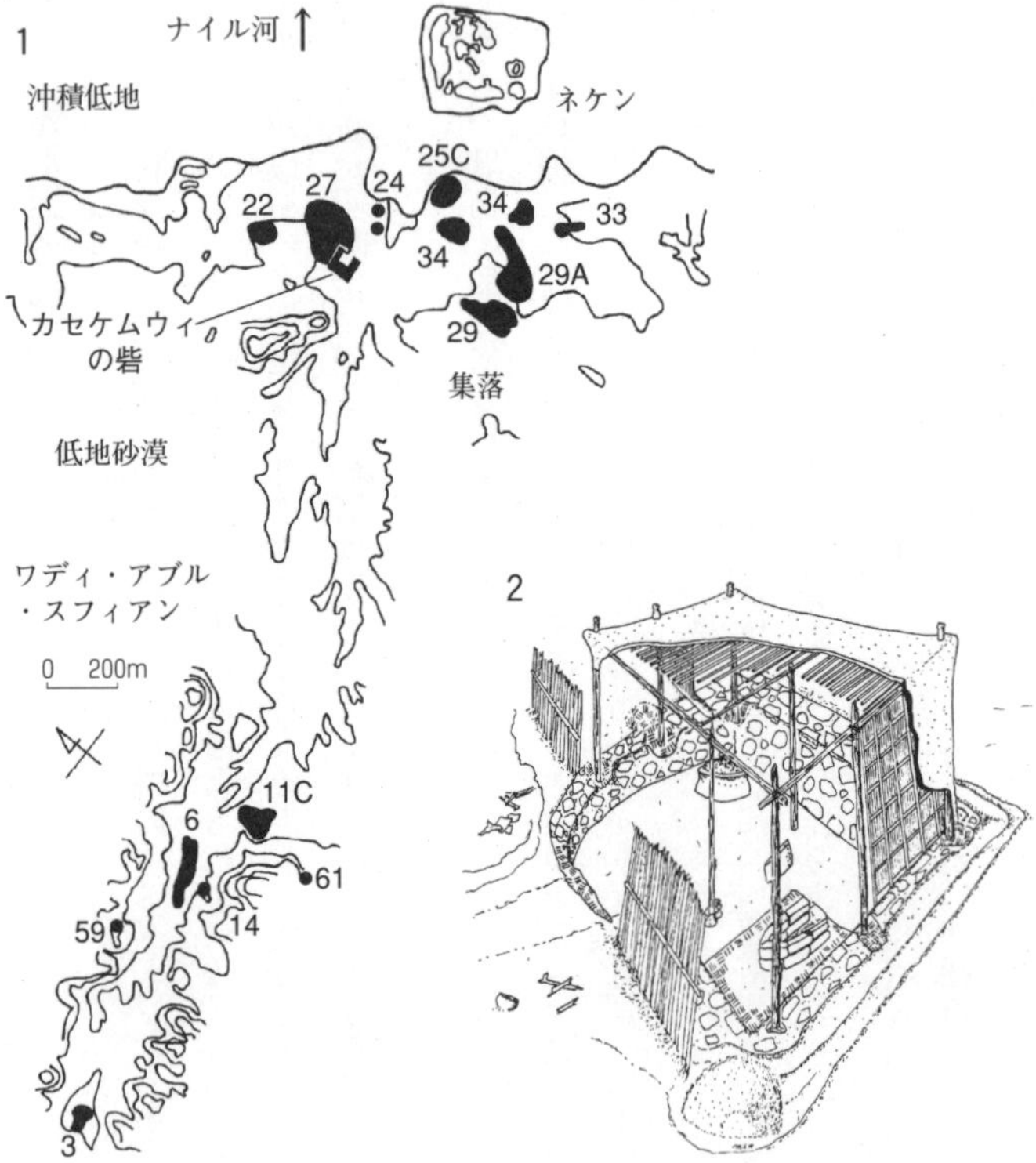

図41●ヒエラコンポリス遺跡
1：遺跡全体図　2：HK29 地区の住居復元図（Hoffman 1982：Fig. 4-4）

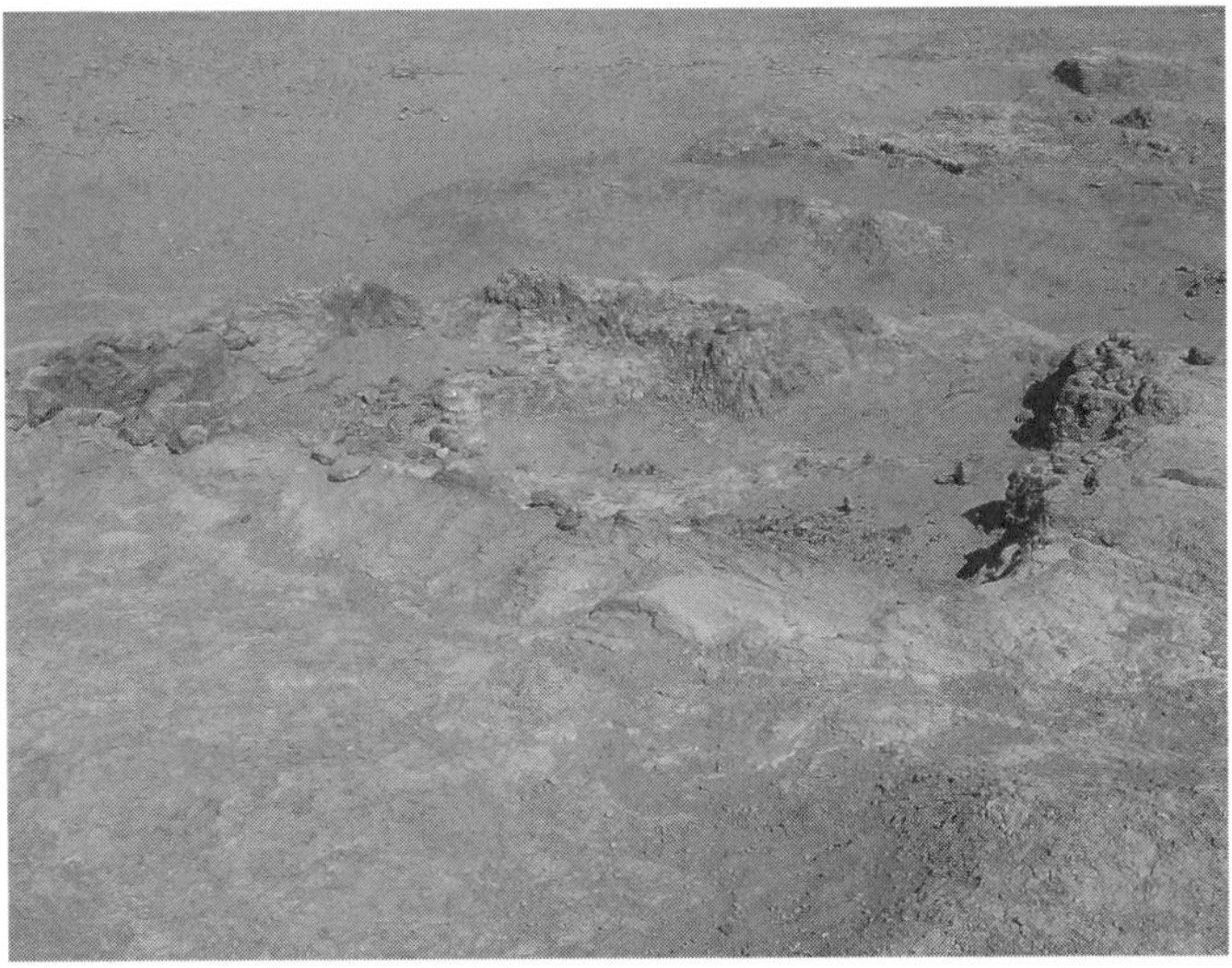

図42●ヒエラコンポリス遺跡 HK29 地区の住居跡（筆者撮影）

の中心であることが挙げられるという。ヒエラコンポリスの集落は、ナカダII期半ばには、おそらくこれらの要件の多くを満たすようになっており、ほぼ都市に近い状況になっていたと思われる。ただし、ナカダII期後半以降になると砂漠の集落は大半が放棄されて、主要集落はもっとナイル河に近い場所に移動したため、肝心の初期の都市化した集落の跡は検出されていない。

ヒエラコンポリス以外の当時の集落はほとんど未検出であるため、墓地の資料から集落の規模や都市化の様相を推測するしかない。そこで、ナカダI期からIII期まで継続して用いられた上エジプト南部のナカダ文化の墓地を選んで、各墓地の構成墓数を示したグラフを作成してみた（図43）。構成墓数は概ね当時の集落人口と比例すると仮定して良いであろう。このグラフが示すように、構成墓数が二〇〇〇基を越える大型墓地はヒエラコンポリスとナカダだけであり、埋葬人口から推測して、先王朝時代に上エジプト南部で人口が二〇〇〇人を越えて都市化した可能性がある集落は、おそらくこの二つだけである。つまり、ナカダII期末までのナイル河流域の集落は、大半が町や村程度の小規模なものだった。

しかしながら、ナカダIII期には、ヒエラコンポリスやナカダ以外にも、大型の集落が現れていたかもしれない。とくにファイユームへの入口からデルタ頂部までの地域には、この時期からタルカン、トゥラ、ヘルワンに大型の墓地の形成が始まっていて、付近に大型集落があったことを推測させる。また、この頃に住居の建材として日乾レンガがエジプト中に普及した。日乾レンガを用いて矩形の複

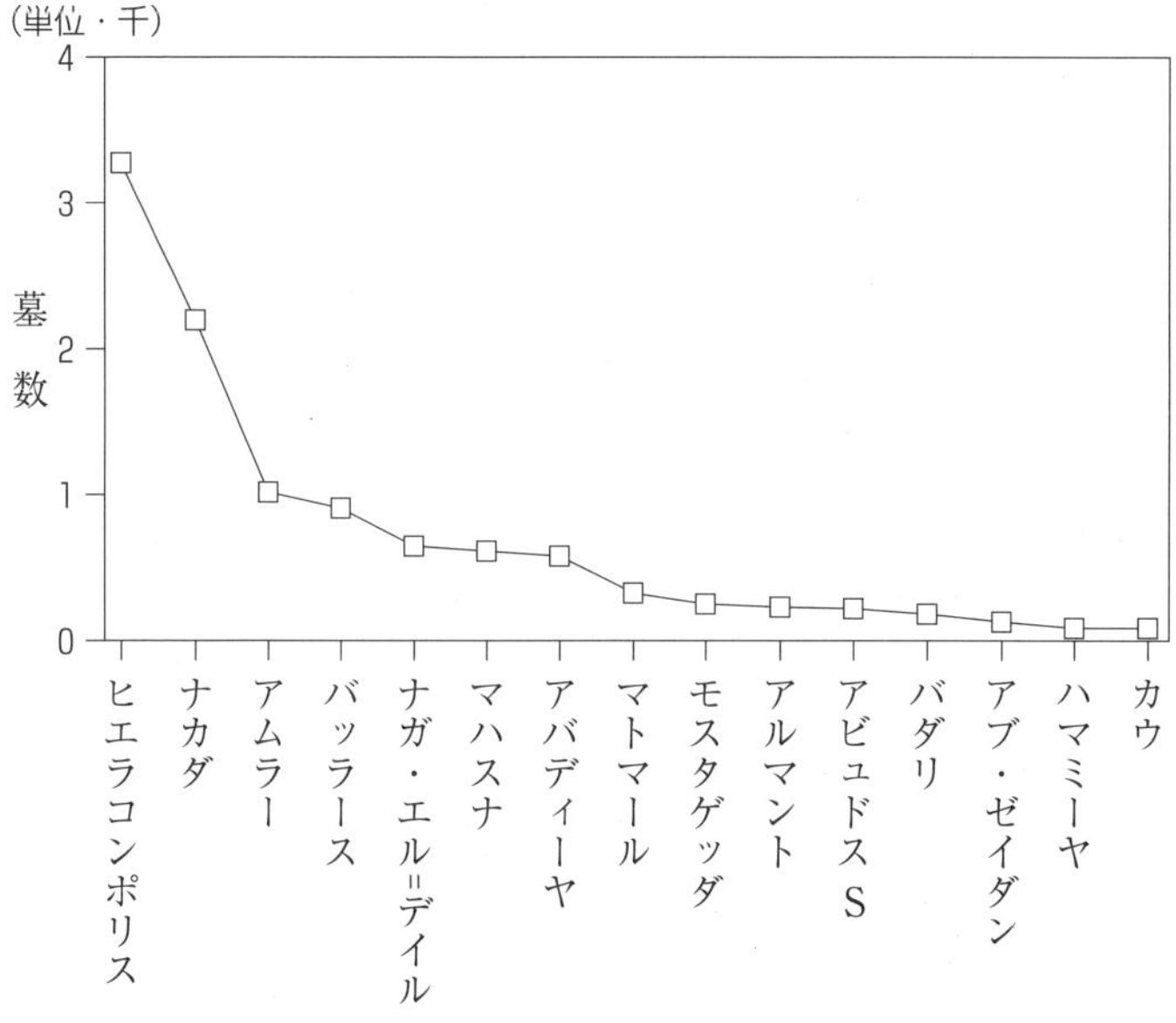

図43●上エジプトのナカダ文化墓地の構成墓数

室から成る住居を建造することでコンパクトな居住形態が可能になったこととあわせて、デルタにも都市ができてきた可能性がある。

先王朝時代の都市は、概ね当時の王国の首都であり、たいてい地方の中心的集落が自然発生的に大型化して生じたものであった。

首都メンフィス

現在のエジプトの首都カイロの南南西約二〇キロメートルに位置する古代の都メンフィスは、初期王朝時代から古王国時代にかけて、および新王国時代以降にエジプトの主要都市として繁栄を極めた都であった。王朝時代初期のエジプト全体における集落分布構造は、数ある集落の中でも首都が傑出した規模と重要性を持っていたことが特徴である。王が居住し、国家を運営する官僚たちが集う都は、政治的にも経済的にも、かつまた宗教的にも重要な場所として機能した。このような集落構造が、首都メンフィスの設立とともにできあがった蓋然性が高く、その後も長く栄えるメンフィスの創設は、古代エジプトの歴史にとって画期的な出来事であった。

メンフィスの都が最初に築かれたのは、第一王朝開闢前後であったらしい。前四五〇〇年頃にエジプトを訪れたギリシア人のヘロドトスが『歴史』に記したところによれば、王朝創設者のミン（メニのギリシア語名）がメンフィスの町を守る堤を築いたといい、当時のエジプト人たちがメンフィス創設を伝説の王朝創始者に帰していたことをうかがわせる。実際にメンフィスに付属する墓地であるサッカラで検出された最古の墓は、第一王朝第二代アハ王の治世に年代付けられていて、この頃からメンフィスが活発な政治・経済的中心地になったことを考古学的証拠も裏付けている。ただし、対岸のヘルワンに築かれた墓地がナカダIII期まで遡ることから、あるいは王朝開闢よりもやや早くメンフィス地域が国家の中心としての地位を築きつつあったのかもしれない。

王朝時代初期のメンフィスは、エジプト語で「白い壁」と呼ばれていた。そこに表面が白く塗られた王宮あるいは市壁のような建造物があったためであるらしい。しかしながら、この頃のメンフィスの遺跡は、考古学的調査によって未だに検出されていない。近年行われたメンフィス近辺の地下ボーリング調査によれば（Giddy and Jeffreys 1992）、王朝初期のメンフィスは、初期王朝時代の大型マスタバ墓が築かれた台地のすぐ下、すなわち現在のアブ・シール村の近くにあった可能性があるという。

古王国時代にも引き続きメンフィス付近が行政中心地であったことは、この時期にも王墓や官僚たちの墓が集中していることから明らかである。ただし、首都メンフィスを単純に固定的な都と考えることはできないかもしれない。第一王朝から第六王朝までの間に、メンフィスはその位置を現在のアブ・シール村から南サッカラ付近までの約五キロメートルの範囲の中で、少しずつ変えていた可能性があることが指摘されており、R・シュタデルマン等は、古王国時代にはピラミッドが建設された場所の近くにそれぞれの王が居住していたと考えている。すなわち、王や官僚たちはピラミッドの造営地の近くに王宮と首都機能を移動させていたわけで、メンフィスに長期間の固定的な首都を設けていたわけではなかったらしい。

いずれにしろ、現在遺跡名として用いられている「メンフィス」はギリシア語で、第六王朝ペピ1世王のピラミッド名である「メン・ネフェル」に由来すると考えられている。今日アラビア語で「ミート・ラヒーナ」と呼ばれるメンフィスの遺跡は、新王国時代の都の跡である。

メンフィスが繰り返し長期間にわたってエジプトの主要な都であり続けたのは、その地政学的な優位性に要因があった。国土がナイル河が一本の川筋を成して流れる「上エジプト」と、扇形に川が広がる「下エジプト」との二つから成ると考えていた古代エジプト人にとって、デルタの頂部付近に位置するメンフィスは、上エジプトと下エジプトの中間にあって、同時に両者を統括するのに便利な都であった。現在のエジプト・アラブ共和国の首都カイロも、これにならっているように見えることは興味深い。

人工的集落

王朝時代初期のエジプト人は、集落を規模の違いによって区別していなかったので、文献史料から当時の都市、町、村の在り方を推測できない。一方、M・アッツラー（Atzler 1972）によって、古王国時代に集落を表すために用いられた「フウト」（長方形の一角を「で囲んだヒエログリフで表される。

146頁図35−3中）と「ニウト」（円の中に×印を描いたヒエログリフで表される。図35−3中）という二つの言葉の違いは、前者が方形の周壁を持つ人工的集落を表し、後者が円形に近い平面形態を持つ自然発生的な集落を表すと解釈された。この見解には近年疑義が提示されているものの、フウトが何らかの人工的な施設であることは、多くの研究者が概ね認めるところである。こうした区分の存在は、初期のエジプト国家にとって、人工的集落（あるいは施設）が重要であったことを示すと思われる。

王朝時代には、実際多様な人工的集落が国家の関与によって造営されていたことが、考古学的発掘調査の結果から知られていて、中王国時代以降には、葬祭集落、城塞集落、採掘集落等の検出例がある。初期王朝時代に創建されたメンフィスは文献史料から知られる初期の人工的集落の代表的な例であり、推測されるように古王国時代の王都がピラミッド建造地の近くに築かれたならば、これらも人工的集落であろう。古王国時代の人工的集落の例も、少数ながら考古学的発掘調査から知られている。

A：葬祭集落

王の葬祭施設に付属する集落を、ここでまとめて「葬祭集落」と呼ぶことにした。その中には、王墓造営のために働く職人や労働者の居住施設から、王墓完成後に王の葬祭を司る神官やそれに関連した労働や農耕、工芸品制作に従事する人々が居住した施設までが含まれる。中王国時代のセンウセルト2世ピラミッドに付属するカフーンや、新王国時代にテーベ西岸「王家の谷」における王墓造営に携わった職人たちの村デイル・エル＝メディーナは、そうした葬祭集落の著名な例であり、当初は明らかに計画集落であったことを示す矩形の平面形態を持ち、道路や家屋が規則的に配置されていた。

初期王朝時代の葬祭集落について、文字資料は「御料地」やその他のフウトの記号で囲まれる施設の存在を暗示している（第4章3参照）が、それらと考古学的に検出された遺構との関係は不明である。

王のピラミッドに伴う葬祭集落は、古王国時代の人工的集落の代表例である。第四王朝初期のスネフェル王がピラミッドを築いたダハシュール遺跡やその後継者であるクフ王たちがピラミッドを造営したギザ遺跡では、ピラミッドに付属する集落の跡が検出されている。

ギザ台地の大ピラミッド南約一キロメートルでは、ピラミッド建造に携わった人々の集落が部分的に発掘されていて、おそらく石工やその他の職人や労働者たちがここに居住していたと推測されている。また、ピラミッドが完成した後にも、亡き王や王妃の永代供養を行うために、葬祭神官をはじめとした人々が居住していた場所が、第四王朝の王妃ケントカウエスのマスタバ墓東側やメンカウラー王ピラミッドの河岸神殿で発掘されている。これらのうち、ケントカウエス王妃のマスタバ墓に伴う葬祭集落（図44-2）は、小規模ながら、当初から神官たちの居住を想定して造られた計画集落で、企画的な家屋が並んでいたが、メンカウラー王ピラミッドの河岸神殿の場合は、本来祭儀施設として予定されていたところに、神官たちの居住施設が建てられた例である。

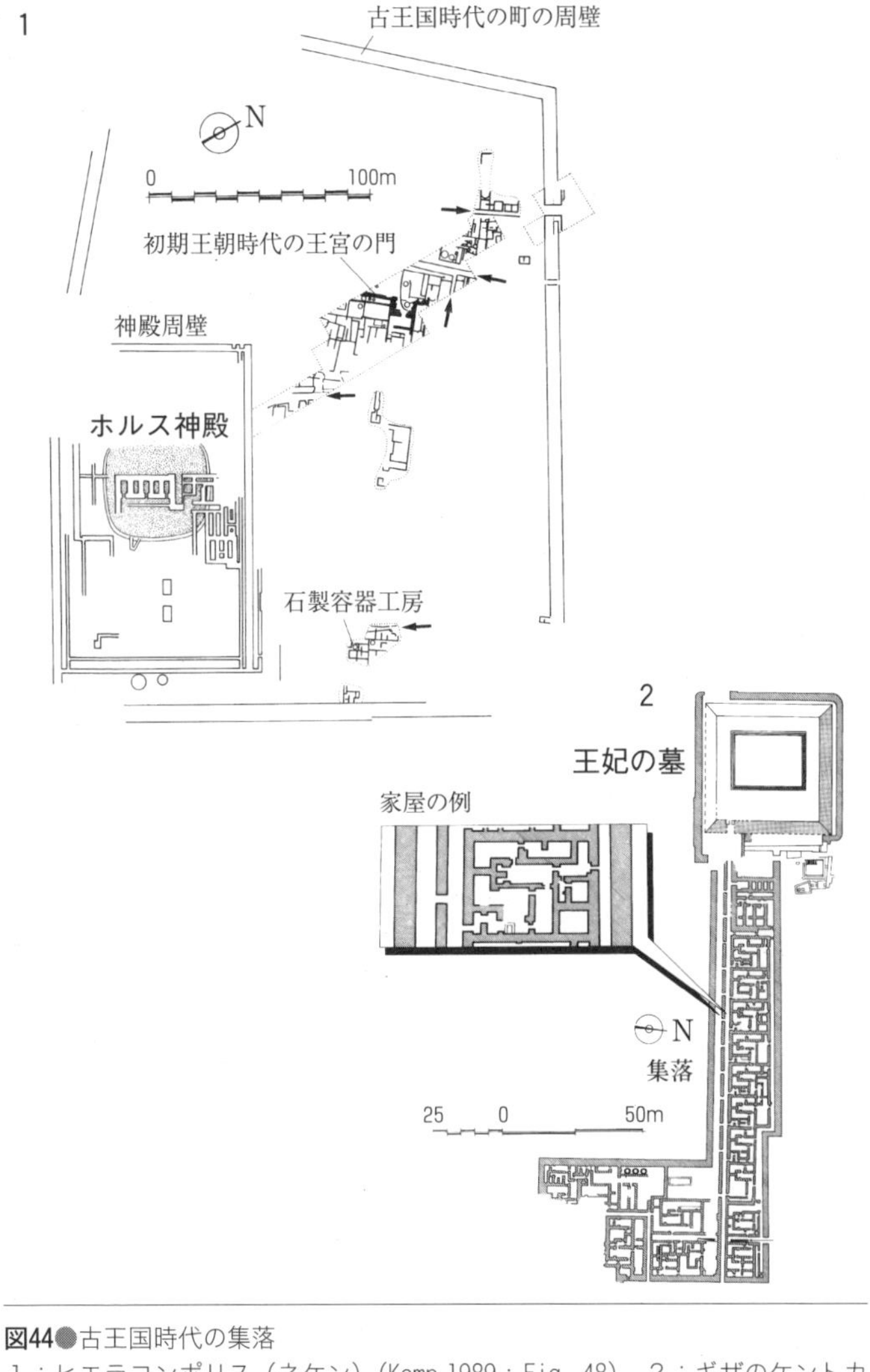

図44●古王国時代の集落
1：ヒエラコンポリス（ネケン）（Kemp 1989：Fig. 48） 2：ギザのケントカウエス王妃墓近くの集落（Kemp 1989：Fig. 50）

古王国時代には「ピラミッド都市」と訳されるヒエログリフで円形のニウト記号を伴って表記される集落が、その「監督官（もしくは長官）」の称号とともに言及される（畑守 1987；1989）が、考古学的に検出された遺構との対応関係は明らかになっていない。

これらのような葬祭集落は、これまで考古学的に検出された限りではたいして規模は大きくはない。しかし、大型ピラミッドの建造事業に必要な人数を考えると、古王国時代には王家主導のもとに一時的に都市とも呼べるような大集落がピラミッドの近くに形成されたことは確かであろう。

B：城塞集落

ここで「城塞集落」と呼んだものは、王家が国境警備等の目的で築いた城塞であり、内部に居住施設を含むものである。中王国時代に、ヌビアにおけるナイル河の航行を管理・防衛するために、第二急湍付近に築かれたウロナルティ、ミルギッサ、クンマ等の城塞集落はその代表的な例である。

城塞化した集落の起源は、先王朝時代のナカダI期まで遡るという指摘がある。アバディーヤ遺跡から出土した土製の模型が、集落を取り囲む周壁から外側を見張る警備中の人々を表すと解釈されたためであるが、これは人工的集落の範疇ではない。また、城塞集落はナカダIII期に存在していたという指摘が、しばしば当時の化粧用パレットに描かれた方形の図柄から推測されてきた。しかし、これまでのところ、最古の実物遺構検出例は後述するエレファンティネの城塞であり、第一王朝に年代付けられている。エレファンティネの城塞は、おそらく国家が関与して建造されたが、既存の自然発生的集落の一角に築かれていた。

下ヌビアの第二急湍に近いブーヘンで、中王国時代のエジプトが建造した城塞集落の遺跡が検出されており、エジプトが関与する集落の起源は古王国時代まで遡ることも発掘調査で明らかにされている。ただし、古王国時代の集落が城塞化していたかどうかは、明らかではない。

自然発生的都市

エジプトの集落の大半はおそらく自然に発生した集落で、地方には先王朝時代以来の長い発展の歴史を持つ地方都市が存在した。こうした自然発生的な起源を持つと考えられる古王国時代の都市の遺跡が、考古学的発掘調査によってエレファンティネ、ヒエラコンポリス、エル＝カブ、エドフ等で検出されている。これらの都市の多くは、王朝時代を通じて地方の拠点やノモスの首都になっており、町の中心には王朝初期に起源が遡る地方神の神殿があった。また、古王国時代頃にはしばしば大きな周壁が建造されていたことが特徴である。

発掘された王朝時代の都市の中でも、エジプトの南部国境に位置するナイル河中洲の島に築かれたエレファンティネ（図45－1）は、集落研究上たいへん重要な遺跡である。というのは、先王朝時代のナカダII期まで起源が遡るこの集落は、その後ビザンツ帝国支配時代まで四〇〇〇年あまりにわた

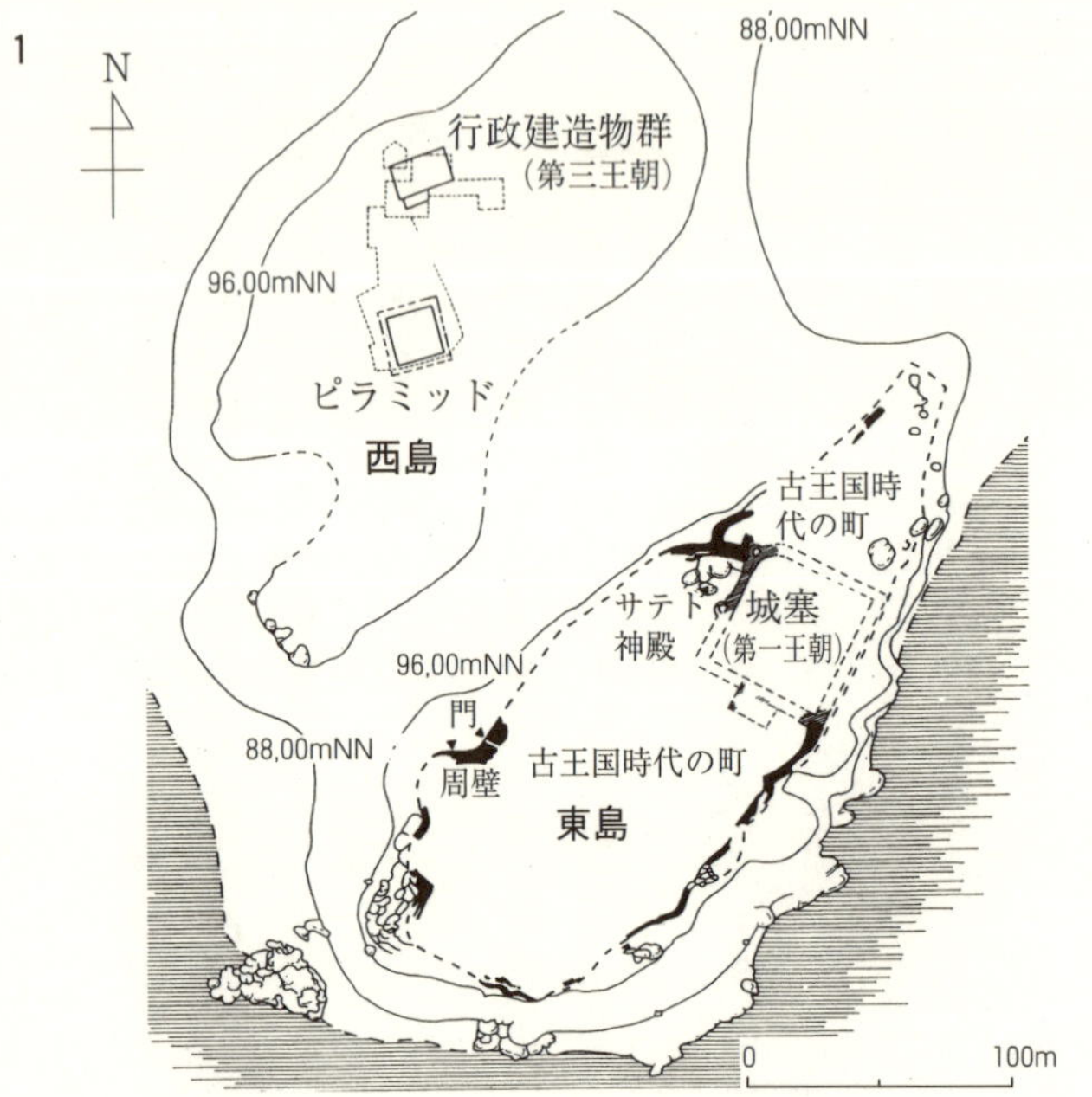

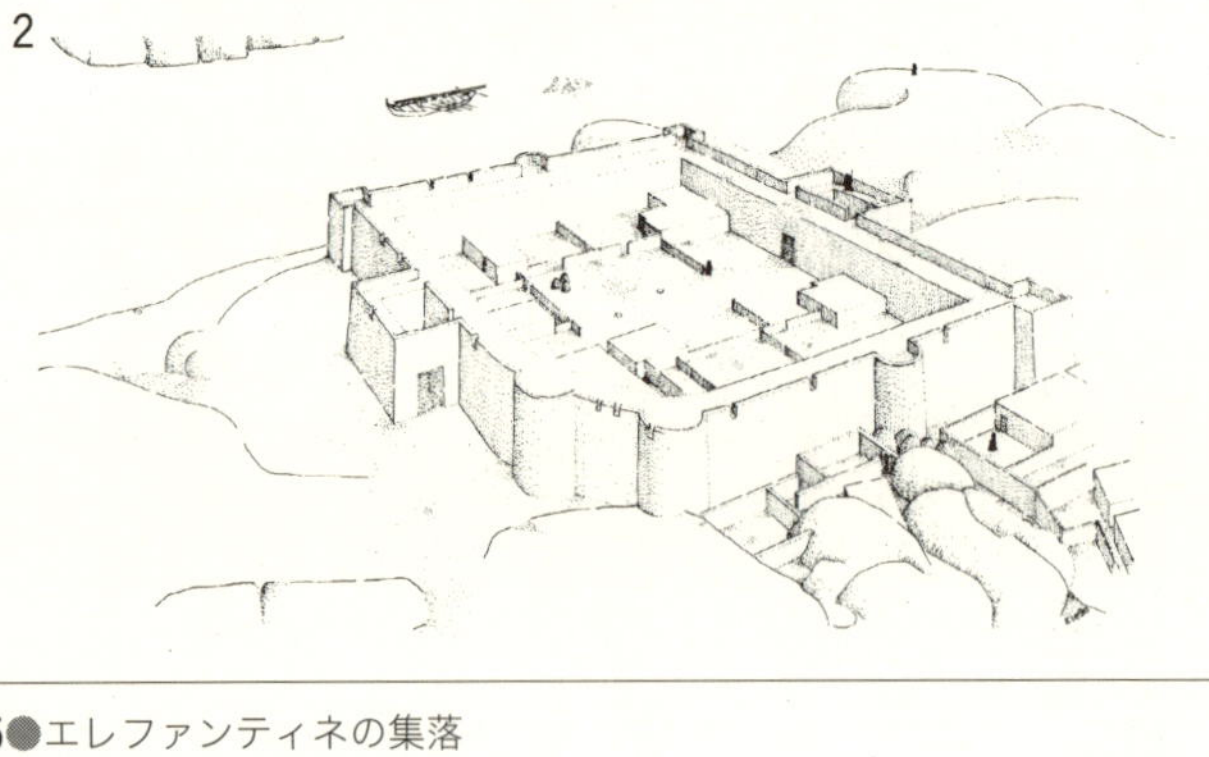

図45●エレファンティネの集落
1：古王国時代の遺構（Seidlmayer 1996a：Fig. 1より）2：城塞復元図（Ziermann 1993：Abb. 12）

って継続的に集落が営まれたことが、考古学的発掘調査によってたどれる希有な例だからである。

ナカダ文化期に年代付けられる初期の集落は、木、植物の葉、泥で築かれた家屋から成っていたらしいが、第一王朝開闢直前から、町の主神であるサテト女神を祀った神殿を中心に、日乾レンガ造の家屋から成る集落が発展した。下ヌビアとの関係が悪化した第一王朝の初期に、おそらく王家が関与して島の南端近くにナイル河を見下ろすように矩形の城塞が築かれた（図45-2）。一辺約五〇メートルの規模を持つ城塞は、周囲に半円形の見張りが立つ塔がいくつもあって、ナイル河を航行する船舶を見張ることができるようになっていた。第二王朝初期になると、城塞の外に残っていた集落をも取り囲むように、城塞の南西方向に向かって楕円形の不整形な周壁が建造され、次第にそれが拡張されていった。

第三王朝セケムケト王治世には、すでに「エレファンティネ（城塞の決定詞とともに表される）の監督官」が存在したことが銘文から知られている。そして古王国時代にエレファンティネは、地方行政の中心地となったと思われる。第三王朝フニ王が築いたらしい小ピラミッドが島の一角に築かれ、その近くに第三王朝以降、地方行政の中心となる建造物が建てられた。

エレファンティネの他に、上エジプトのエル＝カブやエドフでも古王国時代の楕円形の、もしくは不整形な集落を取り囲む周壁が検出されている。他方、王朝開闢期から王家と密接な関係があったヒエラコンポリス（221頁図49-1）やアビュドスでは、矩形の大型周壁が築かれた。このように古王国時代の上エジプト南部の自然発生的起源を持つ大型集落は、周壁によって集落域全体あるいは一部が囲まれていた。デルタのコム・エル＝ヒスンにも大型周壁があったらしいが、詳細は不明である。古王国時代の都市について、発掘調査がほとんど進展していないために内部構造はわからないものの、周壁の規模から推測される集落規模は、同時代の西アジアの都市に匹敵する。

まとめ

古代エジプト王朝時代の都市は、王が居住する首都が国の中心、そして自然発生的な都市が地方の拠点になり、さらに国家の意向で設立された人工的集落が存在することが特徴であった。メンフィスの起源は王朝開闢頃に遡り、まさに統一国家の誕生とともに長く栄える古代エジプト最古の都が人工的に出現したことになる。一方、自然発生的な地方都市は、集落の起源は先王朝時代にまで遡ることができるものの、先王朝時代から都市化していた集落は少なかった。多くの地方町邑の都市化は統一王朝出現以降に起こっており、人口の自然増加だけではなく、国家の影響が地方町邑の都市化を促したのかもしれない。実際地方町邑の都市化が国家の影響であったとすると、王朝時代の都市が国家の中で機能していた理由が説明できるであろう。

初期王朝時代から、王家が主導して造営した人工的集落や施設が存在したことはほぼ確実であり、古王国時代については、人工的集落が考古学的にも検出されている。そうした集落や施設に居住する人々は、国家とのつながりが強く、少なくとも一部は別の場所から移住させられた可能性が高いであろう。すなわち、国家による人口の移動が町や都市の発展の要因になったであろうことが推測される。古王国時代の集落のうち、人工的な集落は砂漠の上という特異な立地にあったので検出例があるが、多くは沖積低地近くにあったであろう自然発生的な集落は、全面的な発掘が行われた例がほとんどなく、最も多数を占めたはずの農村については、考古学的遺跡としての検出例すらほとんどない。

2 外国との交易と交流

外国の概念

エジプトという国家概念や民族意識があるならば、それはその外側の世界としての外国の認識もあったことを示すであろう。王朝時代のエジプト人は、基本的なエジプトの固有の範囲を南はアスワン（第一急湍）から北は地中海までのナイル河流域の範囲と考えており、人為的な行政区分であるノモスは、王朝時代を通じて常にこの範囲の内側に設定されていた。しかし、ナイル河流域の人々は古くから河谷外部との接触を通じて、河谷付近には存在しないさまざまな資源を手に入れていた。そうした意味で、外の世界もエジプトにとって不可欠であった。また、エジプト以外に住む人々との接触の様相は、エジプト史を通じて一様ではなく、時期によって大きく変化した。

A：ヌビア

第一急湍があるアスワン以南のナイル河流域、すなわち古代エジプト固有の国土の南側に接した地域は、エジプト学では「ヌビア」と呼ばれる。さらにヌビアは、現在のエジプト・アラブ共和国の範囲に含まれる第二急湍以北の「下ヌビア」と現在スーダン北部に含まれる「上ヌビア」に分けられる。同じナイル河の流域にあって、河を通じて繋がっていながらも、ヌビアの地質学的特徴はエジプトのそれとはやや異なっていた。アスワン以北のエジプトはほぼ石灰岩を基盤とする地層の上に成り立っていたが、それ以南の地域の基盤は砂岩であり、概してナイル河両岸の沖積低地の幅はアスワン以北よりも狭く、耕作地面積も限られていた。そのヌビアとエジプトとの間には、第一急湍と呼ばれる早瀬が現在のアスワン近くにあって、船の行き来を阻害していた。

王朝時代のヌビアは、エジプトにとって鉱物をはじめとする多様な天然資源と労働力の産地であり、またそれより南方にあるアフリカとの間をつなぐ回廊として重要であった。エジプトは、金、閃緑岩、紫水晶などの鉱物資源、象牙、ダチョウの卵殻や羽根、豹の皮などの動物資源、油や香料、黒檀などの植物資源を、下ヌビアからあるいは下ヌビアを経由してさらに南方から調達していたという。また、ヌビア人は、王朝時代にしばしばエジプトに傭兵として雇われていた。

B：パレスチナと西アジア

エジプトの北東に、シナイ半島を挟んで陸続きに隣接しているのが、パレスチナの地である。東部デルタからは陸路にして僅か二〇〇キロメートルの距離にあるとはいえ、パレスチナはユーラシア大陸のうちに位置しており、そこにはエジプト人がアジア人（エジプト語で「アアム」）として認識していた異なる言語と文化を持つ人々が住んでいた。そしてそこには、レバノン杉のような木材や香木、果物やオリーブやワインなどの果実から作られた産物、銅のような鉱物資源があった。

エジプトは新石器時代以降、西アジアからの先進的な知識をパレスチナ経由で得ており、その後も緊密な接触を持っていた。王朝時代には「ホルスの道」と呼ばれたシナイ半島北部地中海岸沿いのルートや、海岸沿いの海上ルートを通じて交易や交流が行われた。他方で、豊かな実りをもたらすエジプトの土壌はパレスチナに住む遊牧民を魅了したらしく、しばしば東部デルタに西アジア系の人々が侵入したことが知られている。

C：東西の砂漠地帯

ナイル河の東西に広がる砂漠地帯は、距離的にはナイル河に最も近接していたが、古代エジプト人にとっては、おそらく自国とは区別される別の領域であった。

ナイル河より西側の西部砂漠に住んでいた人々は、王朝時代にしばしばリビア人として認識されており、遊牧や狩猟を生業として遊動生活を営み、頭に付けた羽根や入れ墨を慣習とするなどの、エジプト人とは異なる文化を持っていた。しかし、続旧石器時代以来、実際にはナイル河流域と西部砂漠の間には頻繁な人々の往来と交流があったことは、近年の調査でますます明らかになってきている。

東部砂漠は、第1章4でも述べたように、鉱物資源の豊かな近接地として、先王朝時代からエジプト人の開発の対象となってきた。

先王朝時代の交易と交流

エジプト人がエジプト以外の土地に住む人々と交流していたことは、先王朝時代から比較的豊富な考古学的資料が示している。すでに前五千年紀末のバダリ文化の遺跡からパレスチナ産と思われる土器が出土していて、それ以降時期が下るにつれて、いっそう盛んな交易と交流が行われるようになっていく。

ナカダI期からナカダII期前半にかけて、エジプト外との接触を示す資料が次第に増加する。同時期のマーディ・ブト文化の人々がパレスチナの人々と密接な交流を持っていたことが、土器、板状スクレイパー、カナアン石刃等、マーディ遺跡から出土したパレスチナ製品から明らかになっており、下ヌビアとの交流はAグループ文化の遺跡から出土するエジプト産のナカダ文化の土器、スレート製のパレット、石製容器、ファイアンス製装身具などから推測される。

対外交易は、ナカダII期後半になってから急速に活発になった。当時のナカダ文化の墓からは、稀にではあるがパレスチナ産の土器（図46-A）やアフガニスタン産のラピスラズリなどが出土していて、パレスチナや西アジアとの遠隔地交易が行われていたことを示している（大城 1996；1999；高宮 2001）。他方、南方に隣接するヌビアAグループからの搬入品は、不思議なことにほとんど当時の墓からは出土しないが、Aグループの墓地から出土する彩文土器を含めたエジプト製土器（図46-B）が、南方との緊密な交流を示している。

こうした貴重な外来品は、エジプトにおいてあちこちのナカダ文化の墓地から出土するものの、たいてい当時の富裕墓に集中して副葬されているので、当時は有力者たちが稀少品を交換する、いわゆる「威信財交易」のようなシステムで交易を行っていた可能性が高い。

ここで興味深いのは、エジプト産波状把手土器の存在である。壺の側面に向かい合うように二つの波状の突出した取っ手を付けた土器（32頁図8）は、金石併用時代以来パレスチナから出土例があり、この地で作られ始めたことが分かっている。しかし、先王朝時代のナカダII期になって、エジプト・ナイル河流域でこの土器の模倣生産が始まった。当時のパレスチナ産の波状把手土器は、太鼓形の土器の胴部に著しく突出した把手を付けた形で、初期のエジプト産の模倣品も比較的これとよく似てい

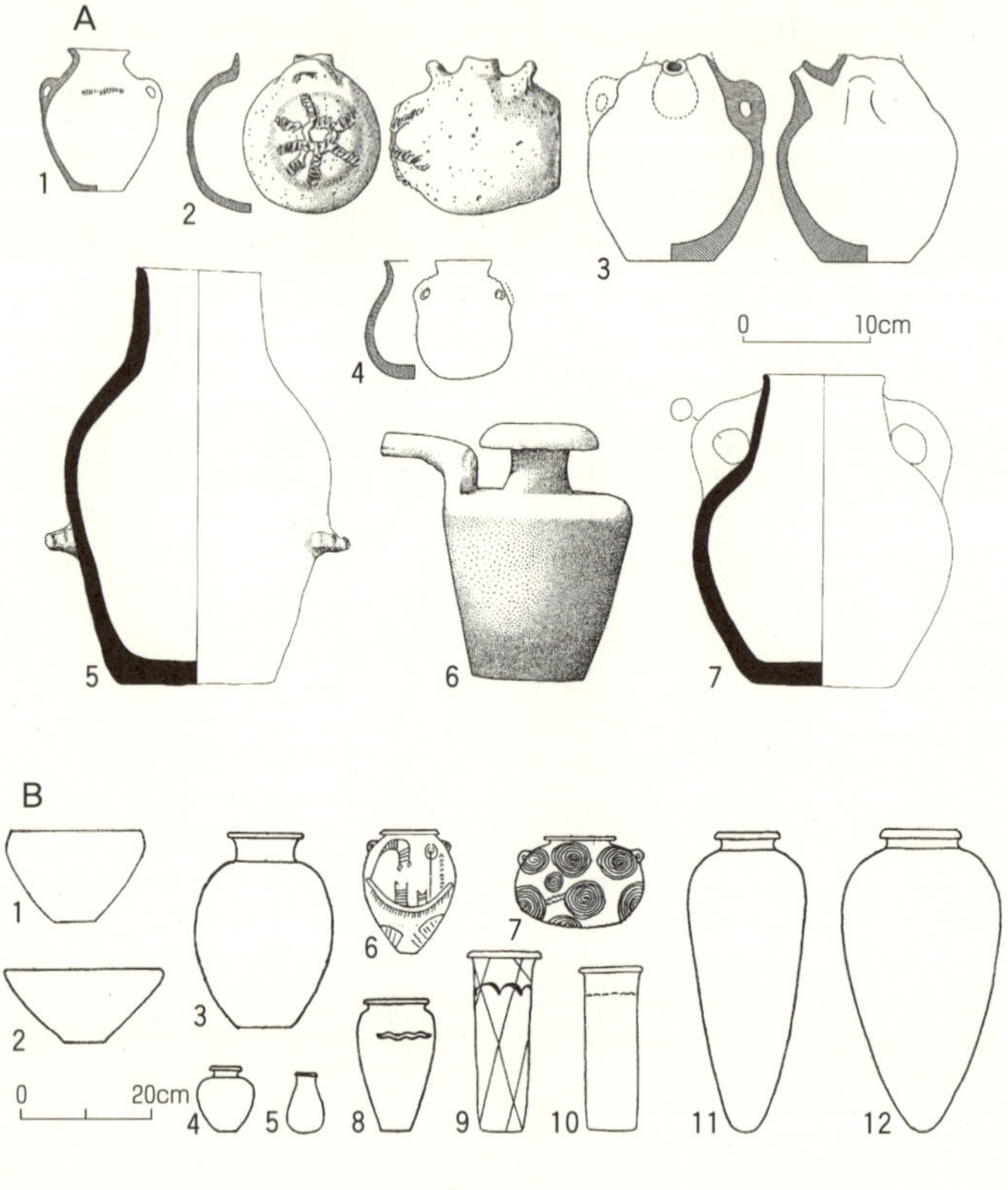

図46●交易を示す土器
A：エジプトから出土したパレスチナ産土器（高宮　2003a：図 42）
B：Aグループ文化の墓地から出土したエジプト産土器（高宮　2003a：図 39）

た。エジプト産の波状把手土器はその後も作られ続けるうちに、エジプト独自の形態変化を見せるようになった。間もなく実用的な把手は実際にはあまり役に立たない低い突起になり、やがて器形は太鼓形から円筒形に細くなる。それとともにさらに把手は形骸化して、ナカダIII期の終わり頃には、波状の線文が把手の痕跡として土器の表面に描かれるだけになってしまった。

このようなエジプト産波状把手土器は、特にナカダII期の間には威信財として機能していたらしく、富裕で身分の高い人々が埋葬された大型墓から集中的に出土している。前述のナカダIII期に年代付けられるアビュドス遺跡U－j号墓から出土した初期の文字がインクで記された土器も、大半がこの波状把手土器であった（第4章3参照）。今日でも舶来品は珍重され、その模倣品が搬出先で制作されることがあるが、エジプトでも舶来品の模倣生産を行っていたわけである。もしも当時の集落の支配者たちが模倣品生産を制御していたならば、これによって大いに自らの威信を高めることができたであろう。

ナカダIII期の交易と交流

ナカダIII期になると、南は下ヌビアから北はパレスチナまでを繋ぐ長距離交易網が成立したらしく、当時の王国の支配者たちがそれに積極的に関与していたと思われる。

当時の墓の検出例は少ないが、エジプト外からの搬入品は、当時の王国の中心であった大型遺跡の墓地にほぼ限られている。パレスチナ産の土器あるいはその模倣品は、第二急湍近いAグループ文化のクストゥール遺跡を南端として、ヒエラコンポリスやアビュドスといった上エジプト南部最大級の遺跡から集中的に出土している。そのうちでも何度かふれたアビュドス遺跡ウム・エル＝カアブのU－j号墓（137頁図32－1）からは、四〇〇～五〇〇個のパレスチナ産土器が発掘された（Hartung 2001）。これらの大型遺跡からは、多様な外来品も多出しており、ヒエラコンポリス遺跡の支配者の墓域があるHK6地区では、ラピスラズリや黒曜石も出土した。また、下ヌビアの王国支配者の墓地と考えられているクストゥール遺跡L墓地からは、土器をはじめとする多数のエジプト製品も検出されている（Williams 1986）。

長距離交易網の成立は、前述のような距離的に隔たりがある大型遺跡への外来品集中から推測されるだけではなく、下ヌビアにおけるエジプト産土器の分布もこれを裏付ける（Takamiya 2004）。ナカダ文化の土器は下ヌビアの広い範囲の遺跡に分布している（図47）が、大型の壺形土器（図46－B－11・12）は、ナカダ文化の南限から三〇〇キロメートル近く隔たった第二急湍付近の遺跡に分布の集中を見せている。この地域から出土する大型壺形土器にはそれより下流の下ヌビアから出土しないタイプが含まれていることから、ナカダ文化内部から直接第二急湍付近に運ばれた可能性が高い。すなわち、三〇〇キロメートルを越える長距離交易網がこの時期に成立したのである。前述のようにアビュドスのU－j号墓からは多量にパレスチナ産の土器が出土しているので、同様の長距離交易網は、北方の

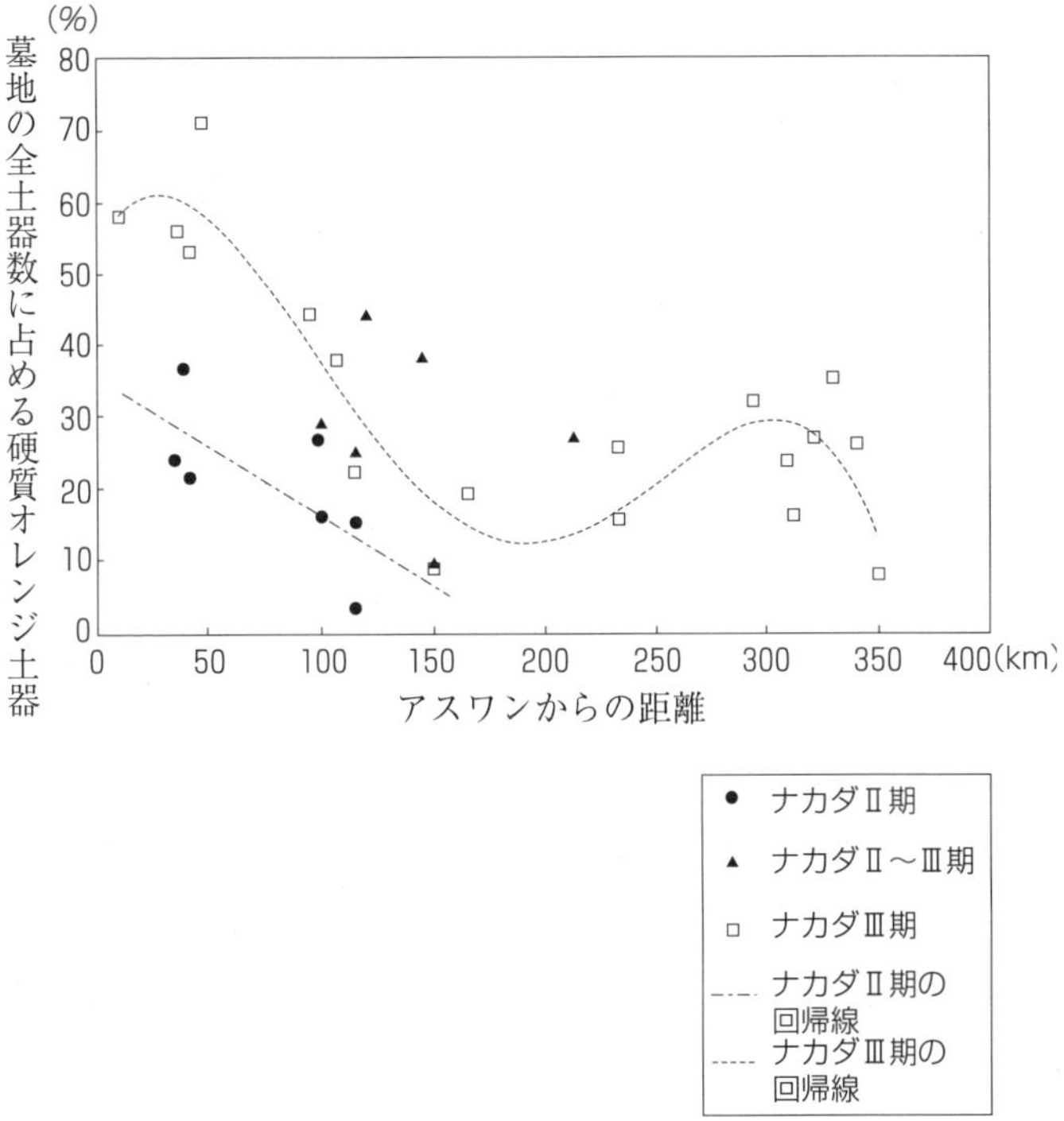

図47●下ヌビアにおけるエジプト産土器の分布

パレスチナ方面との間にも成立していたと考えられるであろう。

クストゥールの王国の繁栄を見ると、エジプトの王国とクストゥールの王国は共存共栄の関係にあり、下ヌビアとエジプトとは物流を中心とした比較的平穏な関係を築いていたと考えられる。一方、パレスチナにおいては、南部にエジプト人が移住して植民地化し、おそらくは交易を管理していたと思われるものの、やはり暴力的行為の証左は認められていない。

下ヌビアとの交易は主にナイル河沿いのルートを通じて、パレスチナとの交易は主に王朝時代に「ホルスの道」と呼ばれたシナイ半島北部の海岸沿いのルートを通じて行われたと考えられる。しかし、遙か遠いメソポタミアやイランからの影響がどのようなルートを辿ってエジプトに及んだかについては、今のところ明らかではない（第8章5参照）。

初期王朝時代の交易と交流

このようにエジプトは、ナカダIII期からパレスチナや下ヌビアと緊密な交流を持っていたが、初期王朝時代のはじめに、エジプトの対外政策は大きく変化した。

ナカダIII期から第一王朝初期にかけて、エジプトは北東はパレスチナ南部に「植民地」と呼ばれるほどエジプトと密接な関係にある地域を広げており、南は第二急湍付近までの下ヌビアに居住するAグループ文化の人々とも中距離・長距離の交易を通じて緊密な交流を持っていた。しかしながら、ナルメル王の治世頃をピークとして、第一王朝前半ジェル王治世頃にパレスチナにおけるエジプトの影響は急速に下火になり、ほぼ同時にパレスチナの人口の一部が遊動化して、社会構造に大きな変化期が訪れた。その理由はわかっていない。一方、下ヌビアでエジプトと緊密な関係を保ちながら生活していたAグループ文化の人々は、ほぼ同じ頃にナイル河流域からほとんど姿を消した。下ヌビアの人々とエジプト人との関係について、第一王朝開闢前後から両者が敵対的になり、戦闘が起こったことが、ゲベル・シェイク・スレイマンの岩壁画（図48-1）やアハ王のラベル（図48-2）の記述から知られている。第一王朝初期に両者の国境地帯に位置するエレファンティネに城塞が築かれたことも、ヌビア人との敵対的関係を示唆するであろう。

ナカダIII期からの拡張政策は途切れたものの、初期王朝時代に対外交易自体が途絶えたわけではなかった。アビュドスの王墓やサッカラの大型マスタバ墓からは引き続きパレスチナ産土器が出土しており、油や植物質の物産などが、シリア・パレスチナから搬入されたことが知られている（中野1996）。一方、黒檀や象牙の出土は、南方ヌビアとの接触も継続していたことを示す。これらの外来品は、王墓や官僚たちの墓に集中していることから、当時の対外交易は王家によって主導されていたことが推測される。

統一国家の誕生と相前後して、エジプトの国家概念ができてくるとともに、外部の人々すなわち外国人を自民族よりも劣った敵と見なす考え方も生じてきたらしい。王朝時代にエジプトに敵対する外

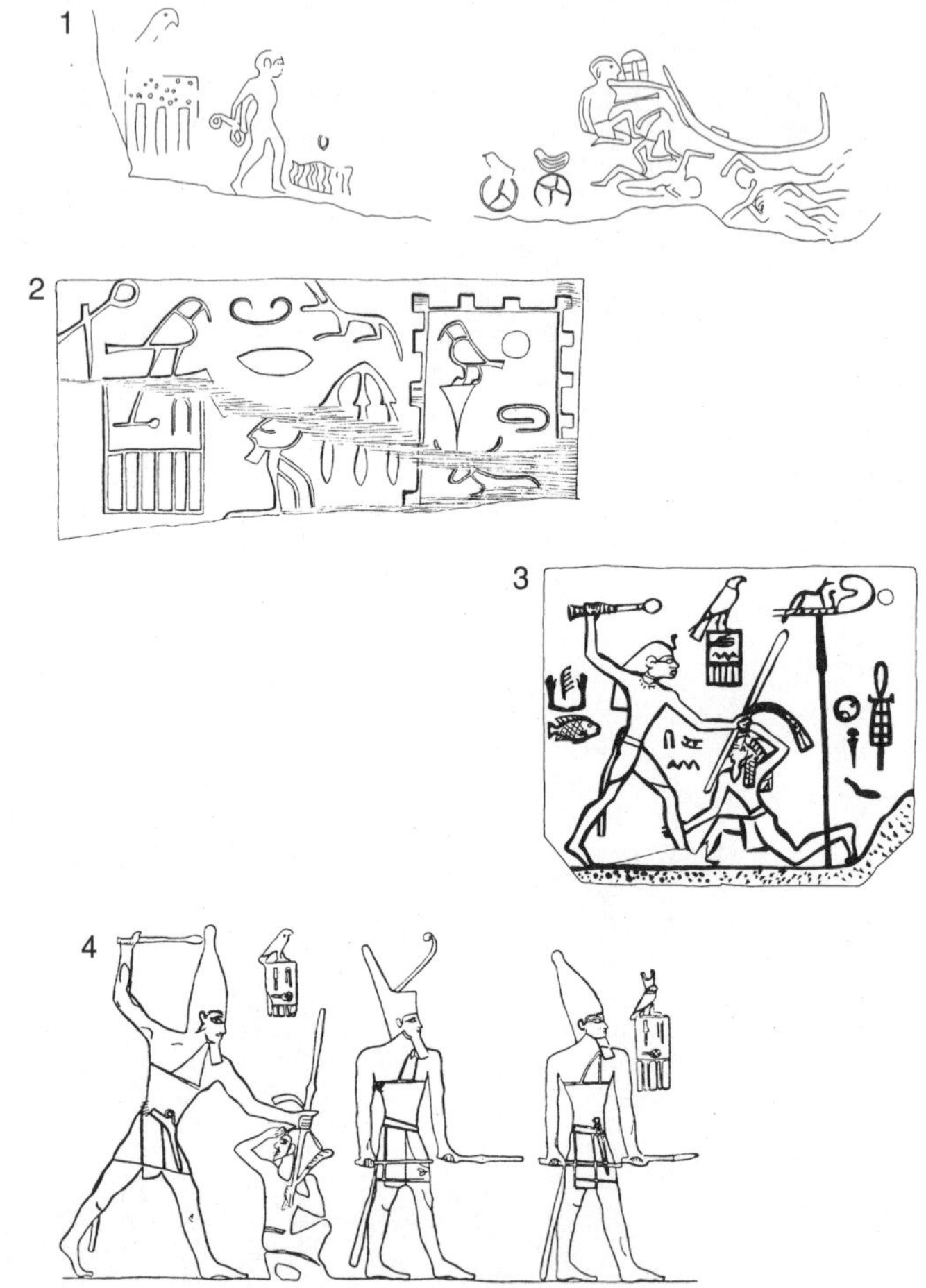

図48●外国人の描写

1：ゲベル・シャイク・スレイマンの岩壁画（王朝開闢前後）（Murnane 1987）　2：アハ王のラベル（Petrie 1901：Pl. 11）　3：デン王のラベル（Köhler 2002：Fig. 31. 8）　4：ワディ・マガラの岩壁画（第3王朝セケムケト王）（Smith 1946：Fig. 49）

国人は「九弓の民」と呼ばれて弓で象徴されたが、その弓の図柄がナカダIII期末の「サソリ王の棍棒頭」（72頁図23−2）の上段に描かれている。また、「ナルメル王のパレット」（51頁図16）に外国人を打ちすえる王の姿が描かれて以来、この構図が繰り返し王朝時代の王たちによって表されるようになった。

第一王朝前半に起こった対外政策の変化の原因について、従来いくつもの見解が提示されてきた。従来の見解を大ざっぱにまとめると、いずれもエジプトの国家形成が端緒であるが、対外政策の変化の要因として、①交易および資源調達の再組織化、②エジプトの国家（民族）概念形成と国境の明確化、③隣接地域における民族意識の形成、の三つが挙げられることになる。いずれについてもそれなりの証拠があるので、詳述を控えて結論から言えば、おそらくいずれの要因も関連して初期王朝時代の対外政策に変化が起こったように思われる。エジプトは始めての統一国家形成に際して、ある程度明瞭な国家概念を必要とし、そのためにエジプト人とそれ以外の人という民族の区別や、エジプトとそれ以外という地域的な区別を必要としたであろう。そして同じ頃に、少なくとも隣接地域の一部の人々は、エジプト人の意識変化に反応してか、自らの民族意識とエジプト人に対する敵愾心を持ったかもしれない。そうして民族や国家に関する概念や交流の心理的環境が変われば、それに応じて、対外関係や交易の再組織化が行われることになったであろうことは推測にかたくない。

古王国時代の交易と遠征

古王国時代になると、文字資料や図像資料がエジプト外との交易や遠方における採掘の様子をより具体的に伝えるようになった。この頃、ナイル河を離れた地域における採掘活動や交易は、主に遠征隊によって行われていた。

古王国時代初期から、王によって採掘のための遠征隊が頻繁に各地に派遣されたことが、現地に刻まれた岩壁碑文を中心とする資料から知られている（Eichler 1993）。最古の採掘遠征記録は第三王朝ジェセル王に遡り、シナイ半島西部のワディ・マガラやワディ・カリグに王たちがトルコ石の採掘を目的とした遠征隊を派遣したことを記している。上エジプト南部から紅海沿岸へと抜けるワディ・ハンママート沿いの石材と金属の産出地には、第四王朝のクフ王もしくはジェドエフラー王に年代付けられる碑文が、下ヌビアの閃緑岩採石場には、第四王朝クフもしくはカフラー王治世の銘文が残されている。また、クフ治世のリビア砂漠への遠征について、近年ダックラ・オアシスの南西で発見された銘文は、王が顔料採掘のために四〇〇人を派遣したことを伝えている。このように古王国時代前半のうちに、エジプト周辺の砂漠地帯において活発な鉱物資源開発が行われるようになっていた。

遠征隊は、鉱物資源の採掘だけではなく、遠方との交易にも携わっていた。第六王朝に遠征隊の長を務めた官僚たちの碑文は、交易のために遠方に旅した遠征隊の様子を良く伝えている。南方への遠征隊を率いたのは、南部国境のアスワンの地方官僚たちであり、例えばその一人であるハルクフは、王に派遣されて四回の南方遠征を行い、下ヌビア、上ヌビアやさらに南方まで出かけて、香料、黒檀、豹の皮、油、象牙などを持ち帰ったことを、アスワンに築いた墓の碑文に刻んでいる。

古王国時代には、西アジア方面との交易も活発化した。パレスチナとの交易が継続していた他に、この頃、地中海東岸のビュブロスが西アジア交易におけるエジプトの拠点になっていたらしい。ビュブロスからは第二王朝カセケムウィ王の名を記した遺物が出土しているので、交流の歴史は初期王朝時代に遡るが、第四王朝クフ王以降、ほぼ歴代の王たちの名を刻んだ石製容器などがここから出土するようになっており、古王国時代に恒常的で緊密な交易関係が築かれたことを示している。地中海東岸部との交易には、木造の外洋航行用船舶が使用されていた。

まとめ

エジプト外部との接触と交流の歴史は古く、先王朝時代から活発な交易が行われていて、時期がくだるにつれて、その地理的・内容的範囲は次第に拡大していった。統一王朝出現頃に、国家のイデオロギーやエジプト人のアイデンティティー形成とともに、エジプト人と外国人を区別し、外国人を敵と見なす考え方が定着したが、それとは別に、採掘や交易のための外国遠征は、ますます活発に行われるようになっていった。

交通手段が限られた古代に、遠方まで出かけて採掘を行ったり、異なる言語を話す人々と交易したりする行為は、専門的に交易に従事する人間を必要としたであろうが、王朝時代前半には独立して商業を営むいわゆる「商人」はほとんど発達せずに、対外交易は主に王家や神殿によって派遣された官僚や雇い人によって行われていた。王朝時代のような有力者が遠征隊を派遣して行う交易活動の起源は、おそらくナカダIII期の長距離交易網成立頃に遡ると思われる。

従来対外交易は王家の独占と表現されることがあったが、そのような規制は認められない。しかし、実際遠征隊を組織して行う採掘や交易活動を実施することができたのは、王をはじめとする少数の人物に限られたであろう。こうして入手した外来の珍しい品々およびその模倣品は、先王朝時代から威信財として機能していて、王朝時代にも王家の権力の資源となっていた。

第6章　古代エジプトの宗教

1　神々の崇拝

古代エジプトの神々と神殿

古代エジプトの宗教は古代エジプト特有の多神教であり、人々は多様な神々と関連する宇宙の中に生きていると信じていた。王朝時代の神々は、しばしば人間の姿で図像に描かれ、特定の動物を聖獣としていて、壁画や彫像に表された人身獣頭の神々の姿は、古代エジプトの顕著な特徴の一つである。

神々のために各地に神殿が建てられており、今日もエジプトのあちこちに残る巨大な石造の神殿（63頁図21）は、当時の人々の神々に対する崇拝の念を遺憾なく表している。

古代エジプトの人々は、神話を文章の形式で書き残す習慣を持っていなかったものの、あちこちの文章や図像表現の中で暗示される神々の性格や神々同士の関係から、人々が宇宙の創造過程と構造を神々と関連づけて考えていたことが知られる。宇宙の創造と構造を語る創成神話はいくつもあったらしいが、その最も有名な例は、カイロ近郊のヘリオポリスで発展したらしいことから、今日「ヘリオポリスの神学」の名称で呼ばれている。ピラミッド・テキストにはこの創成神話の神々が各所に言及されているので、すでに古王国時代にはこの神話の原型が存在したであろう。

ヘリオポリスの創成神話によれば、世界の最初には「ヌン（原初の海）」と呼ばれる混沌があった。その混沌の中からある時「原初の丘」が出現し、そこに太陽神アトゥムが現れた。アトゥムは自慰行為を行って、大気の男神シュウと湿気の女神テフネトという男女ペアの神々を生み出した。そのシュウとテフネトが次の世代として、大地の男神ゲブと天空の女神ヌトを生み、さらにその二柱の神々が、男神オシリスとセトおよび女神イシスとネフティスを生んだという。これらのうちオシリスとイシスが婚姻関係を結んで、その間に生まれたのが男神ホルスであり、王が化身とされたのはこのホルス神であった。

ヘリオポリスの創成神話は、古代エジプト人にとって、宇宙の始まりとその構造とをよく説明していた。そこで、新王国時代のパピルスや壁画に描かれる世界を表した図には、しばしば大地の神ゲブが横たわった上に、弓なりに体を曲げた天空の女神ヌトが覆い被さり、ヌトの体を大気の神であるシュウが両手を挙げて支える姿が描かれている。そして、毎日昼に天空を舟に乗って航行する太陽神は、夕べにヌト女神に飲み込まれ、夜間にその体内を航行して、朝にまたヌトの子宮から生み出されるとも考えられた。つまり神々の誕生が、混沌の中からこの世に宇宙と秩序を生み出したのである。

しかし、この世は常に混沌の脅威にさらされていて、王は祭儀を行ってこの世の秩序（マアト）の維持に務めなければならなかった。神々の家である神殿は、宇宙創造の場でもあれば宇宙の縮図でもあって、周辺の混沌から、神々が創造した秩序を護るための神聖な儀式を行う場所でもあった。

王朝時代の宗教には、「国家宗教（もしくは公的祭儀）」と「民間信仰」という二つの側面があったと言われる。国家宗教の概念に従えば、王が神々と交流できる唯一の司祭であったため、確かに新王国時代の神殿の壁画には、常に王のみが神々に供物を捧げる姿で描かれていた。しかし、こうした二極化と国家宗教の優勢は、おそらく国家の発展に伴って次第に明瞭化してきたのであって、歴史的に見れば国家宗教の出現は後発の現象である。神々の崇拝は先王朝時代以前から各地方で行われており、実際には民間信仰が先行していた。後に王や官僚たちが既存の地方信仰を利用して、国家宗教の体系を意図的に形作ってきたと考えた方がよいであろう。

神々の起源

王朝時代の神々は、たいていそれぞれ地方に信仰中心地を持っていた。地方に特定の神の神殿が造営され、しばしば神は「何々町の（女）主」のような形容辞を付けて呼ばれていた。このことは、神々の崇拝が、多くの場合地方に起源を持つことを示唆する。

古代エジプトの宗教を特徴づける多様な神々の存在は、先王朝時代に各地で地方の守護神となる神が信奉されていたことに起源を発すると考えられている。先王朝時代の地方神の存在を明確に示す資料は、実際には極めて少ない。その中で、ナカダII期中葉以降の彩文土器の船上に掲げられた標章（口絵4、32頁図8）は、王朝時代の神々のシンボルと類似することから、先王朝時代に神々が遡ることを示す証拠としてしばしば取りあげられてきた。

このように当初は地方ごとに個別であり、同格であった神々の崇拝が、おそらくは国家統一や王権概念の発達に伴って、次第に体系化されていったと思われる。王家がとくに信奉する神々は時期によって異なり、時の王家と密接に結びつく神々が国家神としての地位を与えられ、国家神を中心に神々同士の関係が形作られていった。

初期王朝時代に王と最も深く結びついていた神は、ハヤブサ神ホルスであった。ホルス神の起源地はエジプトの中に複数あったらしく、上エジプト南部のヒエラコンポリスや下エジプトのベヘデト

（ダマンフール）がその候補地として挙げられる。初期の王たちは自らをホルス神の化身と見なし、ホルス王号を用いて名前を記した。上エジプトのナカダを起源地とするセト神も、第二王朝後半に「セト王号」や「ホルスとセト王号」（第4章1参照）が用いられていることから、初期の重要神であったと考えられる。また、上エジプト南部のエル＝カブを信仰中心地とする女神ネクベトと下エジプトのブトを信仰中心地とする女神ウアジェトは、この頃から上下エジプトの王冠の守護女神として王家と密接に結びつくようになっていた。

古王国時代になって著しく権威を増したのが、カイロ近郊に位置したヘリオポリスを信仰中心地とした太陽神ラーであり、ヘリオポリスの神学の中ではアトゥムとして語られる。ヘリオポリスの神学にも登場するオシリスも、元来は穀物神であったらしいが、ピラミッド・テキストに頻出し、古王国時代後半から冥界の支配者として信仰が普及した。

おそらくはアニミズム（自然崇拝）に端を発していたと思われる地方の神々は、先王朝時代と王朝時代の初期には動物や物で表されることが多かった。プタハ神のように第一王朝から人間の姿で登場する神も存在した（223頁図50－4a）が、山犬の姿で描かれたアヌビス神やウプワウト神（210頁図48－3右上）、交差する矢で記されたネイト女神などは、動物や物で表された例である。しかし、初期王朝時代末頃から、次第に神々を人間形に描くようになってきた。第二王朝ペルイブセン王治世の印章に、「アシュ」と呼ばれる神が始めて人間の身体に獣の頭を頂く姿で描かれ（図50－4b）、古王国時代の間にこの描写方法が普及していった。こうして、古代エジプト特有の人身獣頭の神々の姿ができあがってきたのである。

多様な神々に関連する祭儀が初期王朝時代の頃から王家や国家にとって重要であったことは、ラベルなどの同時代資料や、第五王朝に作成された「パレルモ・ストーン」（41頁図11）の記述に良く顕れている。第一王朝初期から、王による神殿の訪問、供物奉納、神像の作成などの神々に対する宗教的行為が行われていたらしい。

初期の神殿

先王朝時代における神々の崇拝については資料が少ないものの、文字記録の他に、近年の集落遺跡における発掘調査が、初期の地方神殿について明らかにしつつある。これまでに、エレファンティネ、ヒエラコンポリス、アビュドス、テル・イブラヒム・アワドなどで、先王朝時代末もしくは初期王朝時代の神殿跡が検出されている。

ナイル河下流域で考古学的に検出された最古の神殿は、ヒエラコンポリス遺跡HK29A地区で発掘された神殿跡である（図49）。一九八〇年代以降、アメリカ隊の発掘調査によって、ナカダII期中葉に使われ始めた長径五〇メートルあまりの楕円形を呈する中庭と、それに面した大型建造物の痕跡が見つかった（Friedman 1996 ; 2003）。大型建造物は、正面に太い柱が四本並べて立てられ、一辺が約一

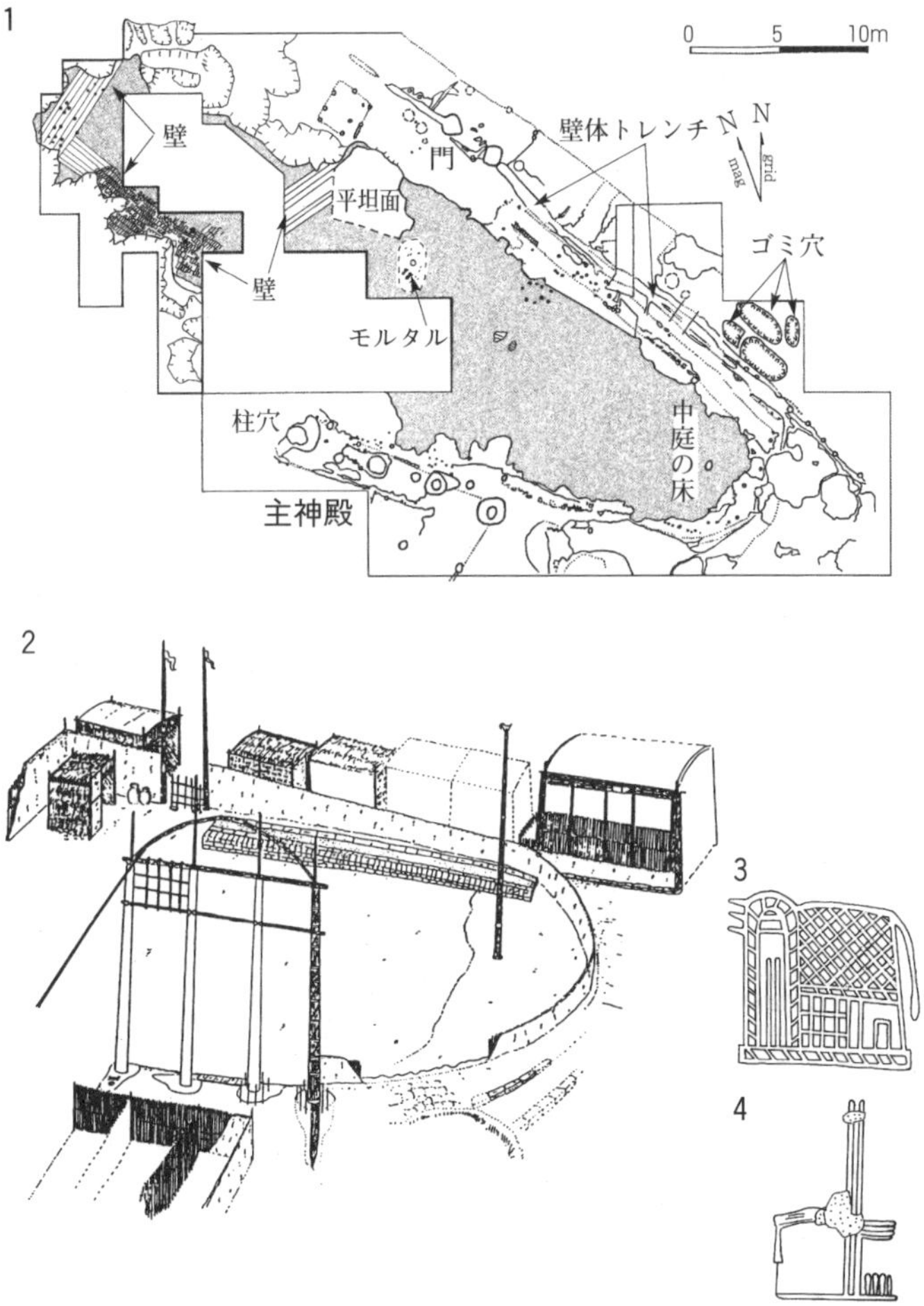

図49●ヒエラコンポリス遺跡 HK29A 地区の神殿（ナカダⅡ期）
1：平面図（Friedman 2003） 2：復元図（Friedman 1996: Fig. 11a by M. A. Hoffman） 3・4：初期王朝時代の神殿の表現

二メートルの規模を持つ。おそらく全体が木材や植物の枝葉や泥を用いて建造されていたと推測される。楕円形の中庭は泥を塗った柵で囲まれ、神殿の周りには石器や石製品を制作する工房があった。この神殿跡の状況は、第一王朝初代ナルメル王の棍棒頭に描かれた祭儀場と極めて形が類似することが指摘されている（図30－2）。

ヒエラコンポリスの沖積地内に位置するネケン（ヒエラコンポリスの古代名）の集落跡には、これよりやや新しく王朝開闢直前頃に年代付けられる神殿跡が検出された（193頁図44－1）。ここは後のホルス神殿の中心部にあたる。直径約五〇メートルの円形マウンドがその中心を成していて、おそらくはその上に祠堂が建てられていた。ネケンの神殿跡の一角から発掘された奉納物群は、「サソリ王の棍棒頭」（72頁図23－2）や「ナルメル王のパレット」（51頁図16）をはじめとして、先王朝時代末から初期王朝時代にかけての王たちの遺物を多数含んでいたことで有名である。こうした遺物の存在は、ネケンの神殿において、王朝開闢前後から王たちが祭儀や奉納を行っていたことを示している。

王朝時代のエジプトの南部国境に位置するエレファンティネ島では、先王朝時代ナカダIII期末に始まるサテト女神を祀った神殿の跡が検出された（図50－1）。最初に天然の花崗岩の大岩近くに、日乾レンガを並べた小さな祠堂が建造されたことが神殿の発端であり、その後何度もの改築を経て、新王国時代には大型の石造神殿が築かれた。この神殿跡からは、ファイアンス製品をはじめとする供物が出土している（図50－2）。

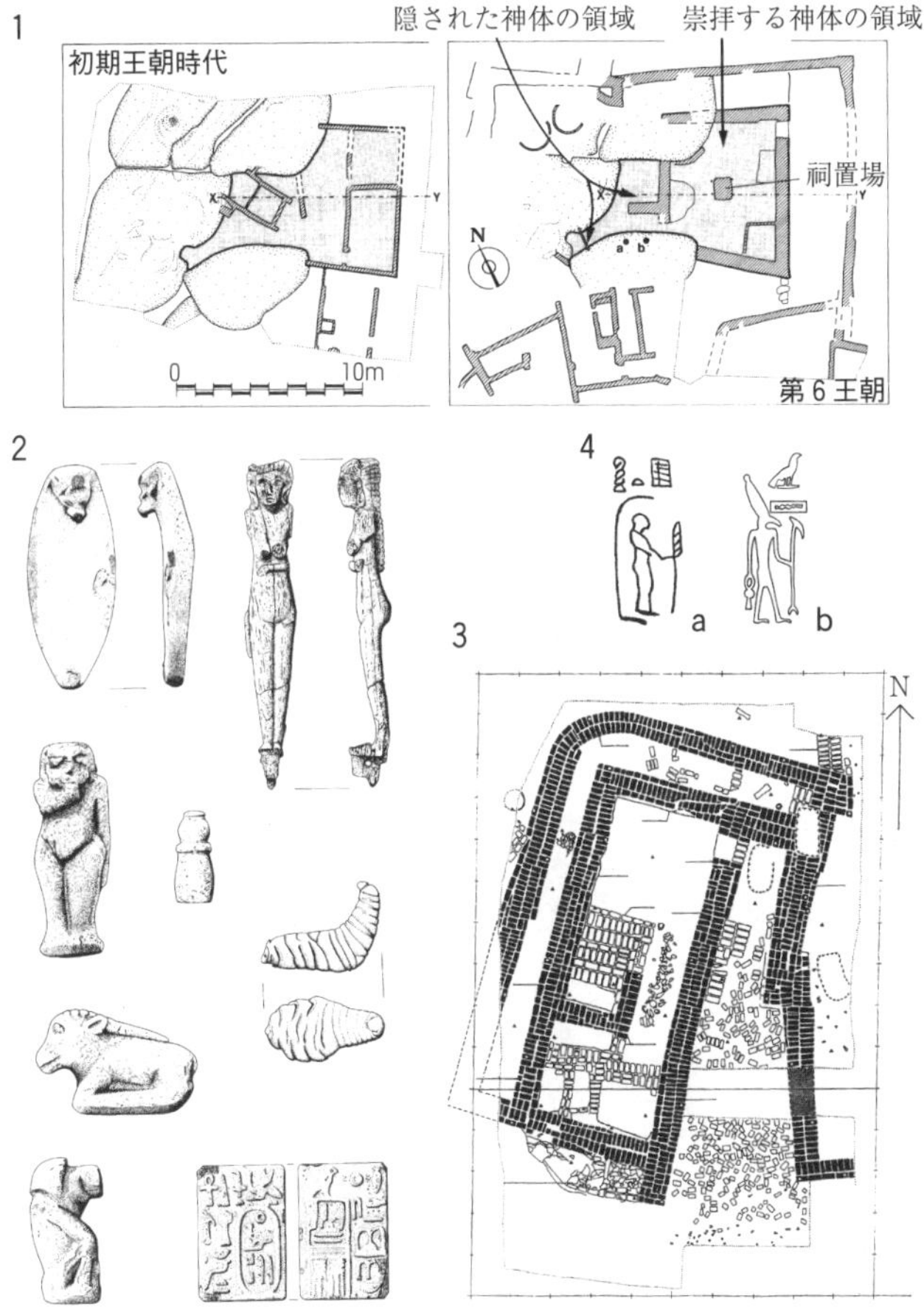

図50●初期王朝時代～古王国時代の神殿

1：エレファンティネのサテト神殿（Kemp 1989：Fig. 23）　2：神殿への奉納物（Kemp 1989：Fig. 24）　3：テル・イブラヒム・アワドの古王国時代の神殿（Haarlem 2001：33）　4：初期王朝時代の人形の神々　a：プハタ神　b：アシュ神

アビュドス遺跡（42頁図12-1）の耕地際では、地方神ケンティアメンティウに捧げられたと考えられる神殿跡が検出されており、その起源は初期王朝時代まで遡る。後には、ここにケンティアメンティウ神と習合したオシリス神を祀るようになった。

コプトスのミン神に捧げた神殿も、起源がナカダIII期まで遡る可能性が指摘されている。一九世紀の終わりにW・M・F・ペトリーが、当時の遺構は未検出であるものの、神殿域から大型の石灰岩製ミン神像を三体発掘した。現在イギリスのアシュモール博物館に収蔵されているこれらの像は、様式からナカダIII期末もしくは初期王朝時代の初頭に年代付けられると考えられている。彫像表面に刻まれた象や貝などの記号は、王名であるとの説が提示されている。

東部デルタに位置するテル・イブラヒム・アワド遺跡では、デルタ最古の神殿跡が検出された。神殿の起源は、ナカダIII期に年代付けられる日乾レンガ建造物で、古王国時代には長辺約一〇メートルの矩形の神殿が建てられた（図50-3）。

前述のように、エジプトの地方神殿は先王朝時代ナカダII期まで遡り、当初は木材や植物の枝葉と泥で築かれていた。ナカダIII期から日乾レンガ造の神殿が各地に登場するが、この頃の形態はさまざまであった。そして、ほとんどの場合、初期の神殿の上に後世の神殿が改築を繰り返しながら建てられているので、神殿が地方集落の中で重要な意味を持っていたことは確かである。

神殿の発達

新王国時代のエジプトでは、各地に神々を祀る立派な石造の神殿が建てられ、壁面が神々に供物を捧げる王の姿で装飾されて、王を中心とする国家宗教のイメージを各地において誇示する役割を果たしていた。そしてこの頃の神殿は、国家にとって、宗教だけではなく、政治や経済の地方の拠点としても機能していたという。しかし、新王国時代のような緊密な神々と国家との関係は、神殿の発達から見る限り、古代エジプト史の最初から現れていたわけではなく、王朝時代の間に次第に作り上げられてきたものらしい。王朝時代の間に王が地方神殿とそこにおける神々の崇拝に介入しながら、地方神殿を国家システムの中に組み込んでいった過程について、一九八〇年代末以降考察が進められてきた。

最初に神殿の形態から地方神殿と国家との関係について考えたのはB・J・ケンプである（Kemp 1989）。ケンプによれば、古王国時代まで地方神殿は主に日乾レンガで小規模に築かれていて、それぞれ独自の形態を持ち（「先フォーマル」）、王家や国家の大きな関与は認められなかったという。中王国時代に一部の神殿建造に関与して「初期フォーマル」が用いられるようになるまで、比較的国家は地方神殿に関心を持たず、新王国時代になってようやく「成熟期フォーマル」の定型化した神殿が、王家の後援で盛んに地方に建立されるようになった。ケンプは、初期王朝時代から王の葬祭記念建造物は定型化して造られ、国家の中で重要な役割を担ってきたことに比して、神々を祀る地方神殿の国家組織への組み込みは遅いであろう、という興味深い問題を提起したわけである。その後、D・オコナー（O'Connor 1992）とS・ザイデルマイヤー（Seidlmayer 1996a）の研究が加わって、現在初期王朝時代から古王国時代にかけての地方神殿と国家との関わりは、下記のように変化したと解釈されるであろう。

初期王朝時代から、ヒエラコンポリス、アビュドスおよびコプトスのような特別王家との関わりの深い地域においては、オコナーの指摘のごとく、王が神殿造営に直接関与したし、ヒエラコンポリスのホルス神殿のように葬祭建造物と類似する定型化した神殿も建造されることがあったが、その他多くの地方では、ケンプが指摘したように、古王国時代の間も独自の形態を持つ神殿が築かれていた、すなわちあまり国家が関与していなかった可能性が高い。初期王朝時代から古王国時代の大半の時期に、地方神殿で王は石碑や供物奉納などの小規模な貢献をしたのみであったらしい。第三王朝ジェセル王がヘリオポリスに神殿を建立したのは、当時の太陽信仰の興隆と関係した特別な例であったのかもしれない。

第六王朝になると、地方神殿の一角に王たちが「カーの祠堂」と呼ばれる王を祀った小規模な矩形の祠堂を建造するようになった。ブバスティスで発掘されたペピ1世のカーの祠堂は、一部に石材を使用した一辺約一六メートルの日乾レンガ造であった。他にもヒエラコンポリスとアビュドスで検出された類似の建造物がカーの祠堂であった、とオコナーは推測している。また、地方におけるカーの祠堂の存在は当時の神官称号からも知られており、ペピ1世は各地にカーの祠堂を有していたという文献記録がある。こうして第六王朝の王たちは、地方神殿に主に自らのカーの祠堂を建造することによって、関与していたらしい。しかし、王や国家による神殿本体建造は、やはり中王国時代以降になるまで本格的には行われなかったようである。

このように、初期のエジプトにおいて王や国家が直接地方神殿の施設建立にかかわったことを示す資料は希薄であるが、一方で、神殿が地方集落の中心であったことは、先に述べたような神殿の継続性からも明らかである。また、地方の人々にとって神殿は宗教的な中心であっただけではなく、地方行政とも密接にかかわっていたであろうことは、古王国時代から地方の官僚が地方神の神官を務めた例が多数存在することからも推測される。

神官

古代エジプトの神殿祭儀は主に神官たちによって執り行われており、それぞれの神々に仕える神官の存在が主に称号から知られている。新王国時代には専従の神官たちがたくさんいたが、古王国時代までの神官たちは明瞭に聖別された聖職者ではなく、世俗の行政職と神官職の間に大きな違いはなかった。行政職を務める官僚がしばしば神官職も兼任しており、神官はパートタイムの仕事であった。

先王朝時代にも、神官のような役割を果たした人々が存在した可能性は高いが、今のところ文字資料もないため確実な証左がない。

初期王朝時代のうちに登場する神官は、数も種類も少ない。「セケヌウ・アク」という神官称号は、第一王朝前半からしばしば高官の称号の中に出現し、亡き王のための祭儀を司る神官であったと考えられている。また、遅くとも第一王朝デン王治世以降に「セム」という神官称号が用いられるようになっていた。セム神官は、後の時代には豹の毛皮を纏って葬祭を執り行ったが、この頃の役割については不明である。古王国時代に神々に仕える神官として一般的な称号となる「神の下僕（ヘム・ネチェル）」は、第一王朝末のカア王治世に始めて現れ、儀式の際に式次第を読み上げる「朗誦神官（ヘリ・ヘベト）」も第二王朝に登場した。

古王国時代になると、神官に関する記録が増えて、神々に仕える神官の組織もある程度明らかになってくる。「神の下僕」の称号を持つ神官たちが、一般的に神々の神殿に仕える主席神官であり、供物を用意し、儀式を行い、至聖所の神像の世話をするなどの職務をこなした。そして一柱の神に多数の「神の下僕」が仕えている場合には、「神の下僕たちの監督官」の称号を持つ最高司祭の職が設けられ、この職にはしばしば王族や宰相が着任した。そのなかでも、ヘリオポリス、メンフィス、ヘルモポリスやブバスティスなどの重要な信仰中心地の神殿の最高司祭には、特別な称号が設けられていて、例えばヘリオポリスの最高司祭は「予言者の長」、メンフィスの最高司祭は「セム神官」と「職人たちの管理官の長」の称号を持っていた。「神の下僕」の称号を持つ神官の下に位する神官は「ウアブ（浄められた者）」と呼ばれる神官たちであり、神殿と儀式の維持を手伝った。「朗誦神官」は、この時代にも活躍していた。

行政官僚職と同じく、神官職も多くは男性によって保持されていたものの、古王国時代までは女性も比較的頻繁に神官になることがあった。とくにハトホル女神やセクメト女神には、王女・王妃などをはじめとする女性が「神の女下僕」の称号を持つことがあったが、その上司はやはり男性であった。その他、神殿には、祭儀の際に楽器を奏で、歌を歌い、踊りを踊る「ケネル」と呼ばれる楽団があり、ここには女性も含まれていた。

地方神殿にもそれぞれ神官たちが仕えていたことは、やはり称号から知られている。地方神殿の最高司祭の職は、しばしば地方の高官たちによって占められており、地方行政と地方の神殿管理が密接に関連していたことをうかがわせる。

まとめ

これまで述べてきたように、古代エジプトの神々の起源は先王朝時代のアニミズムに発する地方神に遡り、神々を祀る神殿もこの時期から建造されていたが、初期の神殿は植物と泥で築かれていた。そして、先王朝時代ナカダIII期もしくは初期王朝時代に日乾レンガ造の神殿建築が始まってから、その後王朝時代を通じて、改築されながらも集落内の同じ場所に神殿が存続した。

このような神殿は地方集落の拠点であったらしく、多くの神殿においてファイアンス製品や象牙製品などの供物が捧げられていたものの、古王国時代までの神殿の形態は地方ごとに異なっており、古王国時代後半に王がカーの祠堂を建立するまで、王家は大きく地方の神々の崇拝には直接関与していなかった。おそらくザイデルマイヤーが指摘したように、古王国時代の宗教を通じた国家による地方支配は、神々の崇拝ではなくて、地方に建てられた小型のピラミッドやカーの祠堂に象徴されるような王の崇拝を通じて行われた可能性が高いであろう。

2 葬制と来世観

古代エジプトの葬制と来世観

王朝時代のエジプトにおいては、集団墓地を造り、そこに死者を手厚く葬る風習が早くから顕著であった。それというのも、当時の人々が来世の存在を信じていたからである。古代エジプトの人々は、この世における死を存在の終わりとは考えておらず、来世という別の次元に、再び復活して存在や生命が継続すると考えていた。

当時の人々の考え方によれば、人間は、肉体の他に、エジプト語で「カー」と呼ばれる「生命力」や「個性」のような魂と、「バー」と呼ばれる「霊魂」、さらに「名前」や「蔭」によって構成されていた。死とは、とくに重要な構成要素であるカーが肉体と分離してしまう現象と捉えられていた。一方、バーは比較的自由に生者と死者の世界を動き回ることができたが、夜には肉体に帰ってくる必要があった。しばしば人間の構成要素として挙げられる「アク」は、死後に適切な葬祭を経て永遠に存続するという栄光を授けられた状態を指した。

このような考え方に基づいて、古代エジプトの人々は、来世において再生復活を遂げ、永遠の生命を得るために、墓、遺体保存、食糧および適切な葬祭が必要であると信じた。遺体の保存は、肉体がカーと再合一を果たして来世で復活するためや、バーのより所を維持しておくために必要であった。遺体に人工的な防腐処置を施し、ミイラにする方法を開発したのは、この遺体保存が目的であった。また、活力であるカーは肉体の死後も食糧をはじめとする生活必需品がなければ生きられないので、死者には常に供物が捧げられなければならなかった。そのために、墓にはカーが来世と墓の間を往復する入口として「偽扉」（242頁図53‐2）が設けられ、その前に供物が捧げられた。こうして墓は、遺体を保持し、カーのために供物を捧げる場所であり、いわば再生復活のための装置として機能していた。後述するように（第7章参照）、古王国時代以降の官僚たちの墓は、美麗な壁面装飾や彫像で飾られていたが、墓の中に表された図像や銘文は、全て死者の再生復活と来世での安寧を保証するためのものであった。

死者が再生復活を遂げるためには一連の儀式すなわち葬祭（図53-1）が必要であり、葬祭の中で最重要の儀式は「開口の儀式」であった。この儀式は、ナイフのような道具を使って葬祭神官が死者の口を開くまねをする儀式で、一旦は物を食べたり呼吸をしたりという生命活動を停止した死者が、ミイラの口を開く儀式を行うことによって、生命活動を再開することを呪術的に引き起こす目的をもって行われた。

古代エジプトの人々が思い描く来世のイメージは、一通りではなかった。生命もしくは存在の永遠に繋るものとして、いくつものイメージがあったようである。しかし、最も受け入れやすく、実際に普及していたイメージは、おそらくこの世と似たような世界であったであろう。

先王朝時代の葬制

エジプトは、後期旧石器時代から死者のために集団墓地が営まれており、埋葬に関して古い歴史を持つ地域であった。そして、前五千年紀終わりのバダリ文化の頃から、すでにある程度決まった方法で埋葬が行われていたことが確実である。バダリ文化の墓地は、上エジプト中部ナイル河東岸のマトマールからバダリにかけての地区で検出されている。これらの墓は、低位砂漠に掘り込まれた円形もしくは楕円形の土壙墓で、遺体は体と手足を胎児のように屈めた「屈葬」の姿で土壙の中に納められている。土器や装身具などの副葬品も、この頃から墓に入れられるようになっていた。このようなある程度決まった埋葬様式と豊富な副葬品の存在は、すでに人々が死後の世界に関する概念を持っていて、それに応じた葬送の儀式を行っていたことを示す。

前四千年紀になると、上エジプトに分布していたナカダ文化の中で、いっそう洗練された埋葬が行われるようになった。多くの墓は引き続き土壙墓（図51-1）で、遺体はバダリ文化と同様に屈葬の姿であったが、たいてい頭を南に、顔を西に向けてマットの上に置かれた。これが王朝時代の西方浄土の概念と直結するのかどうかは明らかではないものの、いっそう厳密な葬制が確立されてきたことを示している。富裕な墓であれば、多数の土器が主に遺体の頭部付近に並べられ、しばしば装身具、化粧用具、護符などが副葬された（33頁図9）。また、ナカダII期中葉以降には、大型墓に日乾レンガも用いられるようになった。

王朝時代の葬祭に通じる儀式が、ナカダ文化の頃から行われていたことも推測されている。王朝時代の葬祭において、死者の生命活動を再開させる「開口の儀式」が中心であったことは前述したが、ナカダI期以降、墓から出土する「魚尾形ナイフ」と称される石器（図9-7）は、この儀式に用いられた蓋然性が高い。魚尾形ナイフは両面加工の美しい石器で、柄の先が魚の尾のようにY字形に分かれていることからこの名称で呼ばれる。葬祭用具を研究したA・M・ロスによれば（Roth 1992）、

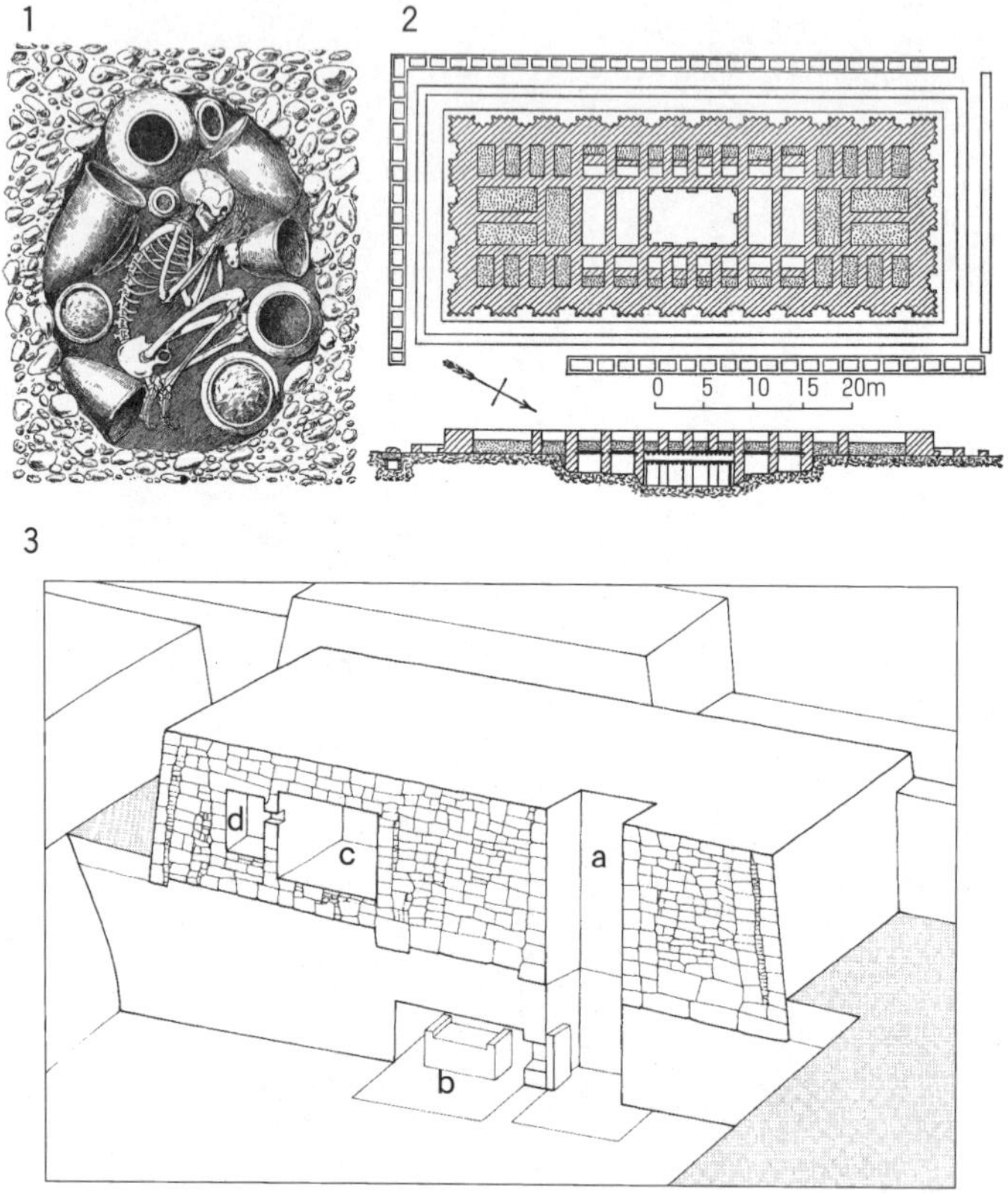

図51●墓と埋葬

1：アムラー遺跡の墓（ナカダⅠ期）（Morgan 1896：Fig. 35）　2：初期王朝時代のマスタバ墓（サッカラ、第一王朝）（Emery 1961：Fig. 34）　3：古王国時代のマスタバ墓（Shaw and Nicholson 1995：173）

a：縦坑　b：石棺が置かれた埋葬室

c：偽扉と供物卓がある礼拝室　d：墓主の彫像が置かれるセルダブ

王朝時代の葬祭に用いる儀式用具のセットにこの形のナイフが含まれるので、先王朝時代の魚尾形ナイフも、おそらくは「開口の儀式」に用いられたものであるという。この見解が妥当ならば、開口の儀式の起源も先王朝時代まで遡ることになるであろう。

「ミイラ」という人工的な遺体保存処理の起源について、従来エジプトの乾燥した気候が、砂漠に埋葬した遺体を天然のミイラにしたことがその始まりと言われてきた。実際、先王朝時代の墓地からは、特に人工的な遺体保存処理を施されていないにもかかわらず、乾燥してミイラのようになった保存良好な遺体の出土例がある。人工的なミイラの起源がどこまで遡るかは明らかではないものの、近年のヒエラコンポリスで樹脂に浸した亜麻布が遺体の近くから検出されているので、この頃から原初的な人工遺体保存処置が試みられたのかもしれない。

王朝時代には、しばしば家族が近いところに埋葬される慣習があった。先王朝時代の埋葬について、個別に造営されざるを得ない土壙墓から明瞭な家族関係を知ることはできないものの、いくつかの墓地においては、近接する墓が家族あるいは親族の墓である可能性が推測されている。その例として、アルマント遺跡の一四〇〇～一五〇〇墓地が挙げられる。この解釈が妥当ならば、当時の墓制は、家族や親族関係を重んじていたことになる。

一方、この頃には埋葬に顕著な身分差が表現されるようになっていた。権威のある人物たちは、大型の墓に多数の副葬品とともに納められたことは、第4章2で述べたとおりである。この慣習は来世観の影響で生じたものであったが、そのために人々は豊かな副葬品を求めることになり、それが副葬品生産や交易の発達に繋がったであろうし、その生産や交易をコントロールする支配者に力が集中する過程を促進することにもなったであろう。言いかえれば来世観と厚葬の風習は、文明形成の起動力となってきたのである。

初期王朝時代の葬制

第一王朝開闢とほぼ時を同じくして、前述のように王の葬制は大きく変化した（第4章2）が、私人墓もそれと同調するように、墓の規模や形態に発展が認められる。第一王朝初期から王族や高官たちは「マスタバ」と呼ばれる日乾レンガ造りで直方体の墓に埋葬されるようになり、サッカラの大型高官墓は一辺が四〇メートルを越えた（図51-2）。マスタバ墓のほぼ中央に位置する地下の玄室には、木棺に納めた遺体が置かれていたらしく、玄室を取り巻く室には土器や石製容器、家具をはじめとする豊富な副葬品が納められていて、その数もしばしば優に百を越えた。そして、第一王朝中期以降、王墓と連動するように、大型マスタバ墓に階段形式の入口が築かれるようになったので、墓を建造しておいてから、後に内部に遺体を納められるようになった。また、第二王朝の終わり頃から、マスタバ墓東面のニッチが礼拝の場所になっていった。その一方で、もっと身分の低い人々の墓は相変わらず少数の副葬品を伴うだけの土壙墓であったので、埋葬に顕れる身分差もいっそう大きくなったわけである。

第一王朝の開闢と相前後して、王や国家中心の葬制が発達してきたように思われる。その最も顕著な例の一つは、アビュドスの王墓やサッカラの大型マスタバ墓に付属する殉葬墓の出現である。第二代アハ王治世以降、第一王朝の王墓の周りには、王が亡くなったときに殉葬されたと考えられる廷臣あるいは後宮に使えた人々の墓が築かれている。さらに第一王朝第五代のデン王の治世には、サッカラの西方砂漠中に、「中級墓地」と現在呼称されるあまり身分の高くない官僚たちの墓群が営まれた。

地方の葬制も、王朝開闢と相前後して変化をみせることがあった。例えば、上エジプト南部のアルマント遺跡において、先王朝時代のナカダ文化の墓地とはやや離れた場所に、日乾レンガで築かれた二基の大きな墓が登場した。また、ナカダ遺跡においても、ナカダ文化期の墓地から離れたところに、第一王朝初期の王妃ネイトヘテプの大型マスタバ墓を取り囲んで、多数の小型墓が営まれていた。

こうした大型王族・高官墓や殉葬墓の出現と、地方における墓制の変化は、国家形成に伴って、地縁・親族共同体を中心としていた墓制が、王や国家に影響された墓制に移行してきたことを示すと思われる。

遺体処理方法について、明らかに遺体に包帯を巻いた例が第一王朝から知られている。アビュドスの第一王朝ジェル王墓からは包帯を巻いた前腕部が出土しており、ここに後世のミイラ作りに頻繁に用いられた樹脂が付着していたので、人工的に遺体を保存する意図があった可能性が推測されている。

第一王朝初期から、王にならって、宮廷人たちも墓に自らの名前を刻んだ石碑を建てるようになった（166頁図39－1～4）。こうして官僚たちも墓に図像表現を行うようになり、第二王朝には、供物卓の前に椅座する墓主の構図（242頁図53－2上部）が、壁がんに置かれた石碑に描かれるようになった。この構図はそれ以降の官僚墓における装飾に不可欠の要素となるが、王がこの構図を用いたことは少ないので、官僚墓が独自の発展を始めたことを示すであろう。

古王国時代の葬制

古王国時代の典型的な高官墓は、初期王朝時代に始まったマスタバ墓が発展したものである。ただし、古王国時代のマスタバ墓（図51－3）は、日乾レンガだけではなくしばしば石材で築かれていた。上部構造に東面に入口を持つ礼拝室が設けられ、「セルダブ」と呼ばれる部屋に置かれた死者の彫像や偽扉の前に置かれた供物卓の上に、死者のための供物が捧げられるようになっていた。礼拝室は通常、美しく彩色された浮彫で装飾されていた。地下に設けられた玄室には、上部構造の頂部に開口部が設けられたシャフト（縦坑）から入れるようになっており、埋葬後に封じられた。また、第四王朝以降には、「岩窟墓」と呼ばれる岩盤を横方向に掘り込むタイプの墓も造られるようになった。当時の官僚の墓は、父である家長を墓主として、妻や家族が一緒に埋葬される家族墓が中心で、官僚としての地位が向上した生前のうちに建造が着手された。

古王国時代には、内臓を摘出して遺体に防腐処置を施すという、明らかに人工的なミイラが造られるようになった。知られる限り最古の例は、第四王朝クフ王の母ヘテプヘレス王妃の埋葬である。王妃の墓は、ギザの大ピラミッド東側に穿たれた地下室であった。この墓に王妃の遺体は納められていなかったものの、王妃の内蔵を入れたと思われる櫃が出土した。後に内臓容器は壺形が主流になって、壺形の内蔵容器は今日「カノポス壺」の名称で呼ばれる。

この時期の私人墓において、壁面の浮彫と彫像による表現が華々しく開花した（第8章2参照）。これらの装飾は、いずれも来世における再生復活と安寧を祈願したもので、再生復活への願望は、古王国時代から文字によっても饒舌に表現されるようになった（第7章1参照）。なかでも「ヘテプ・ディ・ニスウト供養文」と呼ばれる定形文や、「供物リスト」と一連の供物祭儀の場面は、墓主のカーに王あるいは神々から祈願の供物が与えられ、祝福されたアクの状態になるように祈っていた。

強固な中央集権国家の確立は、古王国時代のピラミッドを取り巻く墓地にも顕著に現れている。官僚たちはできれば来世の支配者となる王の近くに立派な墓を築いて埋葬されることを望んだが、王墓に近接する官僚墓の位置は当時の王の裁量で決められた可能性が大いに高い。そのことは、第四王朝クフ王のピラミッドおよび第六王朝テティ王のピラミッドに近接する官僚たち墓地の様子からうかがい知ることができる。

クフ王がギザ台地に築いた大ピラミッドの周囲には、王族と官僚の墓が、ピラミッドとほぼ同時期に計画された（149頁図36）。ピラミッドの東側には三基の王妃のピラミッドが造営され、その東の「東部墓地」には王子や王女の墓が、ピラミッド西側の「西部墓地」にも王族や高官たちを埋葬する墓が規則的に並べて築かれている（図52）。その様子は、王を取り巻いて王族と官僚たちが居並ぶ当時の宮廷の様を彷彿とさせる。ほぼ同じような王のピラミッドを取り巻く王族と官僚の墓地は、第四王朝のスネフェル王がピラミッドを築いたメイドゥームやダハシュール、第六王朝テティ王がピラミッドを築いたサッカラにおいても検出されている（利光 2003）。テティ王のピラミッドに付属する墓地の発掘調査を行ってきたN・カナワティ（Kanawati 2003）によれば、この墓地に建造されたマスタバは、王によって官僚たちに場所が割り振られただけではなく、その後官僚たちが王への謀反などの罪を犯した場合には、罰の一環として墓が取りあげられ、別の人物に与えられたことが推測されている。

このように、古王国時代のピラミッド近くに築かれた官僚墓は、建造権利を王が決定していたらしく、来世における存続という当時の人々にとって最大の関心事を王が大きく左右していたことになる。

墓主の死後にも、来世における存在を継続するためには、理論的には永久に、供養が継続される必要があった。本来死者の供養は、長男を中心とする親族のつとめであった。しかし、より供養の長期的継続を確実にするために、古王国時代にはしばしば「葬祭財団」と呼ばれる制度が用いられた（畑守 1996）。これは、生前に土地を指定して、神官に管理と運営を任せ、そこから得られた生産物や収入を、供養と神官への報酬に当てる方法である。このために必要な土地には、自らが所有する土地

図52●ギザ西部墓地
マスタバ墓群とカフラー王のピラミッド（上、筆者撮影）
マスタバ墓の入り口（下、筆者撮影）

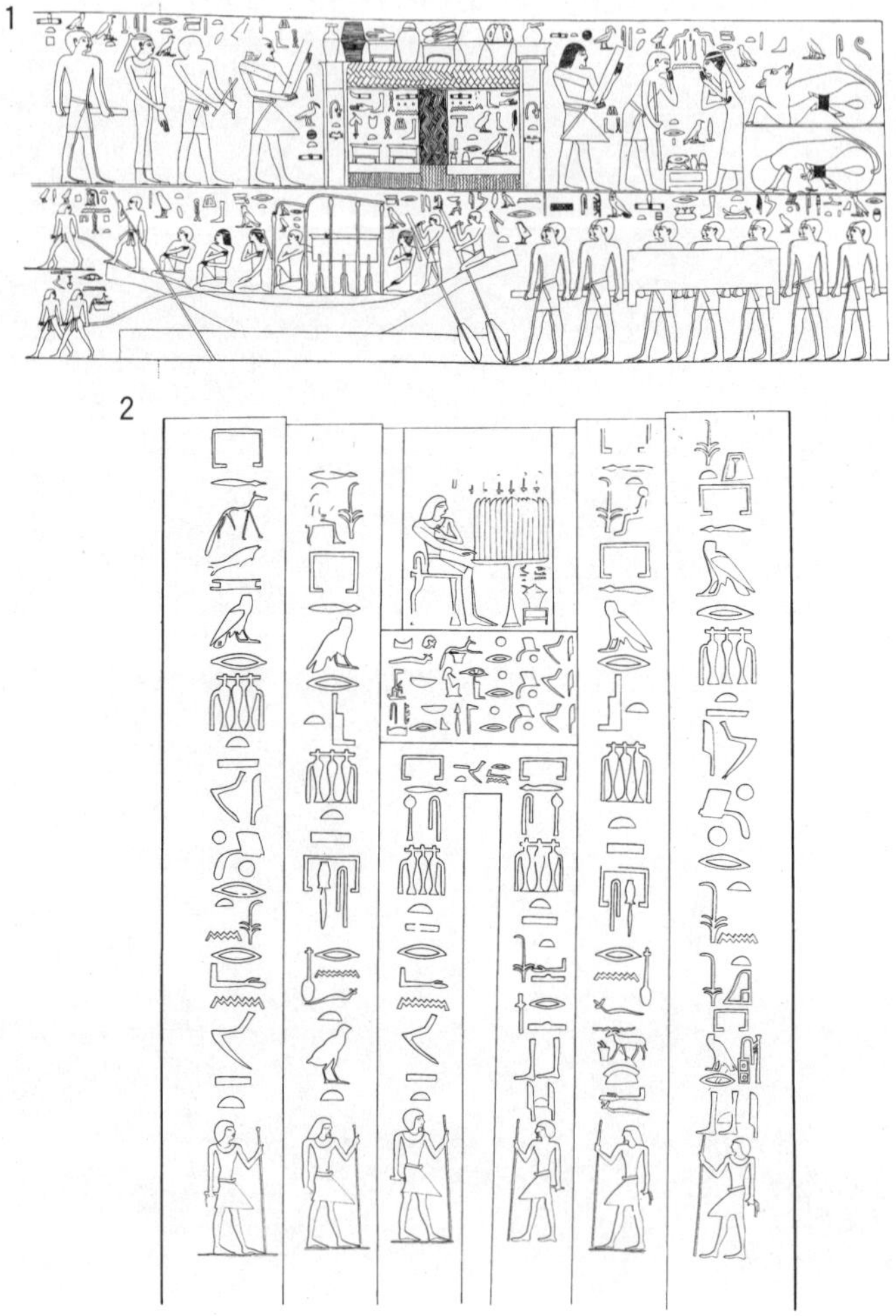

図53●古王国時代の葬祭と偽扉
1：カルの墓の葬祭場面（Smith 1946：Fig. 84） 2：ベビの偽扉（Roth 1995：Fig. 169）

の他に、王から下賜された土地が含まれることがあった。つまり、官僚たちは葬祭の維持を経済的にも王に依存していた部分があったわけである。

さらに、供養に必要な供物についても、官僚たちが部分的に王の庇護を頼みにしていたことが、当時の供養文から明らかになっている（Lapp 1986）。第四王朝以降、官僚たちの墓や副葬品にしばしば定型的な供養文が刻まれるようになっていた。このうちいくつかの供養文は、供物の出所として、王宮に付属する倉庫や神殿に言及している。供養文はあくまで彼らの願望を表したものであるとはいえ、実際にも王から供物が支給されたことはあったであろう。

まとめ

これまで見てきたように、死後にも生命や存在の継続を信じる来世観や、そのために墓、糧食、葬祭が必要と考える発想は、すでに先王朝時代ナカダ文化のうちに芽生えていた。おそらくは主に地縁・血縁と共同体における社会的地位が当時の墓制を左右していたと思われるが、ナカダ文化の中で次第に、葬祭や副葬品の入手を含めた葬制を通じて、支配者が共同体に影響を及ぼすシステムができてきた。

そして、第一王朝開闢以降に国家が形成されると、王を中心とした葬制が始まった。初期王朝時代のうちは、王墓の周囲に宮廷人の墓が集まるだけであったが、古王国時代には王族や宰相をはじめとする高官たちが王墓の周りに墓を造営するようになっている。

古代エジプト社会において、葬制と葬祭は王権の概念を広く人々に浸透させるためにも、有効に機能してきた。当時の世界観と来世観における王の重要性については先に述べたとおりで、王の影響力は来世にも及んでいた。王は、王権観や来世観という心理面だけではなく、墓の選地や供養にかかる経済的負担など実質面においても、葬制を通じて官僚たちに拘束力を持っていたと思われる。

第7章　古代エジプトの文字と図像表現

1　文字

文明の要素の筆頭として、しばしば文字の使用が取り上げられる。世界の歴史上に文字を持たない文明も存在したとはいえ、エジプトにおいて文字の本格的使用はほぼ統一王朝とともに始まり、文明の成立と発展にとって文字はやはり重要な役割を果たした。

文字と言語

古代エジプトの人々は、「エジプト語」と呼ばれる言語を話していた。そしてそれを書き記すために、初期から象形文字である「ヒエログリフ（聖刻文字）」とその崩し字書体である「ヒエラティック（神官文字）」を用いていた。さらに、末期王朝時代からは「デモティック（民衆文字）」と呼ばれるヒエラティックよりもさらに崩した書体が用いられるようになり、ビザンツ帝国支配時代にはコプト文字と呼ばれるギリシア語を元にしたアルファベットが使用された。

先に述べたヒエログリフとヒエラティックという早くから用いられていた二つの書体は、王朝時代に書材や使用目的も異なっていた。ヒエログリフは、文字一つ一つが物の形をほぼそのまま表している象形文字で、通常石造建造物の壁面や石碑に公式あるいは宗教的な文書を刻んで記す際に用いられた。一方のヒエラティックは、ヒエログリフの崩し字体であり、パピルスやオストラコン（土器や石灰岩の断片）に、葦の筆とインクを用いて、物語や取引記録等の実用的文書を書くために用いられた。デモティックは、末期王朝時代に出現した後発の書体であるため、ここでは詳細についての記述を割愛しておく。

ヒエログリフの書法

エジプト語文法の古典期に当たる中王国時代には、ヒエログリフを用いてかなり複雑な文章表現ができるようになっていた。ここではまず書法が概ね確立した中王国時代のヒエログリフを念頭に置いて、象形文字であるヒエログリフを用いてどのように言語を書き表していたのかを、簡単に説明してみたい。

王朝時代のヒエログリフの文字の中には、大きく分けると、物の意味を表す「表意文字」と、音を表す「表音文字」の二種類が含まれていた。このような意味で、ヒエログリフの書法は表意文字と表音文字を組み合わせた書法であったが、象形文字が与える一般的な印象とは違って、中王国時代には、文章中の文字の多くは表音文字であった。すなわち、少なくとも数の上から言えば、この段階のヒエログリフは主に音を記して言語を表記するシステムであったと言える。またヒエログリフは、現在のアラビアと語同じように、基本的に子音しか表記しないシステムであった。

中王国時代の単語における表意文字と表音文字の使い方は、漢字にたとえると説明しやすい。漢字は、通常左側の「扁」と呼ばれる意味を表す部分と、右側の「旁」と呼ばれる音を表す部分から成っている。ヒエログリフは単語レベルで概ねこれと同じ構造を持っていた。単語のはじめに表音文字を並べて単語の発音を示した（漢字の旁に相当）後、最後に表意文字（エジプト語文法では「決定詞」と呼ぶ）を置いて、その単語の意味範疇を表した（漢字の扁に相当）のである。名詞、動詞、形容詞といった意味が絵で表しやすす単語は、概ねこの構造を持っていた。一方、例えば英語の前置詞や日本語の助詞に当たるような、それ自体の意味が絵では表しにくくかつ短い単語は、表音文字だけで表されることが多かった。

初期の文字について理解するためには、もう少し表意文字と表音文字を細かく見ておく必要がある。表意文字は、ほぼ単独で文字（絵）そのものの意味を表し、同時に発音も想起させたであろう「絵文字（ロゴグラム）」と、単語の最後に付けて意味範疇だけを表し、発音を伴わない「決定詞」（発音はその前に置いた表音文字で表される）に分けられる。一方表音文字には、アルファベットのような一つの文字が一つの音を表す文字（単音文字）の他に、一つの文字が二つもしくは三つの音を表す二音文字や三音文字があった。さらに、二音文字や三音文字あるいは表意文字の発音を明示するために付けられる、「補足音価」と呼ばれる単音文字が識別される。

文明の形成期における初期の文字の言語学的な発達を考察するために必要な観点の一つは、文字よりも先行して存在していたはずの言語（話し言葉）を、どのように表記するシステムになっていたかである。その際、表音文字の発達について考察することはきわめて重要である。というのは、世界歴史上にはアルファベットのような表音文字のみで言語をつづる文字システムがたくさんあって（例えば現代のヨーロッパ言語やアラビア語）、これは話し言葉と書き言葉がほぼ一致するが、たいていそれらは「借用」といって、すでにどこかで発明された文字を借りて別の言語をつづる際に確立した場合が多い。一方、エジプトのヒエログリフのように、独自に絵文字から象形文字を経て、文字が発達した場合には、絵文字から話し言葉の発音表記ができるような真の文字への発達過程において、表音文字とその表記システムの発達を見極めることが重要になるからである。

文字の始まり

エジプトにおける文字の始まりについての研究は、ようやく二〇世紀末になって具体的に進展してきた。発掘調査によって最古期の文字が検出され、文字の使用開始に関する資料が飛躍的に増えたのである。

一九七〇年代に始まったドイツ考古学研究所のアビュドス遺跡ウム・エル＝カアブにおける発掘調査は、U－j号墓を中心とするナカダIII期の墓から、多数の文字資料を検出するという貴重な成果を得た。U－j号墓はナカダIII期の中でも比較的早い時期に年代付けられ、この墓から出土した土器の表面、ラベル、封泥に記された合計七〇〇点近くにのぼる文字資料は、まとまったエジプト最古の文字の資料であった（図54）。

U－j号墓から出土した主に円筒形の土器の表面に、ときおりインクで文字と思われる図柄が描かれていた。銘文が記された土器とその断片数は、約一七五点にのぼった。

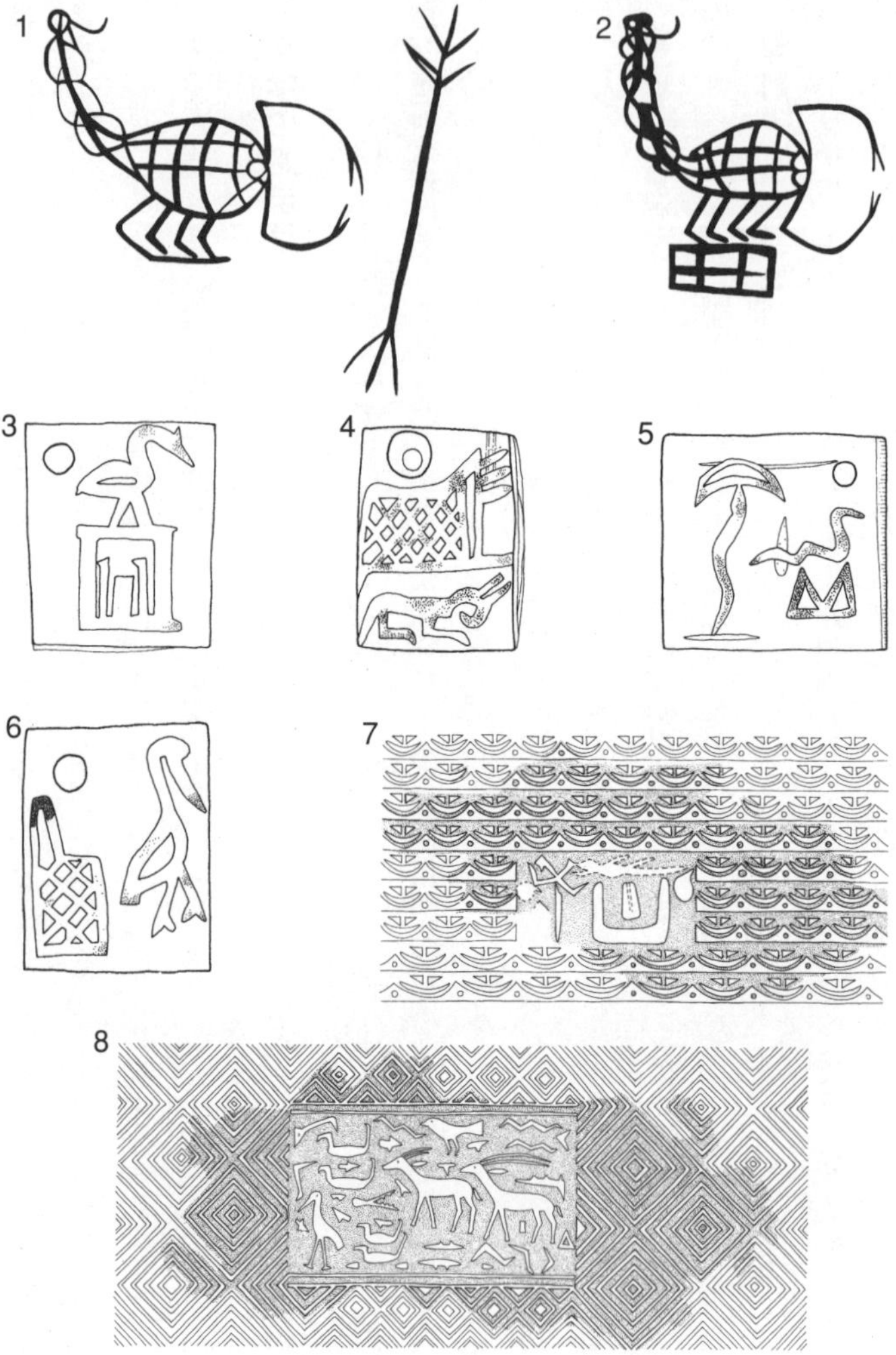

図54●アビュドス遺跡 U-j 号墓出土の文字資料（Dreyer 1998 より）
1・2：土器の銘文　3－6：ラベル　7・8：封泥の印影

ラベルは、一辺一〇センチメートル前後の四角い板で、象牙や木から作られている。一角に穴が穿たれ、そこに紐を通して墓に納める副葬品に縛り付けていたらしく、U－j号墓から合計約二〇〇点のラベルが出土した。これらのラベルには、表面を刻み込んで文字が記されていた。

封泥は、古代エジプトにおいて壺などの容器や袋、扉などに封をするために用いられた粘土製の封である。封に用いた粘土が柔らかいうちに石製あるいは木製の印章をその上に押しつけると、印章に刻まれた文字や図像が封の上に押捺された。U－j号墓からは印影を持つ封泥が三〇〇個あまり出土していて、多くはパレスチナ産の土器に付けられていたという。U－j号墓で検出された印影の印章は「円筒印章」と呼ばれるタイプで、封泥の上を転がして印影を付けるようになっていた。

U－j号墓の発掘調査と文字資料の分析を行ったG・ドライヤーによれば（Dreyer 1998）、U－j号墓出土の資料には、五〇種類以上の文字が含まれていた。そして、これらの文字は一見しただけでは単なる絵と区別が付きにくい稚拙な段階にあったが、すでに絵文字あるいは表意文字だけではなく、表音文字があり、決定詞（あるいは表意文字）と補足音価（この場合、決定詞のように使われる表意文字の音を補足的に表して、読みを確定する役割を果たす表音文字）を用いて言語を表記するシステムが認められるという。つまり、発音して読むことができたという点で、真の文字の段階にあった。

この頃の表音文字は、リーブス（判じ絵）と呼ばれる方法で作られていた。例えば、「水」の絵を描いて、「みず」あるいは「み」の音を表す方法である。こうした表音文字の使い方をして、例えば

「コウノトリ（バ）と玉座（スト）」を書いて「バスタ」（図54－6）、「象（アブ）と山（ジュウ）」と書いて「アブジュウ（アビュドスの古代名）」といったような地名を記していた。また、「山（ジュウ）」の上に描かれた「蛇（ジュ）」（図54－5）は、前者の補足音価の役割を果たしたと解釈されている。

さらに、文字の記述内容についてもドライヤーはいくつかの解釈を示している。アビュドスから出土した文字資料のうち、土器に記されたサソリ、魚、牛等の生物を表す記号は王名を表し、それらに「木」などの文字を付け加えることで、例えば「何々王の農園」といったように、土器の内容物の由来に関する記述を行っていたという（図54－1）。また、ラベルの記述も、主にラベルが取り付けられた物品の由来に関するものであると推測されている。すなわち、初期のヒエログリフは、王名表示と経済管理のために使用され始めたらしい（第4章3参照）。

アビュドス遺跡出土の資料は、エジプトにおける文字の発達に関して、いくつも新たな知見をもたらした。それまで、エジプトの文字は第一王朝開闢頃に出現し、その頃に、それよりやや早くに文字が使われるようになっていたメソポタミアからの影響で誕生したという説が有力であった。しかし、U－j号墓とその周辺から出土した文字資料は、エジプトにおける文字出現の時期を従来の知見よりもだいぶ遡らせた。また、この時期の文字がエジプトの環境に存在する物から作られた独自のもので、すでに表音文字を使って簡単な発話を表すレベルまで発展していたことを示した。

ナカダII期からエジプトが西アジアと交流していたことを示す資料があるため、文字誕生にかかわる西アジアからの影響説は排除できない、というよりおそらくその可能性が高いであろう。しかし、表音文字を使って発話を表現するようになった、すなわち真の文字システムを発達させたのは、エジプトの方がやや早かったのかもしれない。そして、U－j号墓より早い段階の文字が、エジプト内のどこで、いつ、どのように発展したのかについても、すでにいくつかの説が提示されてきている。発祥時期については、ナカダII期まで遡るとする説や、ナカダII期末のナカダ文化拡張期に求める説（Kahl 1994）がある。発祥場所についてはデルタとする説（Helck 1985；1987）やナカダ文化の内部とする説（Kahl 1994）があり、これまでのところいずれも確実な証左が欠けている。

文字の出現にともなって、ナカダIII期の末頃から、文字と図像を組み合わせた表現が現れた。この際に用いられた表現媒体は、奉納用に大きく作られた化粧用のパレットや棍棒頭などである（第4章参照）。U－j号墓出土遺物に記された文字が主に物品管理に関連する内容であった（第4章3参照）のとは異なり、これらの遺物に刻まれていたのは主に王権に関連する祭儀の場面であり、文字もそのコンテクストの中で用いられていた。文字と図像の組み合わせは、その後、王朝時代の伝統的な表現方法になっていった。

ナカダIII期という最初期の段階から、浮彫（あるいは線刻）とインク書きという二つの方法が文字に用いられていたことは興味深い。U－j号墓の段階では、いずれの方法も経済に関連した記述に用いられていたが、ナカダIII期末に王権祭儀に関連する記録が浮彫で行われるようになって、浮彫とヒエログリフ、インク書きとヒエラティックという王朝時代の書体使い分けの基礎ができてきた。ただし、この段階では、インクで書かれた文字も比較的はっきりと物の形を表しており、崩し書きにはしていなかった。

文字使用の本格化（初期王朝時代）

文字の使用は、その後初期王朝時代になって増加した。当時の王墓地であるアビュドスや、首都メンフィスに付属し、高官墓が集中するサッカラなどからは、多数の文字資料が出土している他、エジプト各地からも文字資料が散発的に出土している。

これまで出土した初期王朝時代の文字資料の多くは、ナカダIII期のU－j号墓と同様に、土器、ラベル、封泥などの小型の遺物に書かれており、それらに新たに石製容器と石碑に文字を刻んだ例が加わる（166頁図39）。とくに石碑というやや大きな石材への文字使用の開始は、やがて古王国時代以降に、石碑の普及や建造物への石材使用に伴って、大きな面積を持つ壁面装飾の一部としての文字使用へと繋がった。初期王朝時代のうちにヒエログリフ記号にパピルスの巻物が登場し、第一王朝に年代付けられるサッカラのヘマカの墓からパピルスが出土していることから、すでにパピルスが書材として使用されていたことが推測されているものの、実際に文字が書かれたパピルスの出土例は第五王朝になるまで知られていない。

初期王朝時代になって文字資料の出土頻度が増えたとはいえ、その記述は概して短く、王名、称号、物品名、地名などの単語が記述の中心であった。また、出土する範囲も主にサッカラやアビュドスを中心とする王に密接に関係する遺跡と遺構に、地域的にも内容的にも限られている。

一九九〇年代からJ・カール等が、先王朝時代末から第三王朝までの初期のヒエログリフについて詳細な言語学的研究を展開している（Kahl 1994 ; 2002–）。その研究結果は、ナカダIII期以降ゆっくりと文字と書法が発達してきたことを示し、初期王朝時代のヒエログリフの書法に、おそらくは国家の発展と関係すると考えられる二つの発達段階が認められるという。

第一段階は、第一王朝ジェル王からデン王の治世にかけてである。主にリーブス（判じ絵方法）から作られてきたエジプト語の単音文字が次第に充実してきて、全部で二五個あるエジプト語の子音のうち一八個がジェル王治世までに現れ、初期王朝時代のうちに概ね出そろったという。二音文字もすでに使われていたものの、まだ使用方法が後世のようには決まっていなかった。

第二段階の発達は、第二王朝末に始まって、第三王朝ジェセル王治世頃に起こった。それまでは子音でも文字に書き表さないものが多かったが、第二王朝から次第に全ての子音が書かれる傾向が強くなり、発音がはっきり記されるようになる。その一方で、決定詞が用いられるようになって、単語の意味範疇も明らかにされるようになった。これらの表記の発達を踏まえて、文章と連続的なテキストもこの頃から出現した。これまでに知られる限り最古の完全な文章は、第二王朝末のペルイブセン王の名が記された印影（図55-1）である。「彼（神）は、彼の息子（ペルイブセン王）に二つの国土（エジプト）を与えた」と訳されるこの文章には、「セジェム・エン・エフ形」と呼ばれるエジプト語の基本的な動詞文、前置詞や人称代名詞が用いられていた。

初期王朝時代の文字は、内容的にも出土地域的にも使用が限定されていて、王の周囲にいるごく少数の人々だけがそれを使うことができた。カールによれば、初期のヒエログリフはコミュニケーションのためよりも、むしろ当時のエリートたちが占有を確保したり、既存の社会秩序を保持するために使用された。第二段階以降に文章や連続的なテキストが書けるようになって、ようやく文字はコミュニケーションの手段としても役に立つようになったという。

文字と書法の発達（古王国時代）

古王国時代になると、文字の使用量と使用範囲は飛躍的に拡大した。その主な原因として、書材や用途が増加したこと、官僚の数が増えて識字率が高くなったこと、人々が文字使用になれて複雑な表現ができるようになったことなどが挙げられるであろう。

古王国時代には、初期王朝時代から使用されていた書材にいくつか新たな書材が加わった。その最大のものが石造の墓や神殿の壁面である。第三王朝以降、建材として石が用いられるようになり、壁面に浮彫や彩色画でヒエログリフの文字を記すことができるようになった。壁面は広いスペースを提

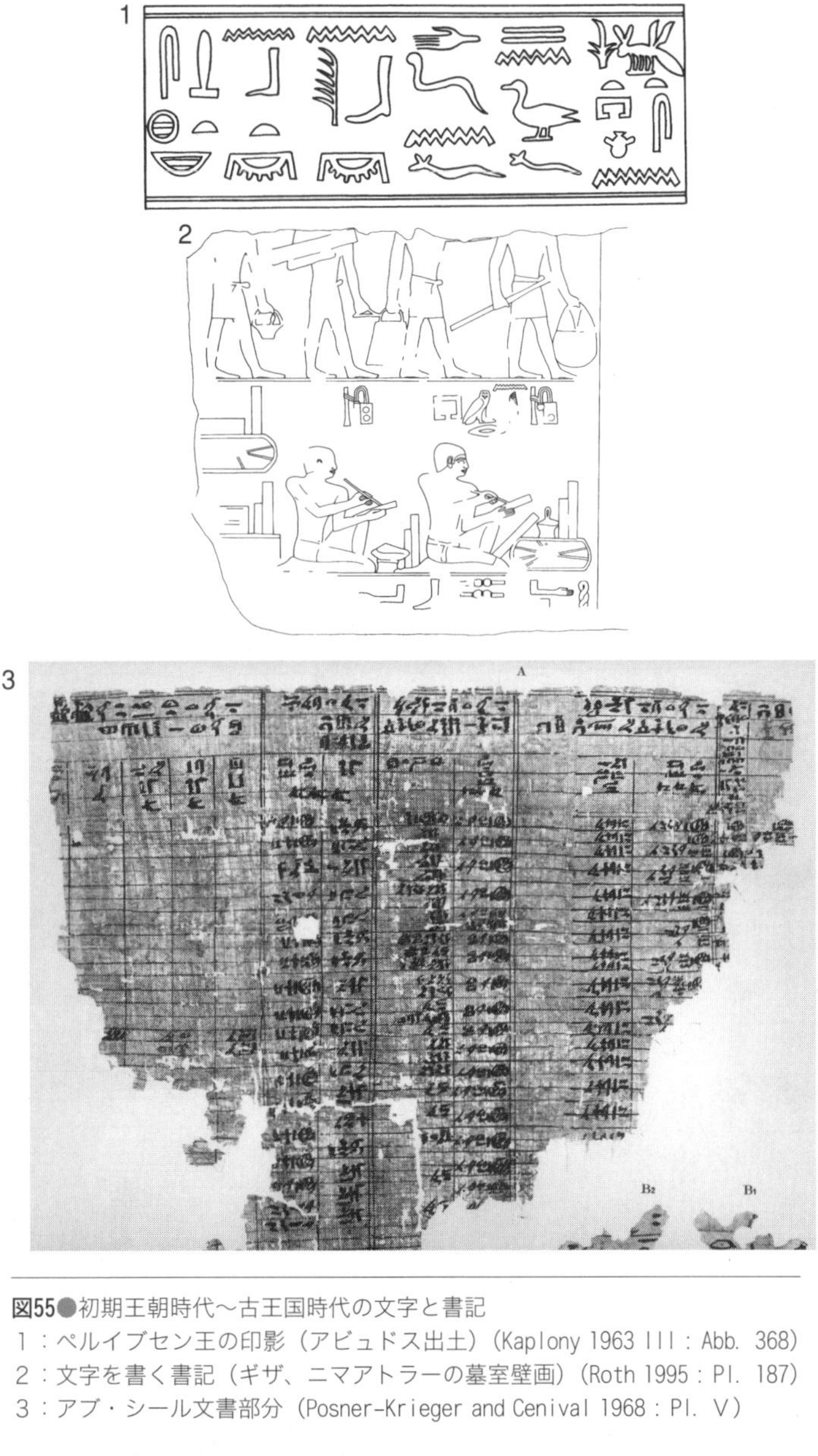

図55●初期王朝時代～古王国時代の文字と書記
1：ペルイブセン王の印影（アビュドス出土）（Kaplony 1963 III : Abb. 368）
2：文字を書く書記（ギザ、ニマアトラーの墓室壁画）（Roth 1995 : Pl. 187）
3：アブ・シール文書部分（Posner-Krieger and Cenival 1968 : Pl. V）

供したので、古王国時代には長い文章も記されるようになった。古王国時代にパピルスの使用が増えたであろうことは、壁画や彫像に頻繁に表されたパピルスの巻物（図55-2）や、パピルスの巻物を含む官僚の称号が多数登場することから明らかである。また、アブ・シールに築かれた第五王朝ネフェルイルカラー王のピラミッド周辺やネフェルエフラー王の葬祭殿からは、第五王朝から第六王朝に記された「アブ・シール文書」の名称で呼ばれるパピルスの文書群（図55-3）が出土していて、実際の使用例を知ることができる（Posner-Krieger and Cenival 1968；屋形 2003）。さらに、ピラミッドやマスタバなどの建造物の石材にも、インクで建造作業に関連するヒエラティックのメモ書きが残されるようになった。

この頃の文字を文法の上から見ると、一〇〇〇を越える文字が使われるようになっていたという。まだ単語の書法が定まっていなかったので、決定詞と表音文字の使い方に大きなヴァリエーションがあって、表音文字が頻繁に記される傾向があった。

書材の拡大と文法の発達に伴って、文字で記述される内容も古王国時代から非常に豊かになった。なかでも墓の壁面に記された多様な銘文に、顕著な発展が認められる。「ヘテプ・ディ・ニスウト供養文」をはじめとする定型的な供養文が官僚たちの墓の壁面に記されるようになり、第五王朝末のウニス王治世から王と王妃のピラミッド内部にピラミッド・テキストが刻まれるようになった（第4章2参照）。これらの宗教文書は、いずれも来世における安寧を願って書かれたものであった。また、官僚たちの墓には自らの身分と役職を表す称号が刻まれ、ときには出自や業績を含む自伝が長々と記されることがあった。官僚たちの自伝は、当時の歴史を知るための重要資料ともなっている。

古王国時代には初期王朝時代よりも遙かに広い地理的範囲から文字資料が頻繁に出土していて、王都に住む官僚たちだけではなく、地方に在住する官僚たちまでも文字を使用するようになっていたことを示している。おそらく最初は王都から地方に派遣された官僚たちが文字を地方にも広め、第五王朝後半から地方在住の官僚が増えると、地方に築かれた墓も銘文が記されるようになった。

文字は、このように官僚組織の拡大に伴って普及したが、それでも古王国時代の識字率は一％未満であったという（Baines and Eyre 1983）。その稀な識字能力を持つことが官僚になる条件であり、官僚たち自身その能力を誇りに思っていたことは、しばしばパピルスを膝の上に広げて文字を記す姿の彫像が制作されていることからうかがえる。

まとめ

知られる限り最古のエジプトの文字はナカダIII期に現れ、当時の支配者に関連する経済管理と王権表現のために使用されており、一部のエリートが特権的に用いてその他の人々を支配する道具であった。古王国時代に文字はコミュニケーション手段としても活用できるようにはなっていたが、それ以降も官僚というエリートたちの支配の道具であり続けた。

一方で、古王国時代に文字が頻繁に宗教文書にも用いられるようになったことは、エジプトにおける文字使用に後世まで継続する独特な特徴をもたらしたかもしれない。それは、使用頻度の高さと呪術的な性格である。エジプトの宗教文書には定型的な文が多く、比較的容易に模倣することができた。それが、エジプトでは古王国時代以降、各地から文字資料が多出する要因の一つであると思われる。また、文字で記述することによってその内容を存在させるという、後述の図像表現と同じような効果が文字にも与えられた。

2 美術

古代エジプトの美術

古代エジプトのいわゆる美術は、一目見てそれと判別できるほどに特徴的である。容易に判別可能な理由は、主に極めて定型化したエジプト美術の様式にあり、それをもたらしたのはいくつかの規範つまり約束事であった。例えば、立体や平面に人物像を表すときのテーマ設定や人物の姿勢に始まり、二次元表現の描き方や色使いに至るまで、概ね主な表現様式が決まっていたのである。もちろん細部の表現に逸脱や時期的変化はあったものの、基本的な規範が一定であるために、見る人にエジプトらしさの印象を強く与えることになった。

具体的な規範について語る前に、こうした規範をもたらした古代エジプトの思想について述べておく必要がある。現代芸術においてはしばしば「美」の表出を目的として作品が作られるが、古代エジプトの人々は全く別の目的を持って作品を作っていた。それは、表現することによって描かれたものを「存在させる」という目的である。例えば、神殿に神々や王の像を、墓に墓主の像を描くのは、そこに彼らの姿を再現し、呪術的に存在させるためであり、そもそも人間の鑑賞者を想定してはいなかった。これが、古代エジプト美術工芸の特徴の一つはその「機能性」にあると言われるゆえんである。つまり、古代エジプト人は「美」を追求して作品を作っていたわけではないので、ここではさしあたって「美術」という用語を使ったが、本来この言葉は妥当ではないだろう。

この思想は、描く場所とモチーフの規範、姿勢の規範、二次元表現における描き方の規範、色の規範、人物像のプロポーションの規範、人物像の大きさの規範などなどの約束事や様式が出現し、また発展するときに大きな影響をあたえた。

前述のように表現することによって存在させることを目的としていたので、表現される対象は、それぞれふさわしい場所に、ふさわしい姿で表されなければならなかった。実際に図像的な表現が行われた場所は、主に墓と神殿であり、神殿には神々に供物を捧げる王の姿が、墓には墓主と来世や来世に関連する行為を遂行する人々などの姿が描かれたのである。

神殿や墓において、神々や墓主は永遠に継続するように、安定して望ましい姿で描かれる必要があったため、躍動的と感じられるような不安定な姿勢よりも、永遠に続くような静的な姿勢が好まれた。立像や椅座像などの決まった姿勢はこうした目的にかなっており、そこには現代の芸術家が求められるような個人的な個性の表出は期待されていなかった。

壁画や浮彫などの二次元表現における人物像の描き方の規範は、最も良く知られた規範の一つである。古代エジプト人が人物や神の姿を描く際には、顔は横から、目は正面から、肩は正面から、胴から下は側面から見た外形（輪郭）を組み合わせて一人の像を描いている。ルネサンス期以降の西洋美術に普及した遠近法が定まった視点から見たように物を描写するのに対して、古代エジプトの描写は異なる視点から見た部分像の複合であった。同じ描写方法は、建造物や器物など、人物以外の描写にも用いられた。このような描き方が用いられたのは、一つに、古代エジプト人たちが物の本質を捉えることを意図しており、視点という描写者の主観的な位置に左右されることなく、最も物の本質を良く表す角度からの描写を組み合わせる方法を好んだためであるらしい。通常壁面は、水平の区画線によって「レジスター」と呼ばれる段に区切られ、それを地面に見立てて人物やその他の図像はその上に配置された。

このように古代エジプトの美術様式は、当時の人々の思想に深く根ざしており、それが様式化を感じさせる大きな理由であったが、さらに三〇〇〇年にわたって同じ様式を継続させていくための技術的な工夫と制度的な工夫もあった。技術的な工夫が人物像のプロポーションを決めておく方法であり、制度的な工夫が後述する職人組織であった。

古代エジプトの表現において、人物や神の像にはほぼ決まったプロポーションが用いられていた。これは二次元表現でも、三次元表現でもほぼ同じである。これを比較的容易に可能にしたのは、グリッド（方眼）を使用したプロポーションの決め方であった。当時の職人たちは壁画を描くときに、まずは壁面に一定間隔の方眼を印すことから始めた。新王国時代には、この方眼は足下のボーダーから髪の生え際までを一八等分するようになっていて、グリッド上において、肩、脇の下、ウエスト、膝、肩幅などの人体の重要部分の位置が概ね決められていた（273頁図57-2）。

グリッドを用いることによって、まず第一に、理想的なプロポーションを壁画に描くことが容易になったし、第二に、図像の大小にかかわらず、同じプロポーションの人物像を繰り返し再生産することができたであろう。また、第三に、天才的なデッサン力を持たない画工にも、技術を習得することによってある程度の水準の描画が可能になったと思われる。

前述のような特徴と規範が、王朝時代の美術様式について一般的に語られることであるが、ここでは以下に、こうした様式が歴史的にどのように生まれてきたのかを見てみたい。

先王朝時代の美術

現代人の目から見ればいわゆる美術のカテゴリーに含まれる彫像、浮彫、彩色画は、王朝開闢よりも遙か以前から僅かながらも制作されてきた。古い時代の遺物の中からあえて美術の初原的例を選ぶのは難しいが、一般的にはメリムデ遺跡出土の前五千年紀に年代付けられる土製マスクが古い造形芸術の一つとして取りあげられる。したがって、この頃にはすでにエジプトの人々が造形芸術の伝統を始めていたと考えられるが、それがある程度洗練され、様式化されてきたのは、前四〇〇〇年頃、すなわち先王朝時代になってからのことであった。

前五千年紀末に始まるバダリ文化期とそれに続く前四千年紀のナカダ文化期には、三次元表現においても、二次元表現においても、多少は様式化した表現が用いられるようになった。三次元表現としては、バダリ文化期から小さな人物像が彫刻で作られるようになっており、ナカダ文化期にもその初期から女性像と男性像が、象牙、骨、木、土から作られた（33頁図9-10・11）。男性像は比較的ほっそりした体つきであったが、女性像は胸部や臀部の膨らみが強調されたものが多かった。鳥、カモシカ、魚などの彫刻が、しばしば化粧板や装身具などの実用品の一部を立体的に飾っていた。

また、この頃の二次元表現の主な媒体は土器の表面で、ナカダⅠ期に制作された「白色交線文土器」（32頁図8）には、籠を表したような幾何学文の他に、人間やワニ、カバ、ガゼル（？）等の動物が描かれた例がある。ナカダII期になると、白地に赤褐色で文様を描いた彩文土器（図8）が現れ、人間やフラミンゴ、カモシカ等の動物に加えて、オールと甲板上に祠を備えた船と思われる図柄が描かれた。ナカダII期半ば頃には、ヒエラコンポリス遺跡一〇〇号墓の壁画（図56－1）とゲベレイン出土の布に彩色画が描かれたが、こうした比較的大型の媒体に図像が描かれるのは例外的であった。

ここに挙げた例は、いずれも当時の墓地から出土したものであり、他に二次元表現の初期の例として、砂漠に残された岩壁画が挙げられるであろう。

ナカダIII期の美術

ナカダII期にはすでにある程度独自の美術様式が出現したと考えられるが、それは後の王朝時代の美術様式と直結するものではなかった。王朝時代の美術様式の先駆となる表現は、ナカダIII期の間にやや唐突に現れ、ナカダIII期末もしくは第一王朝はじめ頃にはほぼ基本的な概念が確立したと思われる。すなわち極めて短期間に王朝時代の特徴的な様式の根幹が確立したわけである。ナカダIII期に現れ始める図像表現の多くが、何らかの王や王権とかかわっていたらしいことを考えると、その背景には、図像表現を用いて、当時の王国の王やエリートたちが自らの権威を確立し、普及させようとした意図がくみ取れるであろう。

王朝時代の美術の先駆となるナカダIII期の代表的な作品として、「ゲベル・エル＝アラク出土のナ

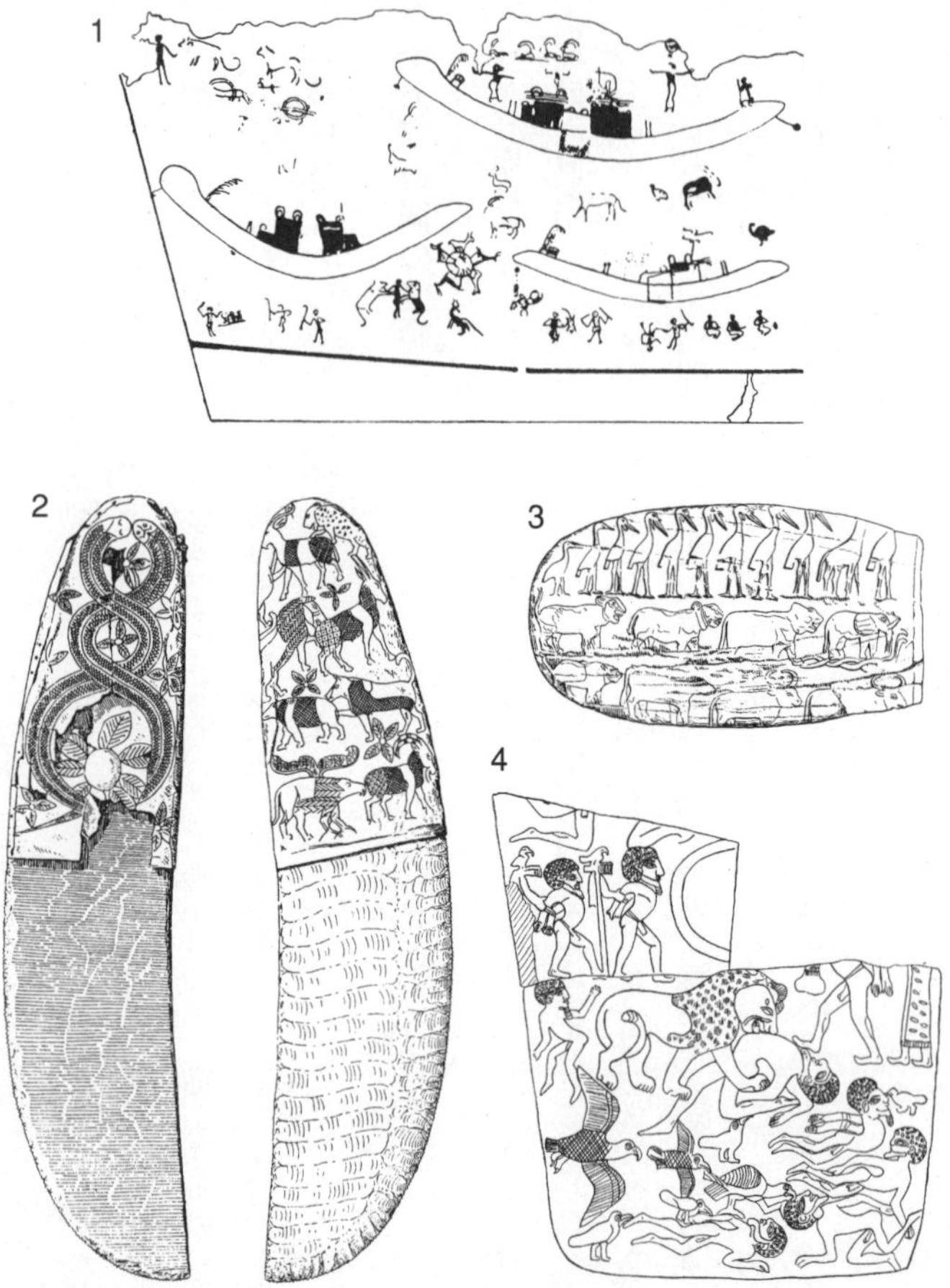

図56●先王朝時代の図像表現
1：ヒエラコンポリス遺跡 100 号墓の壁画（ナカダⅡ期）（Smith 1943：Fig. 43）　2：ゲベル・エル＝ターリフ出土のナイフの柄（ナカダⅢ期）（Smith 1943：Fig. 20）　3：カーナヴォンのナイフの柄（ナカダⅢ期）（Smith 1943：Fig. 23）　4：戦場のパレット（ナカダⅢ期）（Smith 1943：Fig. 27）

イフの柄」（口絵6）、「ゲベル・エル＝ターリフ出土のナイフの柄」（図56－2）、「カーナヴォンのナイフの柄」（図56－3）、「ブルックリン博物館所蔵のナイフの柄」、「ピット・リヴァース博物館所蔵のナイフの柄」、「オクスフォード・パレット」、「狩人のパレット」、「戦場のパレット」（図56－4）、「雄牛のパレット」、「都市のパレット」、「サソリ王の棍棒頭」（72頁図23－2）、「デイヴィスの櫛」、「サヤラ出土の棍棒」をはじめとする作品を挙げることができる。ただし、これらのうちとくにパレットの中には第一王朝初期に年代付けられるものが含まれるかもしれない。

ここで注目しておきたいのは、上記の作品に、王朝時代の主流になる浮彫という手法が用いられていることであり、またそれを施す媒体としてバダリ文化以来伝統となっていた化粧用のパレット、棍棒頭、櫛、ナイフの柄等が用いられたことである。浮彫は王朝時代の代表的な二次元表現の手法であり、この手法で描写するためには、媒体として平坦な面が必要になる。王朝時代には、石碑や建造物の壁面などの大きな平面が用いられるようになったが、ナカダIII期の間は先王朝時代の伝統的な遺物の表面がそれに当てられた。ただし、神殿奉納用であったらしい浮彫が施された化粧用のパレットや棍棒頭は、実用品よりも遥かに大きく作られていて、当時としては大型の平面を浮彫装飾のために提供していた。

王朝時代の二次元表現の特徴の一つは、前述のように、場面を水平線によって段に区画することにあった。ほぼ確実にナカダIII期に年代付けられる動物を描いた図の中には、「カーナヴォンのナイフの柄」（図56－3）や「ピット・リヴァース博物館所蔵のナイフの柄」のように、動物を整列させたように並べて描いたものが現れており、王朝時代の段の先駆と考えられるかもしれない。そして、ナカダIII期の終わり頃には、線で区画した段が用いられるようになったようである。

この頃登場した表現媒体の一つとして、上記の他に、印章をあげておく必要がある。封泥に押しつけて文様を描き出す印章は、封泥に残された印影を見ると、図像や文字が浮き出して見えるという浮彫と似た効果を持っていた。古王国時代になってからは図像表現の主な媒体とはならなかったものの、ナカダIII期から初期王朝時代にかけては、印章も重要な表現媒体であった。とくに、王朝開闢頃から印章のモチーフとして登場した供物卓の前に座す墓主の構図は、やがて王朝時代の私人墓における主要なモチーフになった。

ナカダIII期の図像表現には、西アジアからの影響があったことがかねてから指摘されている。例えば、「ゲベル・エル＝アラク出土のナイフの柄」（口絵6）に刻まれた図像の一角には、口髭をたくわえた男性が、両側に後ろ足で立ち上がった動物を従えた姿が描かれており、「ゲベル・ターリフ出土のナイフの柄」（図56－2）には二匹の絡み合った蛇が描かれている。こうした図柄は、メソポタミアやイランなどの西アジアから影響を受けた可能性が高い。しかし、西アジアの様式の影響はほぼナカダIII期から第一王朝最初期までの短期間で終わり、王朝時代の美術はエジプト独自の様式を築き上げた。

このようにナカダIII期の間に初期王権の表現手段として図像表現の粗形が誕生したわけであるが、

この頃から、せっかく作られた図像表現は、エリート以外には見る機会がなかったであろうとの指摘がある。

初期王朝時代の美術

第一王朝初代の王に比定される「ナルメル王のパレット」（51頁図16）は、王朝時代の美術様式がほぼ完成されたことを表す例として名高い。前述のように（第4章1参照）このパレットは、奉納用として周囲に浮き彫りを施すために実用の範囲を越えて大型に作られており、両面に王の姿を含む図像が描かれている。

このパレットの図像は、後世まで続く王朝時代の美術の主要な特徴をすでにほぼまんべんなく取り入れていた。描写は水平の線で区切られた段に配置されており、人物像を上述のような横からと正面から見た像の組み合わせとして描写する方法も用いられている。また、王を他の人物よりも大きく描くという、王朝時代に特徴的な図像の大小の規則も現れている。さらに、棍棒を手にして敵を打ち据える王の姿は、その後約三〇〇〇年にわたって繰り返し神殿等の王の描写の中で用いられることになった。このパレットにおいてまだ文字の使用は未発達な段階にあるものの、ヒエログリフと図像を組み合わせて場面を描く方法も取り入れられている。さらに、王朝時代の人物像は、決まったプロポーションで描かれており、このプロポーションがすでにナルメル王の図像に認められるとする説も唱えられているが、完成品にはグリッドや線が残されていないので、真偽のほどは明らかではない。

　こうして、古代エジプト三〇〇〇年にわたって継続された二次元表現の美術様式は、遅くとも第一王朝初代の王の治世のうちに、いくつもの主要要素の組み合わせとしてほぼ確立されたといって良いであろう。その後の初期王朝時代に、この様式は印章やラベルなどの小型の遺物に用いられた他、やがて石碑にも用いられるようになっていった。

　立体表現としての彫像は、先王朝時代から制作されていたものの、初期王朝時代の間は数はあまり多くはなかった。この頃の主な彫像としては、かろうじてコプトス出土の大きなミン神像（ナカダIII期もしくは初期王朝時代）の他に、第一王朝初期のアハ王の姿を表したと言われる小さな象牙製彫像と、第二王朝後半のカセケムウィ王の石灰岩製の像が知られているにすぎない。

　王朝時代初期における優れた美術の一端は、むしろ多様な工芸品の中に見ることができる。とくに、石製容器、家具、装身具、ファイアンス製品の制作には、すでに高度な技術が用いられていた。サッカラやアビュドスにある当時の王や高官たちの墓から出土した石製容器は、当時の優れた工芸製品の顕著な例である。片岩、閃緑岩、アラバスター、角礫岩、白雲石等の多様な石材で作られていて、イチジクの葉や葦で編んだ籠などの複雑な形を硬い石材から削りだした精巧な容器が含まれていた。また、アビュドスにある第一王朝第三代のジェル王墓からミイラの腕とともに出土した四つの腕輪は、金、トルコ石、ラピスラズリ、紫水晶のビーズで作られ、それぞれ素材の色調と性質を考慮して、別々の美しいデザインに仕上げられていた。象牙や黒檀を組み合わせ、彫刻や象嵌を施した家具の中には、獣脚を持つしゃれたデザインのものも多数見られる。石英の粉でできた核の表面をガラス質の釉薬で覆って焼き固めた「ファイアンス」と呼ばれる焼き物は、古代エジプトの代表的な工芸製品であり、先王朝時代から出土例があった。初期王朝時代には、タイルや小像などの多様な製品がファイアンスから作られるようになっていた（223頁図50−2）。

古王国時代の美術

古王国時代になって古代エジプト美術は華々しく開花した。

この発展を語る際に、まずは二次元表現の媒体変化についてふれる必要がある。先王朝時代の間、少数の例外を除いて、二次元表現の媒体は土器、化粧用のパレット、棍棒頭、櫛、ナイフの柄などの比較的小さな遺物に限られていた。しかし初期王朝時代になって、墓に供える石碑のようなやや大型の媒体が用いられるようになる。そしてさらに、古王国時代の初期から石材が建材として用いられるようになるのに伴って、石造の壁面というもっと広大な媒体が出現した。これが要因となって、古王国時代に壁面装飾としての図像表現が花開いたのである。古王国時代の二次元表現は、たいていナカダIII期以来の伝統である浮彫であったため、開花のためには石造の壁面が不可欠であった。

こうして、古代エジプトの壁面装飾の伝統は古王国時代に本格的に開花した。古王国時代の王たちは、葬祭殿や神々の神殿を浮彫で装飾し始めた。第三王朝ジェセル王は、葬祭施設である階段ピラミッド・コンプレックスの一部の壁面を浮彫で飾っていた（132頁図31）だけではなく、ヘリオポリスに建造した神殿にも浮彫装飾を施していたことが知られている。ダハシュールの屈折ピラミッド河岸神殿の浮彫（146頁図35－3）からも知られるように、第四王朝初期のスネフェル王の治世からピラミッド・コンプレックスの壁面が浮彫で飾られるようになっており、第五王朝以降の王たちはさらに壁面装飾を充実させ、ピラミッド・コンプレックスの各所を華麗な浮彫で装飾していた。

建造物壁面の浮彫装飾のうちでも、最も顕著な発展を見せたのはむしろ官僚たちの墓の装飾であった。それまでは石碑に限られていた浮彫が、第三王朝からマスタバ墓の偽扉付近を中心とする墓室壁面の広い範囲に用いられるようになった。この時期の例として、サッカラに築かれたヘシラーの墓とカウバウソカルの墓の装飾が有名である。

私人墓の壁面装飾の中心は常に偽扉（242頁図53－2）を中心とする部分で、そこ描かれた主要なモチーフは供物卓の前に座す墓主の姿であり、周辺には供物卓に食糧を主体とする供物を運ぶ人々の姿（図57－1）が描かれている。古代エジプト初期の墓室装飾の発達について考察したE・エル＝メトウアリー等の研究によれば、古王国時代の墓室装飾の起源は、王朝開闢前後の印章に見られる「供物卓の前に座る墓主」の構図まで遡るという（El-Metwally 1992）。来世においても食糧をはじめとする生活必需品を得たいと願う人々が、当初は印章に食糧を載せた供物卓を描いていたが、第二王朝末からそ

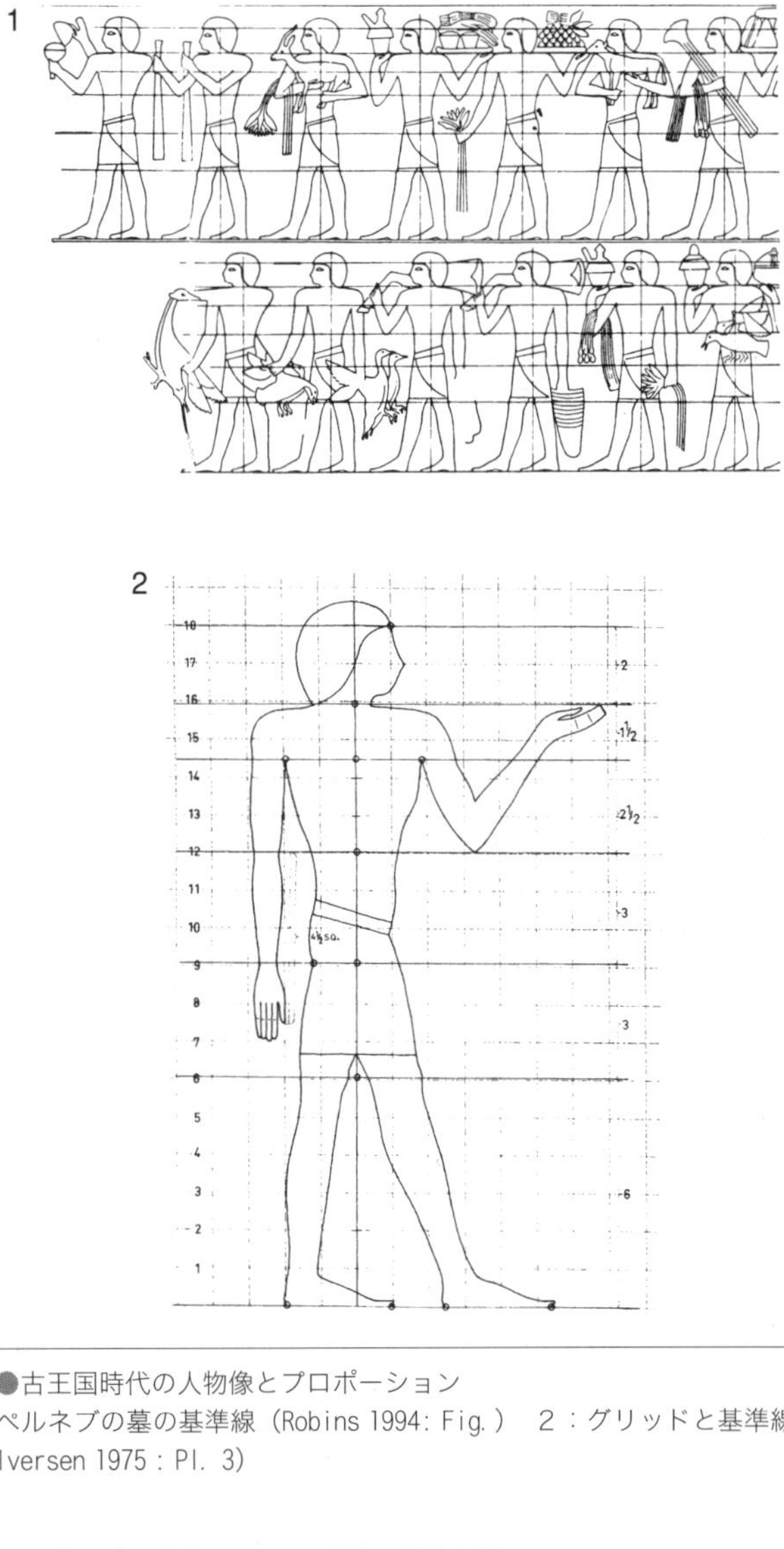

図57●古王国時代の人物像とプロポーション
1：ペルネブの墓の基準線（Robins 1994: Fig.） 2：グリッドと基準線の関係（Iversen 1975 : Pl. 3)

れを石碑というやや大きな媒体に刻むようになり、古王国時代になって壁面というさらに大きな媒体を得て、供物卓だけではなく、そこに供物を運ぶ人々の姿まで描写するようになった。さらに私人墓の壁面には、直接葬祭に関連する供物卓の前に座す墓主の姿や供物運びの場面のだけではなく、しばしば「日常生活の場面」と呼称される農耕、牧畜、漁労のような生業場面（第3章参照）や、工房においてさまざまな製品を製作する職人たちの姿（図58）が、生き生きと描写されるようになった。

古王国時代には、人物像を描く際にプロポーションが考慮されていたことは確実である。ただし、この頃にはグリッドではなく何本かの基準線だけが用いられていたらしい。例えば、ペルネブの墓（図57-1）やギザにある第六王朝の官僚スネフェルヘテプの墓では、供物を運ぶ人々の場面で、上から髪の生え際、肩、わきの下、ウエスト、尻の下、膝に当たる部分に横線が、それぞれの人物像の中心に縦線が描かれていた。これらの線は、概ね中王国時代以降に用いられるようになる一八分割のグリッドのどこかにあたる（図57-2）が、後世のグリッドのようには正確に身体各所の比率を規定するものではなかった。つまり、古王国時代の基準線は、主に同じ大きさとプロポーションを持つ人物像を並べて描くために印されていたらしい。

立体彫像の制作も古王国時代に盛んになった。第三王朝のジェセル王は、知られる限り最古の等身大の王彫像を階段ピラミッド北側の葬祭殿の一角に残した。第四王朝以降、カフラー王の座像やメンカウラー王の群像をはじめとして、王たちが美しい彫像を残している。この頃の王像は、神聖なる王

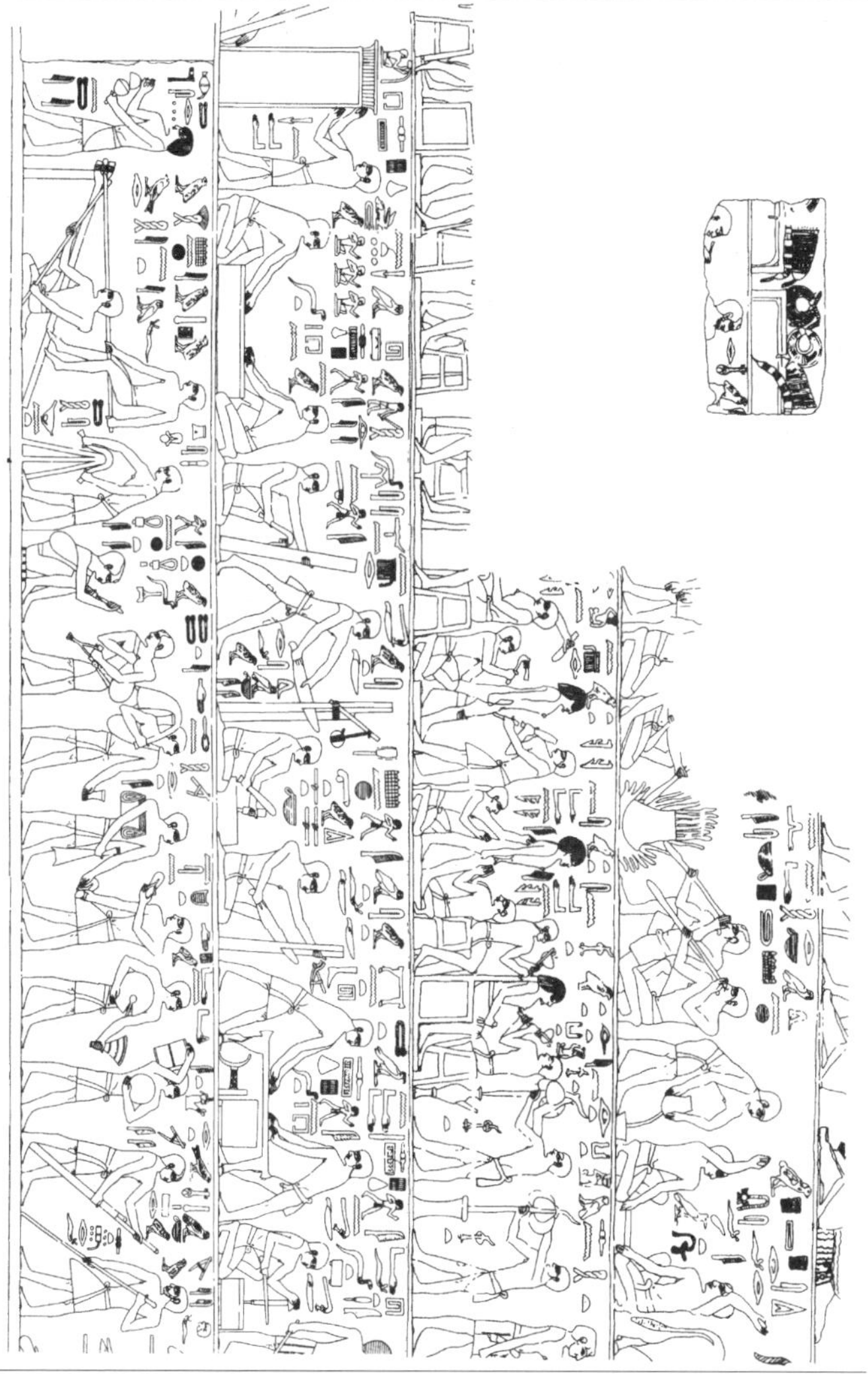

図58●古王国時代の工房（サッカラ、ティイのマスタバ墓）（Drenkhan 1995: Fig. 1）

の概念にふさわしく、概して理想化された姿で描かれているといわれる。

おそらくは王家が主導して始まったと思われる古代エジプトの彫像の様式は、第三王朝以降、王の身近にいた王族や高官たちにも広まった。墓から出土する古王国時代の官僚たちの彫像は、出土例が少ない王像に比べて姿勢や表現にヴァリエーションが多く、とくに第四王朝には個人的な特徴を表現したものが作られた。第四王朝スネフェル王の王子で、メイドゥームに墓を築いたラーヘテプとその妻ネフェルトの石灰岩製彩色彫像、ギザに墓を築いたクフ王の建築師ヘムイウヌウの彫像などは、良く個性が表現された例である。第五王朝になると、官僚数の増加に伴って彫像の数も著しく増え、材質、大きさ、仕上がり、表現などにも大きなヴァリエーションが生じる一方で、個性的な彫像よりも様式化した彫像が普及した。

古王国時代のうちに、いっそう洗練された工芸品も作られるようになっていた。第三王朝ジェセル王の階段ピラミッドから出土した石製容器群は、初期王朝時代の伝統を引いて、秀逸な出来映えであった。また、ギザのクフ王のピラミッドの傍らで発見された王妃ヘテプヘレスの墓から出土した副葬品の中には、黒檀や金・銀などの貴金属を使用した家具、装身具、容器等が含まれており、当時の王族が使用した華麗な工芸品を目の当たりにする希有な機会を提供している。

まとめ

これまで述べてきたように、美術的表現の始まりは新石器時代にまで遡るが、王朝時代の美術の特徴が現れ始めるのは先王朝時代ナカダIII期のことであり、それは当時勃興しつつあった王国の王たちの王権主張と密接にかかわっていた。そして、第一王朝開闢前後にエジプト美術の様式の根幹が形成されたという点で、古代エジプト美術は統一国家とともに誕生したと言える。それ以降は、明らかに王家とそれを取り巻く官僚たちが主導して、エジプトの図像表現を発展させてきた。王朝時代の美術の多くは前述のような目的性ゆえに鑑賞者を想定していなかったと考えられており、文字の場合と同じように、王朝時代の美術はエリートたちによって排他的かつ特権的に用いられていた。こうした排他的な宮廷文化としての性格が、初期のエジプトの美術における規範を成立させた要因の一つと思われる。

その後、古王国時代になって媒体の拡大とともに図像表現も拡大したが、主に図像表現が宗教建造物の中で行われたため、宗教的理由からさらに規範が発達したようである。また、後述する職人組織の存在は、規範および様式の成立と継続に深くかかわっていた。

3 職人と工房組織

古代エジプトの職人と工房

王朝時代に華麗に花開いた様式化した美術の背景には、工房組織の発達と確立があった。例えば、新王国時代第一八王朝のツタンカーメン王墓出土の遺品に代表されるような王朝時代の傑出した作品は、それを専門的に制作する卓越した技術を持つ専業職人の関与なくしてはとうてい実現できなかったが、それを可能にしていたのが当時の職人と工房組織であった。また、前述のような古代エジプト美術様式の成立と継続には、こうした工房組織が深くかかわっていたと思われる。

王朝時代の美術・工芸作品は、古代エジプト特有の職人組織によって制作されたと考えられている。当時の職人組織と製品制作過程については、私人墓の壁画の描写と記述に最も良く表されている（275頁図58）。当時のいわゆる芸術作品は芸術家によって制作されたわけではなく、むしろ「職人」と呼ぶべき人々によって作られていた。

古代エジプトの職人たちは、少なくとも壁画や文献資料に明瞭に残された限りでは、王宮、神殿あるいは官僚たちが所有する工房に雇われ、雇い主の要求に応じて製品を作っていたようである。そして、作業場所だけではなく、材料や道具を雇い主に与えられて作業をしていた。つまり、少なくとも当時の傑出した美術・工芸品の多くは、市場での取引を念頭に置いて、独立して生産を行う職人によって制作されていたわけではなく、消費者に雇われて働く職人によって制作されていた。後者のような雇われて働く職人は、しばしば「従属」の専門家と呼ばれる。

ここでは以下に、美術工芸品制作を含む制作組織と専門家の発達について見てみる。

先王朝時代における専業化の始まり

王朝時代のような専門化した職人たちが忙しく立ち働く工房は、おそらくは文明の産物であり、最初から存在したシステムではなかった。前六千年紀に始まった新石器時代以降、食糧を含めたあらゆる物品の生産は、おそらく基本的に自給自足的な家内生産様式で行われていた。しかし、やがて前四千年紀から専門的な生産を専従で行う職人が現れ始め、工芸品制作以外の分野にも分業化や職業の分化が進んだことによって、王朝時代には高い水準の工芸作品やピラミッドのような巨大建造物を生み出す社会組織ができあがった。すなわち、専門職人の誕生あるいは分業化が、文明の誕生と発展に密接にかかわっていたのである。

分業や専門化の発達が文明の形成と密接に関係することは、すでに多くの研究者によって論じられてきた。なかでも、自らは食糧生産を行わない専従（フル・タイム）の専門家の出現は、文明形成とその発展にとって重要であった。

エジプトにおいて、パート・タイムの専門家はおそらくナカダⅠ期の早い段階あるいはそれ以前から存在したと思われるが、高度に洗練された製品を専従の専門職人に作らせる組織は、おそらくナカダⅡ期の中葉頃に現れた。知られる限り最初に考古学的資料に認められる専従の専門職人は、神殿に付属して働いていた石器と石製品を作る職人である。ヒエラコンポリス遺跡HK29A地区で発掘されたナカダⅡ期中葉に年代づけられる神殿（第6章1参照）の傍らには、石器や石製品を制作する工房があったことが出土品から推測されている（Holmes 1992）。この付近からは石器や石製品を制作したときに生じた石屑が多量に出土していて、サンプリングされただけでもその量は一四三キログラム、一万点あまりにのぼったという。ここからはほとんど完成品が出土していないものの、残された遺物の分析を行ったD・ホルムズは、主にビーズや両面加工の石器が制作されていたと推測している。また、使用された美しいフリント、斑岩、角礫岩などの石材は、いずれも比較的遠方から調達されていた。精緻な加工が施された両面加工石器は、当時の大型墓から出土する副葬品の中に含まれており、ここで作られた製品も威信財あるいは奢侈品として機能していた可能性が高い。さらに、ナカダⅡ期中頃から製作されはじめた「装飾土器」（口絵4・5、32頁図8）と呼ばれるクリーム色の下地に赤褐色の顔料で彩文を施した土器や、「波状剥ぎ取りナイフ」（266頁図56-2）と呼ばれる美しい両面加工の石器も、その精緻な仕上がりと画一化した様式から、おそらく専従の専門家によって制作されたと考えられる。これらの品々もおそらくは当時の威信財あるいは奢侈品の一種であった。したがって、ナカダII期に始めて出現した専従の専門家は、神殿に従属して働き、当時の威信財もしくは奢侈品を制作していたと考えられ、その他の専従専門家による制作を想定させる製品も、支配者たちと関連していた可能性が高い。

ナカダIII期の専業化の発展

ナカダIII期になって、専門化はさらに進んだ。この時期になると、比較的画一化した形態の土器が多量に作られるようになり、土器生産においてエジプト各地で比較的専門化した組織ができてきたことが推測される。また、精緻な加工や高い技術から専門職人による制作が推測される工芸品も、この時期に増加した。ナイフの柄や櫛、化粧用のパレットや棍棒頭などの彫刻を施した象牙製品や石製品(第7章2参照)は、支配者たちに従属する専従の専門職人の手によって制作されたと思われる。また、アビュドス遺跡U墓地から出土した布は、とりわけ良質であることから、織物を作る専門家もこの頃に登場した可能性が推測されている。先にナカダII期中葉から神殿に雇われて働く従属専門家が現れたことを推測したが、ナカダIII期には、そうした専門家がさらに増えたと考えられる。

これまで、考古学的資料に残りやすい工芸品制作に携わる専門家について述べてきたが、実際には専門家や専業化は物品制作についてだけ現れたわけではなく、考古学的資料には現れにくいさまざまな行為（サーヴィス）についても発達してきたと思われる。例えば、交易の専門家や管理の専門家（官僚）などがそうした例として挙げられる。以下にはそうしたサーヴィスの専門化について述べてみる。

先王朝時代から南は第二急湍までの下ヌビアから、北東はパレスチナまでの地域にエジプト製の土器が搬出されるようになった。この背景には交易組織の発達（第5章2参照）があり、とくにナカダIII期に遠隔地交易が盛んになったことを考えると、言語の違う遠隔地に長期間出かけて、交易に携わる専門家が登場した可能性が高い。この頃の交易に携わった専門家は、おそらく当時の王国の支配者と密接に関係しており、支配者に従属する専門家であったと思われる。こうしたエジプト外への輸出増加に伴って、土器生産だけではなく、内容物を多量に生産する専門家システムも充実したであろう。

さらにナカダIII期には、文字を使用して物品の管理が行われ始めたことが、印章、ラベルおよび土器に記された文字から推測された（第4章3参照）。こうした物品管理は、前述のように当時の王国の支配者たちの周辺で始まっており、管理を司る人々は王国の支配者に従属していたと考えられる。

このように、ナカダIII期には、専業化の範囲が、内容的にも地域的にもが大きく広がったことがうかがわれる。

王朝時代の職人と工房組織が王宮や神殿に付属していたことは先に述べたが、ナカダII期に登場した初期の専従で働く職人が神殿に付属していた点は興味深い。従来メソポタミアにおける専業化の発達は、都市の発達と関連して論じられることがあり、しばしば市場を念頭に置いた生産の効率化が専業化の始まりの要因となったという説が唱えられてきた。一方、エジプトでは先王朝時代から従属職人たちが活発な活動を繰り広げていたらしく、専門職人によって生産された製品も、主に威信財か奢侈品であった。

初期王朝時代の専門家と工房の組織化

先王朝時代の専業化については、考古学的資料からうかがい知るのみであったが、第一王朝になると、考古学的資料に加えて、文字資料からも職人や工房の組織化が進んだらしいことが多少は推測できるようになる。

当時の専門家の発達は、先に美術の初期王朝時代の項で述べたように、王墓地のアビュドスや首都付属墓地のサッカラに営まれた王族と高官の墓から出土した、多様な美術品から推測される。当時の工芸品制作技術は、使用する材料の幅広さやその精緻さの点で、先王朝時代を遙かに上回る水準に達していた。また、金、ラピスラズリ、トルコ石、紫水晶、黒檀、象牙をはじめとして、工芸品制作に特殊な材料が使用されていることは、この頃の工房組織が、交易・採石遠征組織と密接に結びついた組織であったことを示している。そこで、おそらく古王国時代以降のような雇い主が場所、材料と道具を提供し、職人が製品を制作する組織があったと考えて良いであろう。

さらに、乏しいながらも文字資料は、初期王朝時代に工房の組織化が進んだことを示している。文字資料を考察したW・ヘルクによれば、とくに第一王朝デン王治世以降に、多数の生産に関連する部署の名称が現れるという（Helck 1987）。前述のように（第4章3参照）、それらは方形の「フウト」の文字で囲まれている。それらのうち皮革、布、莫蓙、亜麻、パンを扱う部署は、工房のようなものであった可能性が高い。

このように、初期王朝時代に王家の周辺で工房の組織化が進んだことが推測されるものの、当時の工房の詳細については、ほとんど不明である。

古王国時代の職人と工房

古王国時代には発達した工房が存在したことは、主に官僚たちの墓の壁画に描かれた工房での作業風景からうかがい知ることができる。例えば、サッカラに築かれた第五王朝の宰相メレルカやティイの墓には、金属工、彫刻師、石製容器作り、木工細工師、皮細工師などの職人たちが立ち働く姿が壁面一杯に表されていた（275頁図58）。

こうした墓の壁画の分析から、古代エジプトの工房における生産活動は、古王国時代から、多数の職人たちによって細かく分業化されていたことが明らかになっている。例えば、金属工房で働く人々を見ると、金属を計量する人々、金属をるつぼに入れて溶かす人々、溶けた金属を鋳型に流し込む人々、金属を打ち延ばす人々などが描かれている。このように、一つの製品が、いくつもの異なる工程を担当する複数の職人たちのグループを経て完成されたことが、古代エジプトの工芸品制作の特徴であった。彫像や壁面装飾も同様の工程を経て作られたので、古代エジプトには単独の芸術家はほとんど存在しなかった。

そして当時の職人組織は、今日の日本にも残る「徒弟制度」に近いものであったと考えられている。工房の所有者は王や官僚たちであったが、製品制作について熟知した親方のもとに、熟練した職人たちがいて、見習いの若者たちが手伝いながら仕事をおぼえていき、やがて一人前の職人になっていった。熟練度に違いのある職人たちが一緒に働いていたことは、マスタバ墓の壁面を飾る浮彫の仕上がりからも推測される。壁面の浮彫は、しばしば異なる多数の人々の手で施されており、そこには技術の巧拙が入り交じっていた。また、同じ時期でも、ギザとサッカラといった地域によって僅かに浮彫の様式が異なるので、墓を装飾する職人集団が複数存在したであろうことも推測されている。

職人たちの社会的な身分は決して高くはなかったらしいことは、多くの職人たちが自らの墓を築いていないことから推し量ることができる。

まとめ

冒頭に述べたように、古代エジプト文明の「もの作り」組織は、従属専門家、徒弟制度そして細かい分業が特徴であり、同じような組織はサーヴィスにも及んでいたと思われる。こうした従属専門家の起源は、先王朝時代ナカダII期に遡り、この頃からそれはメソポタミアにおけるマーケット指向の専門家組織とは性格を異にしていた。

王朝初期のエジプトにはここで述べたような従属・専従の専門家以外にも、多様な形態の専門家が存在したかもしれないものの、それらについては、ほとんど明らかになっていない。

終章　古代エジプト文明の形成

1　文明形成を見る視点

古くから文明がどのようにしてできあがってきたのかについての関心は高く、本シリーズがそうであるように、文明の形成に関する多数の書籍と論考が刊行されてきた。ここで終章としてエジプトにおける文明の形成をまとめる前に、それを見る視点について述べてみたい。

文明形成を見る視点は多々あり得るものの、ここでは便宜的に「前からの視点」と「後ろからの視点」を区別してみる。前からの視点とは、時間の古い方から文明の形成を見る視点であり、後ろからの視点とは、時間の新しい方から振り返って文明の形成を見る視点である。

前からの視点、すなわち古い方から文明の形成を見る(あるいは追う)視点は、主に文明形成期を研究する考古学者を中心に普及している。文明形成に至るまでの過程を歴史的に考察しながら、結果としてどのように文明が誕生したかを明らかにしていくものである。少なくともエジプトやメソポタミアのような古い文明の場合、その当時に生きていた人々は、あらかじめ「文明」のイメージを持っていたわけではない。つまり、文明という帰結を知らない当時の人々の文化と社会が研究の対象である。従来この時期の研究者は、概して社会階層や都市などの文明の諸要素という、複数の文明に共通するようなある程度一般化された事象の発現を追求する傾向があったように思われる。その背景には、二〇世紀後半に始まったプロセス考古学の影響があったかもしれず、実際筆者もこの時代を扱うときは、しばしば「複雑化」というプロセス考古学の中で扱われた抽象的で普遍的な現象を追求してきた。

一方、後からの視点、すなわち新しい方から文明の形成を見る視点は、エジプトの場合、主に王朝時代を研究するエジプト学者を中心に普及してきた視点である。すでにできあがった古代エジプト文明についての明瞭なイメージがあるので、遡ってその固有の特徴の起源を明らかにしたいというのが主な動機である。研究史的に言えば、前からの視点よりも、この視点の方が古くから始まっていたことは確かである。一九世紀前半に確立した王朝時代研究を主体とするエジプト学に比べれば、ようやく一九世紀の終わりにW・M・F・ペトリーのナカダ遺跡の発掘調査を契機に本格的に始まった先王朝時代の研究は後発であり、当初はそこに一般的な文明の起源を求めるよりも、古代エジプト文明の固有の起源を求める傾向が強かった。ただし、前者のような、古代エジプトを文明の一つとして扱う文化人類学的研究も、意外に早く始まっていたのではあるが。

後者のような視点からすれば、前者の視点のスタンスに立つ研究は、時に不満に感じられたかもしれない。なぜならば、概して王朝時代のエジプトの研究者は、古代エジプトの文化・文明は非常に独特であると考える傾向があり、個別の歴史理解に深い関心を寄せてきたが、前者の視点に立つ研究は、しばしばエジプト固有の部分を焦点にはしないからである。

筆者は初期国家形成期の研究者として、基本的に前者に近いスタンスに重きを置いてきた。それというのも、王朝時代の重要な特徴のいくつかは先王朝時代まで遡るかもしれないが、先王朝時代におけるその意味や働きは王朝時代のものとは異なっていたかもしれない。そこで、当時の社会や文化というコンテクストを理解することなしに、形態的な特徴の起源を単純に過去に遡及することは誤解を生みだすことがあるかもしれない、と危惧されたからである。例えば、ノモスの起源がその例である(第4章3参照)。したがって、まずは先王朝時代の状況を理解する方が、先に解決すべき問題であろうと思われた。

しかし本書では、後者の視点から第4章以下のトピックを選んで、古代エジプト文明の特徴の形成過程について記述してみた。その理由は、第一に、すでに前からの視点に立った著述を試みていて

(高宮 2003a)、ある程度先王朝時代のコンテクストの理解を得たかもしれないと思ったからである。そして第二に、ここではむしろ後からの視点に立った部分を明らかにしたいと考えたからである。

後からの視点を重視したので、第2章の歴史概説は主として前からの視点に立っているが、第4章以降は、各トピックごとに、まずは王朝時代のエジプトの概要から記述を始めてみた。確かに古代エジプト文明の形成を明らかにするためには、一般的な文明の諸要素の誕生過程だけではなく、古代エジプト文明に固有の特徴(それらは「文化」と密接に関連する)の発現過程を明らかにすることが大切であろう。

このようなわけで、以下に前からの視点と後からの視点に分けて本書の内容をまとめた後、最後に文明形成における外国からの影響について述べることにした。

2 前からの視点

文明の定義にはいろいろあるが、要素を挙げたわかりやすい例として、G・チャイルドの都市の定義を修正したC・K・マイゼルスの文明のチェック・リスト(Maisels 1999 : 25–26)を紹介してみると、①都市、②専従の専門家、③余剰の集中、④記念物的な公共建造物、⑤支配者層、⑥文字や数字、⑦

算術、幾何学、天文学などの科学、⑧芸術の専門家、⑨恒常的な対外交易、⑩農民、職人、支配者から構成される共同体、⑪宗教建造物、⑫国家組織が存在することであるという。これらの全てについて古代エジプト文明が満たしているのは確実であり、その主な理由は、このチェック・リスト自体がおおいに古代エジプトを念頭において作られたからであろう。

二〇世紀後半には、これらの特徴を持つ文明は、文化と社会の「複雑化」の所産と考えられるようになった。文化・社会の複雑化は、例えば垂直方向には社会階層の発達、水平方向には職業の分化・専門化に現れる。もう一つの複雑化の様相は、統合と集約化である。上記に挙げたような文明の諸特徴は、全て複雑化した文化・社会の表出形態であり、そうした意味では表層的な現象である。

先に挙げたマイゼルスの文明の要素を、エジプトの場合に照らし合わせて「複雑化」の観点から見ると、⑤支配者層、⑩農民、職人、支配者層から構成される共同体および、⑫国家組織は、いずれも複雑な社会ができたときの社会の階層化した構造とその統合・制御方法に関連している。③余剰の集中と⑨恒常的な対外交易は、その経済的側面の現れとして理解できるであろう。②専従の専門家と⑧美術工芸の専門家（および部分的に⑨恒常的な対外交易）は、生産やサーヴィスにおける分化・専門化の表出形態である。多数の農村の中における①都市の出現は、人口および機能の地理的分布における複雑さの反映である。また、④記念物的な公共建造物と⑪宗教建造物などの巨大建造物は、複雑な社会が可能にした技術の結集であるとともに、社会階層や複雑化に伴う集約化の側面が、象徴的建造物として物理的に具現化したものである。そして、⑥文字と数学や⑦算術、幾何学、天文学は、支配者＝非食糧生産者という複雑な社会構造の頂点に立った人々が、社会階層を維持し、他の人々を支配する道具として機能していた。ただし、このような表出諸要素の意義やそれら同士の関係は、文明ごとに異なっていたかもしれない。

こうしてチャイルドやマイゼルスの指摘した文明の要素を、エジプトにおける「複雑化」に照らし合わせてまとめ、それらがいつ頃発祥したかを、時間軸に沿って表したのが表3である。

この表が示すように、従来文明の要素と言われてきたものの大半は、エジプトにおいて先王朝時代ナカダ文化の時期に出現している。

3 後からの視点

先に後からの視点と仮称したものは、決して前述のような前からの視点と全く食い違うものではない。というのも、おそらく先に挙げたような文明の諸要素は、古代エジプトが主なモデルの一つとなって案出されたからであろうし、それゆえにトートロジーになるかもしれないが、実際それらの要素は古代エジプト文明の形成を考えるためにも重要な特徴の枠組みを提供している。

	支配者層	官僚組織	社会階層	都市	専門分化	対外交易	大型建造物		文字	美術
マイゼルスの要素	⑤	⑫	⑩③	①	②	⑨	④⑪		⑥⑦	⑧
本文の記述(章一節)	4−1	4−3	4−2	5−1	7−3	5−2	6−1	6−2	7−1	7−2
							神殿	墓		
ナカダI期					パートタイム			葬祭		ナカダ文化の様式
ナカダII期					専従専門家					
ナカダIII期	王号使用				専門家の発達	長距離交易網	日乾レンガ造神殿			王朝時代の様式
第一王朝	デュアリズム			メンフィス	工房組織化	交易の再編	王家の部分的関与	巨大王墓		
第二王朝										
古王国時代		大規模組織化		ノモスの組織化			カーの祠堂	ピラミッド	文章の発達	壁画の発達

表3●エジプトにおける文明化の過程

そこで、本書第4〜7章で述べたような、後からの視点によって始めてもたらされる古代エジプト文明固有の特徴がいつごろ登場したのかを、かなり大ざっぱではあるが、表3に表してみた。この表では、王朝時代と直結する特徴が現れた時期を〰〰で示した。また、本文中で述べた古代エジプト固有の歴史的発展について、表中に短く文字で書き入れた。この中で、王朝時代と直結する社会階層の出現をどの時期に求めるべきかについて、筆者にも多少の迷いがあるが、とりあえずやや複雑な社会階層が現れたナカダII期中葉に設定しておく。

先に述べたように、文明形成への歩みはナカダ文化の早くから着実に始まっていたが、この表が示すように、王朝時代に直結する特徴とシステムはナカダIII期頃に現れた。王号を使用した支配者の表現、文字を使用した管理システム、美術品制作を含むやや発達した専門家による生産組織、ヌビアからパレスチナまでを結ぶ長距離交易網、集落の中心となる日乾レンガ造の神殿、文字の使用、王朝時代に繋がる美術様式の出現がそれである。また、現況の考古学的資料からは明瞭ではないものの、この時期に日乾レンガの使用が普及して、都市化が進んだ可能性があり、支配者が長距離交易網を支配することによって、富の集中が進んだことが推測される。

さらに第一王朝初期に、首都メンフィスの創建、巨大王墓の建造、王権におけるデュアリズムの成立と王権祭儀の充実、官僚組織の発達、王を中心とする社会階層の形成、王家の工房の組織化、王家が主導する交易網の再編、王家の一部地方神殿への関与、文字の発達、王朝時代の美術様式の確立、文字と図像表現を使用した王権表現、人工的遺体の防腐処置や石碑使用を含む埋葬様式の発達等が起こって、その後約三〇〇〇年にわたって継続する古代エジプト文明の特徴がほぼ出そろうことになった。つまり、王を中心とする国家システムが第一王朝初期までに成立したと言えるであろう。

このように、後からの視点でみると、ナカダIII期から第一王朝初期にかけてという短期間に、古代エジプト文明の諸特徴が顕在化したことは興味深い。ナカダIII期は王国の支配者が勢力を伸ばした時期であり、後からの視点に立つエジプト学者がこれまで古代エジプト文明の特徴と考えていたものの多くが、王家・国家と「宮廷文化」に結びついているように思われる。言い換えれば、王朝時代の古代エジプト文明は、王を取り巻く宮廷文化に特徴づけられていることになる。そして、この王朝国家の思想的な背景となっていたのが、王権のイデオロギーであった。第4章1で述べたように、王権は古代エジプト社会の要となる概念であって、巨大王墓、葬祭、官僚組織をはじめとする第4章以降で取りあげた大半の古代エジプト文明の特徴は、王権を中心として、あるいはそれを紐帯として構成されていた。各要素に顕れた文化的独自性とともに、この王権を中心とする諸要素の結びつきがまた、エジプト固有の文明の特徴であった。

ただし、上記のような宮廷文化のいくつかの重要側面は、文字と美術に関連している点も見逃せない。確かに文字と美術は重要な文明の要素であるが、これらが従来エジプト学者が用いてきた主要資料であることを考えると、現在からの視点に立ったわれわれの歴史認識の仕方が、研究史と使用資料に大きく左右されていて、若干偏っている可能性があることも十分認識しておく必要があるであろう。

4 生活様式の成立

ここで、第3章で述べておいた古代エジプトの生活様式の成立についても振り返ってみたい。先に述べたように、古代エジプトの生活様式の基本は、新石器時代に形成された。主食の麦をナイル河の沖積低地における農耕によって調達し、動物蛋白を旧石器時代以来の漁労に加えて家畜動物から得る術、および園芸農耕で豆類や野菜を栽培して身体維持に必要なその他の栄養素を調達する方法が、それに該当する。

そして、本書中では技術的発達について詳しく触れなかったが、前五千年紀末から前四千年紀にかけて、冶金術、製陶術、石器制作技術、灌漑技術、ファイアンス制作を含む工芸技術なども、ゆっくりと向上してきた。

さらに前四千年紀の間に、必ずしも生存に直結しない要素を含む王朝時代に継続する生活様式も現れてきた。それは、衣・食・住の中でも、本書中で取りあげた調理や住居形態および衣服の形態に顕れるように思われる。麦の食し方について、王朝時代の主食であるパンの製法に、ナカダIII期頃からパン焼き型を用いる方法が加わった。また、ナカダI期もしくはII期初頭からビールが醸造され始めていたが、ナカダIII期頃に製造量が増加した可能性がある。果樹栽培は起源は古いものの、ワインブドウの栽培やワイン醸造は第一王朝に始まった。衣服についても、男性のキルトや女性の腰よりも上までを覆う筒形ドレスは、ナカダIII期以降に定着したように思われる。住居について、王朝時代以降の伝統である日乾レンガ造家屋は、ナカダIII期以降に普及した。

これらのことは、とくにナカダIII期以降に、技術的発達に支えられて、宮廷文化と関連する洗練された生活様式が形成されたことを示すと思われるが、一方でそれらの多くは、ナイル河下流域の環境に適したもので、新石器時代以来の長い歩みの延長線上にあった。

5 外国からの影響

古代エジプト文明の形成をまとめるに際して、ぜひとも取りあげなければならない事項の一つが、おそらく外国からの影響である。

古代エジプト文明の形成に、幾多のナイル河流域外からの影響があったことは確実である。古くは旧石器時代に、アフリカ大陸東部から人類の移住があった。また、第2章1でも述べたように、王朝時代まで続く農耕・牧畜はほぼ確実に西アジアから伝播したものであったし、冶金術、ワインブドウなどの果樹栽培や轆轤をはじめとするいくつかの技術も、先王朝時代に西アジアから伝わったであろう。さらに、旧石器時代から初期新石器時代にかけて、西方砂漠とナイル河下流域の間で頻繁に人口の出入りがあったことが知られてきており、バダリ文化の起源が西方砂漠に由来する可能性の指摘もあって、西方砂漠との交流も密接であったと考えられる。

そして、ここで主に取りあげなければならないのは、本書の主眼である古代エジプト文明の形成に直結する前四千年紀後半以降に認められる西アジア方面（ここではとくにメソポタミアやイラン）からの影響である。それは本シリーズの趣意（あとがき参照）とも深く関連する。

西アジアからの影響は、二〇世紀初頭にW・M・F・ペトリーによって指摘され、当初は「王朝民族侵入説」によってその原因が説明された（Petrie 1920）。この説は、ナカダIII期（ペトリーのセマイネ期）に、西アジアから先進的な「王朝民族」がエジプトに到来して、文化的影響をもたらすとともに王朝国家を築いたとする。この頃の考古学では、文化の担い手を特定の人々（民族）と考え、伝播論の影響もあって、文化変化（この場合は初期国家形成）の要因を民族の交代に求める考え方が一般的であった。

実際エジプトから地理的に近い位置にあるメソポタミアは、「都市文明」の形成や文字の使用開始において、エジプトよりも一歩先んじていたようである。そして従来、文字、封泥や印章、一部の図像モチーフ、一部の土器、マスタバ墓の原型となったニッチを持つ方形大型建造物は、メソポタミアやイランからの影響を受けていることが指摘されており、多少疑問のある方形大型建造物を除いて、これらの大半については多くの研究者が何らかの影響を認めるところである。しかしながら、二〇世紀前半まで一世を風靡していたような民族交代や極端な伝播論的考え方は、今日影を潜めている。エジプトの文明形成期研究における「王朝民族侵入説」衰退の直接的原因の一つは、H・カンターが先王朝時代から初期王朝時代までの文化の継続性を論証し、ペトリーの編年と解釈を否定したことにある（Kantor 1944）。しかし、一般的に言って、それは考古学の研究方法と考え方が進展した結果でもあった。

結論から言えば、現在も西アジアからの影響の様相を完全に解明するには至っておらず、幾多の課題が残されている。ここでは手短にまとめるために、以下の三つの点に絞って、ペトリー以降今日までの考古学研究の歩みを踏まえて、西アジアからの影響について考慮すべき点を整理し、現況資料からの解釈、研究の限界および今後の展望を示したい。

まず第一に考慮すべき点は、西アジアからの情報が伝わった経路、方法およびそのシステムである。前四千年紀のエジプトに西アジアからの情報が伝わったことは確かであるが、かつて唱えられた異民族侵入のような大規模移住だけが唯一の説明ではないことも明らかである。二〇世紀後半には、文化や技術についての情報伝来の仕方をより詳細に分析する思考が考古学の中で発達してきた。大別すると、情報が伝わる方法には、人が移住して外来の情報をもたらす場合、物品が情報をもたらす場合、そして文化や技術についての概念だけが仲介者を経て伝わる場合がある。そしてさらにそれぞれは、もっと細かい場合に分けることができ、例えば人が移住して情報を伝える場合でも、その人口規模や誰がどのように移住したかまで詳細に考慮するようになってきた。また、二〇世紀後半には交易に関する研究が進展して、考古学的資料に基づいて、物資の搬入について解明されてきている。

近年の研究が明らかにしたところよれば、エジプトにおいてナカダII期中葉頃から西アジア（メソポタミアやイラン）との接触が始まる（第5章2参照）。アフガニスタンから西アジアを経由して搬入されたラピスラズリや、西アジアの影響を受けた土器や印章の出土例は少数ながらこの頃から出現し、ヒエラコンポリス一〇〇号墓の壁画のモチーフの一部は、西アジアからの影響を受けていた可能性がある。そしてその後ナカダIII期には、図像のモチーフにメソポタミア・イランからの影響が認められ、文字の使用が始まる。

しかし、西アジアからの影響を受けたとされる前述のような要素は、多くがエジプト産の遺物・遺構に認められたものであり、アフガニスタン産で西アジアを経由して搬入されたラピスラズリを除くと、搬入品という形で明瞭に西アジアとの接触を示す物質的資料は極めて少ない。また、これまでに前四千年紀の遺跡からの出土人骨研究によって西アジアからの渡来人が認識された例があるわけでもなければ、エジプトにおいて渡来人が生産を行ったことを示す明確な証左が確認されたわけでもない。

一方、文字については、初期のナカダIII期からエジプト独自の文字システムが用いられていたことが指摘されており（第7章1）、図像についても、初期から西アジアの影響は、全体としてはエジプトの様式の中に部分的に認められるに過ぎない。それゆえに現在のところ、西アジアからの情報伝達の経路やシステムについてははっきりとは分からない、というのが正直なところである。考古学的資料に残された比較的希薄な接触の様相を、前述のような情報伝達の可能性に照らし合わせてあえて推測すれば、西アジアからの情報は、物品を通じてだけからでも得られたであろうし、文字などはアイデアの情報を得ただけでも伝わったかもしれない。また、少人数の渡来人が西アジアから来訪したり、少人数のエジプト人が西アジアを訪れて見聞しただけでも、十分な情報が伝わった可能性がある。そこで、この課題を論じるためには、今後もっと確実な資料を入手する必要がある。

第二に考慮すべき点は、西アジアとの交流がエジプトの地域的文化と社会に与えた影響である。カンターに続いてW・カイザーが行ったナカダ文化の編年再考（Kaiser 1956；1957）は、第2章3で述べたように、ナイル河下流域において、ナカダ文化が時期とともに上エジプト南部から南北に広がっていくという、地域的な発展現象を見出した。また、二〇世紀後半にプロセス考古学の中で普及したシステム論の考え方は、それぞれの地域においてある程度系を成すシステムが存在することを示した。半世紀も前に考案された説をそのまま受け入れることはできないが、これらが示唆し、そして現在も評価できるところは、まずはエジプト・ナイル河下流域における地域的な文化と社会を考えることの重要性を指摘した点である。また、初期のシステム論でこそ、システムの変化（文化においては例えば文化変化）が生じるためには外界からの刺激が不可欠とされていたが、こうした硬直的なシステム論については、内部から変化を引き起こす要因を考慮すべきという指摘を含めて、根本的な見直しが迫られてからすでに久しい。そこでまずは地域的な文化・社会とその変化について、考察する視点が必要である。

先に述べたような見かけ上の比較的希薄な接触にもかかわらず、結果から言えば、古代エジプト国家形成に与えた西アジアからの概念的な影響は、決して小さくはなかったようである。文字や封泥・印章を用いた物品管理のアイデアあるいは刺激が、西アジアから伝わった蓋然性は高い。そしてやがて第一王朝以降には、それらが古代エジプト国家体制の中で重要な役割を担うようになっていったことは確実である。しかし他方で、西アジアとの接触が始まったナカダII期にはその影響がたいして大きくはならず、ナカダIII期になってから影響が顕著になったことや、第一王朝初期以降には西アジアからの直接の影響が払拭されたことなどを、地域的な文化・社会の展開のなかで考える必要がある。この過程は、後述するように、必ずしも情報伝達の方法や密度にのみに依存して起こったわけではないかもしれない。

第三に考慮すべき点は、上記二点と密接に関連するが、外来要素の受容の仕方である。かつて、外来文化の「伝播」や「刺激」という用語を用いたとき、ともすると受容者としての人間が存在することが忘れられがちであった。しかし、実際文化は、それを営む人々なくしては存在し得ない。したがって、文化・社会的な影響を受けることは、受容側の能動的な行為としても考える必要がある。

前述のように、考古学的資料に残された限りの希薄な接触の様相からは、西アジアからの情報伝達について、物品からの伝達、概念のみの伝達、あるいは小規模な渡来人（もしくは渡航人）からの伝達の可能性が推測される。これらのうち、前二者の場合は、まさに情報の受け手が積極的な行為者となって、今日まで遺る考古学的証拠を生み出したことになる。また、異邦人である西アジアの人々がエジプトに訪れたとしても、比較的少人数である場合は、受け入れ側との協力関係もしくは招聘がなければ情報伝達をうまく果たせなかったであろう。

こうした受容側の姿勢は、当時のエジプト人が外界をどのように認識していたかという、世界認識と不可分の関係にある。エジプトの人々は、独自の世界観と外界の認識の仕方およびそれへの対応の仕方を持っていた。ナカダ文化を営んだ人々は、ラピスラズリなどの搬入品を威信財として用いていたようであるが、ナカダII期半ば頃からはパレスチナ産の波状把手土器を模倣した土器を制作して、威信財として流通させてきた（第5章2）。つまりエグゾティックな外来品やその模倣品に価値を与え、経済や権力の資源として用いる術を、地域社会の中で開発・創造していたのである。したがって、今後さらに受容者側の状況を明らかにしていく必要があるであろう。

これまで述べてきたように、西アジアからの影響については肝心の情報伝達方法について現在でも不明な部分が多く、未解決の問題が多々残されている。また、外国の影響を大きく取りあげること自体が、あたかも外来情報の伝播によって文明が始まったという二〇世紀前半まで流行していた伝播論的な印象を招いてしまうかもしれないが、本書の意図はそこにはない。本書を通じて述べてきたように、古代エジプト文明の形成は、旧石器時代以降の長い歩みの結果であり、文明の基盤となる生活様式はナイル河下流域の環境に適応した形で構築されてきた。前四千年紀から急速に発展した複雑な文化・社会の中で、ナカダIII期から第一王朝初期にかけて、王権概念を中心とする制度化された国家と宮廷文化が形作られ、初期王朝時代という萌芽期を経て、古王国時代にピラミッド建造とともに文明が華麗に開花した。それゆえ、ナイル河下流域における環境と人間が織りなした歴史的展開こそが、古代エジプト文明の生みの母であると言えるであろう。

あとがき

本シリーズ『諸文明の起源』の趣意は、現代社会における「文明の衝突」の問題に遭遇して、世界的に普遍化する傾向を持つ「文明」と地域固有の様相を持つ「文化」との関係を、諸文明の成立過程と特質を明らかにすることによって検討することである、という。このシリーズの企画を立てられた前川和也先生に本書執筆のお話を頂いたとき、漠然と荷が重すぎるかもしれないと感じながらも、執筆を引き受けてしまった。その後このシーズの趣意書を頂戴して、とんでもないことを引き受けてしまったと少し後悔したが、最後にエジプトについて、その重責の一端を果たすべく、この趣意に関する見解を簡単にまとめてみたい。

趣意書が提起したような「文明」が他地域に移植され得るのかどうか、という現代文明にも通じる問題は、古代エジプト文明にとっては独自に重要な問題である。終章5で述べたように、古代エジプト文明の場合、「都市文明」と文字使用に関してやや先行していたメソポタミアからの影響があったかもしれないため、一見すると文明の移植や文明概念の伝播の例と映るかもしれない。

確かに文字や封泥・印章を用いた管理システムという後の文明の重要要素となる現象の端緒は、エジプトにおいて先行文明であるメソポタミアからの影響があったらしい。しかしその際、文明の諸要素の全てがエジプトに同時に伝わったわけでもなければ、文字や管理システムもすぐに発達した段階に至ったわけでもなかった。最初の印章が出土するナカダII期中葉から、第一王朝に文字や印章を活用した官僚組織の体裁ができあがるまでの間には、二〇〇年以上の時が経っていた。つまり、エジプトが西アジアから受け取ったのは、文字や管理の技術あるいは技術的発想であって、セットとしての文明要素の集合や文明概念そのものではなかったのである。それとは別に、すでにナイル河下流域の人々が作る社会は、初期国家形成に向けて胎動を始めていた。

エジプト・ナイル河下流域では、メソポタミアに比べれば、約一〇〇〇年という比較的短い期間に複雑化した文化・社会から広域を治める統一国家が誕生したが、そのペースはエジプトの人々にとって地域的な文化・社会の発達の中で、外来技術を吸収しながら国家と文明を形成するために十分なゆとりを与えた。文字や管理システムのような外来の影響を受けた要素は、全体から見れば考察すべき当時の社会の様相のごく一部である。そして、おそらくこれらは地域社会が必要としていたために積極的に受容され、地域文化の中に独自の方法で統合されてきた。こうして、エジプトにおいては、当地の人々によって地域固有の文化の中から独自に文明が生み出された、すなわち文化との間に乖離のない文明が誕生したのであった。

本書の執筆に取りかかった当初、邦文書籍ではあまり紹介されていない初期王朝時代を中心として、古王国時代までをカバーする内容にしたいと考えていた。実際には、他の部分が長くなってしまったためと、筆者の力量不足のために、古王国時代（特に後期）については短く触れるのみになってしまったことが、反省点である。

本書の執筆に当たって、古王国時代研究についての最新研究の情報を、現在ベルリン大学に留学中の白井弥生さんから頂きました。また、前川和也先生には執筆の機会を与えて頂き、編集を担当してくださった小野利家さんには、原稿の遅れや細かい校正に辛抱強くおつき合い頂きました。ここに記して御礼申し上げます。

二〇〇六年五月

高宮　いづみ

古代エジプト文明への理解をさらに深めるための文献案内

本書では、限られた紙面の中で参考文献をまとめるに際して、紹介文献を、主にトピックを概観できる文献と、先王朝時代末期から古王国時代（特に前半）に関するなるべく新しい文献に絞り、表記には次のような方法を用いることにした。なお、旧石器時代から先王朝時代にかけての参考文献は、拙著（高宮 2003a）に紹介されているので、そちらを参照されたい。

まずは、本書で紹介する文献を、全てまとめてこの項の末に、邦文はアイウエオ順に、欧文はアルファベット順に並べた（欧文献の書式は英語式に統一した）。そして、本文中でとくに取りあげた文献は、本文中の（　）の中にこの文献リストと対応する著者名と出版年を用いて表記し、図版で引用した参考文献にも同様の書式を用いた。

さらに、トピック別の参考文献を示すために、以下に章ごとの基本的な文献を簡便に番号で表した。実際に参照したのは欧文献であるが、紹介文献は邦文献と英文献を中心にした。

この参考文献案内の使い方として、各トピックの概要を邦文で知りたい場合は、欧文は無視して、下記のうちの邦文献（ゴチックで示されている）を参照されたい。欧文献は、もう少し詳しく知りたい場合や、エジプト学を志す学生さんに、次のステップへの足がかりとして利用していただきたい。

事典

古代エジプト文明について知ろうと思うと、聞き慣れない用語が多出するので、その理解には事典を参照することが有益である。古代エジプト文明全般に関連する事典として、邦文の**24**と**57**、欧文の96、150、208が有用である。また、216には、多くの事項が論じられているので、トピック別の概要理解に非常に役に立つ。特別な場合以外には個別に引用を明記しなかったが、本書では基本的にこれらの書籍を参照した。

これらには引用文献が明示されているので、さらに詳しい文献を知るための手がかりも与えてくれる。

第1章　環境

エジプトの環境と景観については、おおいに筆者の体験に基づくため参考文献は少ないが、ナイル河の増水に関して、邦文では**16**、**51**、**52**が詳しい他、**29**が現代を含めてのエジプトの景観について良く伝えている。214は基本的な地理学の文献である。

第2章　古代エジプトの歴史概観

古代エジプトの歴史全体の比較的新しい概説書として、邦文では57、73、77があり、英文では224、239、さらに138、158、183を紹介しておく。他に邦文の14、21、78が、歴史や王の業績を知るために有益である。

先王朝時代に関して、12が邦文で基礎的事項が記された文献として重要である。32、37、39、192、193が包括的で新しく、10も重要トピックをいくつか扱っている。先王朝時代から初期王朝時代にかけての最新情報は154に集められており、もっと詳しい参考文献を知りたい場合は、37の巻末参考文献を参照されたい。また、ナカダIII期の王名について、247が概観している。

初期王朝時代に関して、邦文では70が最も詳しい。欧文の比較的新しい包括的研究として、149、230、247が挙げられ、やや古典的な代表的著作として114と119がある。他に基本的資料を扱ったものとして、初期王朝時代の印影を中心とする銘文の集成である180とパレルモ・ストーンの研究書248を挙げておく。

古王国時代についても多数あるが、前述の概説書に加えて、2、70、227の他に、97と235が第三王朝の歴史を扱っている。98には古王国時代に関する論文が多い。

第3章　古代エジプトの生活

古代エジプトの生活全般に関する邦文献として、30は最もわかりやすい概説書であり、68も有用でである。

農業について、51と52が農業・灌漑・麦栽培に関しての邦文基本文献であり、66が園芸農耕作物を含めた植物を集めている。欧文では、麦栽培に関連する103、105、195、園芸作物に関連する196、197、246が推奨文献である。

牧畜に関する文献として、15、103、160、163などがわかりやすい。狩猟・漁労・採集について、102、159、201が比較的新しい。

食物と調理について王朝時代の概要は、106と251が基本的であり、邦文に79がある。本書で取りあげた初期のパン、ビール、ワインに関しては、134、153、162、196、215等を参照した。

住宅に関して、91以外には古王国時代までの住宅をまとめたものは少なく、日乾レンガ建造物については229が扱っている。

衣服について、王朝時代全般は139と242が、初期王朝時代は166が扱っている。83と88は、装身具に関する基本文献である。

第4章　古代エジプトの王と国家

1　王権

古代エジプトの王権について、邦文では69、72が論じており、先王朝時代について22、38、初期王朝時代について54、古王国時代について63、64の論文がある。英文では200が比較的新しい基本文献で、221は先王朝時代から初期王朝時代の祭儀を網羅した研究書である。

2 巨大王墓

初期王朝時代のアビュドスとメンフィスの王墓について、邦文に21、25、26、53、55がある。欧文ではアビュドスの主要発掘調査報告書202、203、サッカラの主要発掘調査報告書118に加えて、119が参考になる。

古王国時代の王墓と想定されるピラミッドについては、多数の文献がある。邦文献の新しいところでは5と81が最も網羅的で、21と80も概括的である。欧文基本文献として115、124、234が挙げられ、他に近年第4王朝のピラミッドに焦点を当てた145と158が出版されている。ピラミッド・テキストについて、71が邦文訳を掲載しており、欧文基本文献は127や222である。本書では解釈に関する研究書として主に84、85を参照した。古代エジプトの葬祭文書全般については、158が概括的でわかりやすい。

3 官僚組織

初期王朝時代の経済と官僚組織について、180が基本資料を提供し、120、149と247がやや包括的な研究として挙げられるが、その数は非常に少ない。

古王国時代については多数の詳細研究があるため紹介しきれないものの、92、146、165、173、174を称号を資料とした包括的究として挙げておく。とくに第三王朝に関して97が詳しく、121、123、211も、古王国時代の社会全体の理解のために有用である。邦文では、59、61が経済や官僚組織に関連した論考であり、46は官僚墓地における階層性を扱っている。

地方行政組織に関連する文献のうち、王朝時代のノモスについて邦文では19があり、欧文では147が基本文献である。比較的新しい219、220は、古王国時代初期の地方行政について有用である。

第5章　古代エジプトの集落と外国

1　古代エジプトの都市と集落

王朝時代の集落について、16が邦文の優れた著作であり、11にも関連する論考がある。欧文では137、144、240が概説的である。

先史時代の集落に関して、欧文では155と182、邦文では33、34がある。古王国時代の集落については、183が考古学的研究の代表例で、132や252などの文献史学的研究も行われている。「ピラミッド都市」については、邦文で60、61を参照できる。

2　外国との交易と交流

王朝時代のエジプトと国外の関係について、241は外国人全般を論じた著作であり、邦文の47も関連文献である。82、225、238はヌビア関係、207は西アジア関係を扱った基本的書籍である。41はアジア人を扱った邦文の論考である。

先史時代の交易についての論考は多く、邦文で8、9、36、53があり、欧文では152と179を考古学的考察に基づく概括的な論考として挙げておく。104は、レヴァント方面との交易と交流に関する論文集である。236はヌビアとの交易システムに関する論考で、141はアビュドス遺跡U－j号墓の報告書であるが、パレスチナ方面との交易についても広く扱っている。

古王国時代の交易と遠征隊について、上記概説書や116、179に論じられている他、6もヌビア関係の論考である。

第6章　古代エジプトの宗教

1　神々の崇拝

古代エジプトの神々とその崇拝に関しての文献は枚挙にいとまがないが、邦文で新しく包括的な良著として3と4を挙げておく。また、読みやすい宗教一般の概説書として、42が推奨である。

初期の神殿の発達について、136、183、199、219が主要文献である。古王国時代を含めた神官について217と223があり、第五王朝の王の葬祭殿経営については、74に詳しく論じられている。

2　葬制と来世観

王朝時代の葬祭や来世観について、邦文では31と45が、欧文では古王国時代を扱っている101と176が挙げられる。

先王朝時代の埋葬と概念について、95が比較的まとまった論文である。177は古王国時代の王と官僚との関係を墓から見た研究書である。供養文と供物リストに関して、186 13、27が邦文の考察として挙げられる。また、7は古王国時代における来世観を扱っている。

第7章　古代エジプトの文字と美術

1　文字

古代エジプトの文字と文法について、今日たくさんの邦文書籍が刊行されている。ここでは中エジプト語文法を扱った文献を紹介すると、邦文は1、20、50、76が挙げられる。欧文では133が今日でも基本文献であるが、86が新しくてわかりやすい。

先王朝時代から初期王朝時代の文字研究は、アビュドス遺跡U－j号墓の報告書である113、167、168が中心であり、148、149にも論じられている。初期の文字やそれ以降の文法の発達について、44と189にも若干の記述がある。

王朝時代の識字率と文字の社会的役割について、93と94が参考になる。

2　美術

王朝時代の美術全般に関する文献として、28と48をはじめとする多々の美術全集の他に、67が推薦書である。規範やグリッドについての基本文献は、161、209、218である。先王朝時代と初期王朝時代の美術を扱った文献として107、108が、古王国時代の美術を扱った文献として226と191が代表的である。117と140は古王国時代のマスタバとその壁画の研究書であり、23は邦文で古王国時代後期の美術研究方法について紹介している。

3　職人と工房組織

職人や工房組織について110が包括的である。237は先王朝時代の専業化に関する論考であり、109は古王国時代の職人についての代表的著作である。

終　章　古代エジプト文明の形成

前四千年紀の西アジアからの影響について、65が基本文献で、新しいところでは37にやや詳しく論じられている。

和文文献一覧

1　秋山慎一　1998：『やさしいヒエログリフ講座』原書房。

2　アルドレッド、C著 1971：『エジプト古王国』創元社（C. Aldred 1965: *Egypt to the End of the Old Kingdom.* London)。
3　ウィルキンソン、R・H著 内田杉彦訳 2002：『古代エジプト神殿大百科』東洋書林（R. H. Wilkinson 2000: *The Complete Temples of Ancient Egypt.* London)。
4　ウィルキンソン、R・H著 内田杉彦訳 2004：『古代エジプト神々大百科』東洋書林（R. H. Wilkinson 2003: *The Complete Gods and Goddesses of Ancient Egypt.* London)。
5　ヴェルナー、M著 津山拓也訳 2003：『ピラミッド大全』法政大学出版局（M. Verner, 1997: Der Pyramiden.)。
6　内田杉彦 1983：「ヌビアにおける imy-r k3ww：エジプト第6王朝のヌビア政策」『オリエント』26–1。
7　内田杉彦 2003：「古王国時代における「来世の審判」」、屋形編 2003：107–130。
8　大城道則 1996：「古代エジプトの形成期について：ラピスラズリを資料とした文化接触からのアプローチ」『古代文化』48–3：17–27。
9　大城道則 1999：「コスモポリタン文化としての古代エジプト先王朝時代—ヒエラコンポリス第100号墓の彩色壁画からの一考察—」『史泉』90：21–34。
10　大城道則 2003：『古代エジプト文化の形成と拡散—ナイル世界と東地中海世界—』ミネルヴァ書房。
11　川西宏幸・金関恕 1996：『都市と文明』（講座「文明と環境」4）朝倉書店。

12 川村喜一 1969：「古代オリエントにおける灌漑文明の成立」『岩波講座世界歴史1 古代1古代オリエント世界 地中海世界1』岩波書店：19–54。
13 木下理恵 1993：「古代エジプトの式文『ヘテプーディーネスウ』と王権観」『史泉』78。
14 クレイトン、P著 吉村作治監修 藤沢邦子訳 1999：『古代エジプトファラオ歴代誌』創元社（P. A. Clayton, 1994: *Chronicle of the Pharaohs*. London）。
15 黒川哲朗 1987：『図説古代エジプトの動物』六興出版。
16 古谷野晃 1998：『古代エジプト都市文明の誕生』古今書院。
17 古谷野晃 2000：「古代集落に関する地理学的アプローチ—上エジプト中部におけるノモスを例にして—」『オリエント』43–1：1–24。
18 古谷野晃 2001：「古代エジプトの国境概念とその地理的位置」『オリエント』44–1。
19 古谷野晃 2003：「古代エジプトにおけるノモスの形成と発展」角田・上田監修 2003：259–276。
20 コリア、M／B・マンリー著 近藤二郎監修 坂本真理訳 2000：『ヒエログリフ解読法 古代エジプトの文字を読んでみよう』ニュートンプレス（M. Collier and B. Manley 1998: *How to Read Egyptian Hieroglyphs*. London）。
21 近藤二郎 1997：『エジプトの考古学』同成社。
22 近藤二郎 2003：「図像資料に見るエジプト王権の起源と展開」、角田・上田監修 2003：216–227。
23 斉藤久美子 2001：「古王国第2様式」『エジプト学研究』9：47–65。

24　ショー、I／P・ニコルソン 1997：『大英博物館古代エジプト百科事典』原書房（I. Shaw and P. Nicholson 1995: *The British Museum Dictionary of Ancient Egypt*. London)。

25　白井則行 1994：「エジプト初期王朝時代の“Talbezirk”について」『遡航』12（早稲田大学大学院文学研究科考古談話会）：69–87。

26　白井則行 1996：「初期王朝時代のサッカーラとメンフィス」『エジプト学研究』4：88–105。

27　杉亜希子 2005：「イドゥトのマスタバ墓埋葬室の供物リストについて」『オリエント』48–1：88–116。

28　杉勇編 1972：『体系世界の美術3　エジプト美術』学習研究社。

29　鈴木八司監修 1996：『世界の歴史と文化　エジプト』新潮社。

30　ストロウハル、E著 内田杉彦訳 1996：『図説古代エジプト生活誌（上・下）』原書房（E. Strouhal 1989: *Life in Ancient Egypt*. London)。

31　スペンサー、J著 酒井傳六・鈴木順子訳 1984：『死の考古学―古代エジプトの神と墓―』法政大学出版局（A. J. Spencer 1982: *Death in Ancient Egypt*. Pelican Books)。

32　高宮いづみ 1998：「ナカダ文化論」『岩波講座世界歴史2オリエント世界』岩波書店：125–144。

33　高宮いづみ 1999：「エジプトの都市研究と都市の起源」近藤英夫編『古代オリエントにおける都市形成とその展開』東海大学文学部考古学研究室：5–13。

34　高宮いづみ 2000：「ナカダ文化のセツルメント・パターンについて―エジプト中部バダリ地区における墓

地形成パターンからの考察―」『オリエント』43-1：1-18。
36 高宮いづみ 2001：「前4千年紀のナイル河下流域におけるラピスラズリ交易について」『西アジア考古学』2：21-37。
37 高宮いづみ 2003a：『エジプト文明の誕生』同成社。
38 高宮いづみ 2003b：「ステイタス・シンボルから見た王権の成立」、角田・上田監修 2003：245-258。
39 高宮いづみ 2003c：「前4千年紀のナイル河下流域における文化認識のパラダイム」、屋形編 2003：3-19。
40 高宮いづみ 2003d：『エジプト・ナカダ文化の「赤褐色彩文土器」について―埋葬のコンテクストからの理解―』『新世紀の考古学―大塚初重先生喜寿記念論文集―』大塚初重先生喜寿記念刊行会：1055-1070。
41 田澤恵子 2003：「古代エジプトのアジア人問題に関する一考察」、屋形編 2003：181-196。
42 チェルニー、J著 吉成薫・吉成美登里訳 1993：『古代エジプトの神々』弥呂久（J. Cerny 1952：*Ancient Egyptian Religion.* London）。
43 角田文衛・上田正昭監修 2003：『古代王権の誕生III 中央ユーラシア・西アジア・北アフリカ編』角川書店。
44 デイヴィス、W・V著 塚本明廣訳 1996：『エジプト聖刻文字』学芸書林（大英博物館双書 失われた文字を読む2）（W. V. Davies 1987：*Egyptian Hieroglyphs.* London）。
45 デイヴィッド、R著 近藤二郎訳 1986：『古代エジプト人―その神々と生活―』筑摩書房（R. A. David

1982：*The Ancient Egyptians. Religious Beriefs and Practices.* London)。
46 利光直子 2003：「サッカラのテティピラミッド墓地における階層性」、屋形編 2003：89–106。
47 富村傳 1981：「"Nine Bows" の語の成立事情」『オリエント』24–2。
48 友部直編 1994：『世界美術大全集 2　エジプト美術』小学館。
49 トリッガー、B・G著 川西宏幸訳 2001：『初期文明の比較考古学』同成社（B. G. Trigger 1993：*Early Civilizations. Ancient Egypt in Context.* Cairo)。
50 永井正勝 2002：『必携入門ヒエログリフ　基礎から学ぶ古代エジプト語』アケト。
51 中島健一 1973：『古代オリエント文明の発展と衰退』校倉書房。
52 中島健一 1983：『灌漑農法と社会＝政治体制』校倉書房。
53 中野智章 1996：「エジプト第1王朝の王墓地比定に関する一試論 —輸入土器からの視点—」『オリエント』39–1：19–40。
54 中野智章 2003：「王の埋葬はエジプトの初期王権について何を物語るか」、角田・上田監修 2003：228–244。
55 中野智章 2004：「サッカーラ 3505 号墓と雄牛頭部模型—第1王朝期墓地研究への手がかりを求めて—」『西アジア考古学』5：107–118。
56 西本真一 2002：『ファラオの形象』淡交社。
57 日本オリエント学会編 2004：『古代オリエント事典』岩波書店。

58　萩生田憲昭 2003：「エジプト統一―おもに下エジプトを中心に―」、屋形編 2003：21–48。
59　畑守康子 1986：「エジプト古王国後半における貢納・扶役免除の意義：地方神殿を中心に」『史学雑誌』95–7。
60　畑守康子 1987：「古王国時代の『ピラミッド都市』―その形成を巡って」『オリエント』30–2。
61　畑守康子 1989：「エジプト古王国における『ピラミッド都市』行政と『ピラミッド都市長官』職」『オリエント』32–1。
62　畑守康子 1996：「エジプト古王国時代の葬祭領地と神殿」『都立大学人文学報』268号。
63　畑守泰子 1998：「ピラミッドと古王国の王権」『岩波講座世界歴史2 オリエント世界―7世紀』岩波書店：211–232。
64　畑守康子 2003：「古王国における奇跡信仰―ラアウェル碑文再考―」、屋形編 2003：77–88。
65　フランクフォート、H著 三笠宮崇仁・曽田淑子・森岡妙子訳 1962：『古代オリエント文明の誕生』岩波書店（H. Frankfort 1951 : *The Birth of Civilisations in the Near East*. London）。
66　マニカ、L著 編集部訳 1994：『ファラオの秘薬　古代エジプト植物誌』八坂書房（L. Manniche 1989 : *An Ancient Egyptian Herbal*. London）。
67　マレク、J著 近藤二郎訳 2004：『岩波世界の美術　エジプト美術』岩波書店（J. Malek 1999 : *Egyptian Art*. London）。

68 三笠宮崇仁編 1976：『古代オリエントの生活』（生活の世界歴史1） 筑摩書房。
69 屋形禎亮 1978：「エジプト―王権観をめぐって―」『オリエント』21–2。
70 屋形禎亮 1969：「「神王国家」の出現と「庶民国家」」『岩波講座世界歴史1 古代1古代オリエント世界 地中海世界1』 岩波書店：55–82。
71 屋形禎亮 1978：「ピラミッド・テキスト」『筑摩世界文学大系1古代オリエント集』 筑摩書房：579–594。
72 屋形禎亮 1980：『古代オリエント 西洋史(1)』 有斐閣。
73 屋形禎亮 1998：「ナイルが育んだ文明」『世界の歴史1 人類の起源と古代オリエント』 中央公論社：371–531。
74 屋形禎亮 2003：「アブシール文書研究」、 屋形編 2003：401–470。
75 屋形禎亮編 2003：『古代エジプトの歴史と社会』 同成社。
76 吉成薫 1988：『ヒエログリフ入門 古代エジプト文字への招待』 弥呂久。
77 吉成薫 1998：『ファラオのエジプト』 廣済堂出版。
78 吉成薫 2000：『エジプト王国三千年 興亡とその精神』 講談社。
79 吉村作治 1992：『ファラオの食卓』 小学館。
80 吉村作治監修 1984：『ピラミッド・謎と科学』（NTVスペシャル エジプト五〇〇〇年をゆく(3)） 日本テレビ。

81 レーナー、M著 内田杉彦訳 2001：『図説ピラミッド大百科』学芸書林（Lehner, M. 1997 : *The Complete Pyramids.* London）。

欧文文献一覧

82 Adams, W. Y. 1977 : *Nubia. Corridor to Africa.* London and Princeton.

83 Aldred, C. 1971 : *Jewels of the Pharaohs : Egyptian Jewellery of the Dynastic Period.* London.

84 Allen, J. 1989 : "The cosmology of the Pyramid Texts", in J. P. Allen et al. (ed.), *Religion and Philosophy in Ancient Egypt.* New Haven : 1–28.

85 Allen, J. 1994 : "Reading a pyramid", in *Hommages à Jean Leclant. Vol. 1.* Cairo : 5–28.

86 Allen, J. P. 2000 : *Middle Egyptian : An Introduction to the Language and Culture of Hieroglyphs.* Cambridge.

87 Andrassy, P. 1991 : "Zur Structure der Verwaltung des Alten Reiches", *Zeitschrift für ägyptische Sprache und Altertumskunde* 118 : 1–10.

88 Andrew, C. 1990 : *Ancient Egyptian Jewellery.* London.

89 Atiya, F. 2003 : *Pyramids of the Fourth Dynasty.* Cairo.

90 Atzler, M. 1972 : "Einige Bemerkungen zu ḥwt und niwt im Alten Ägypten", *Chronique d'Égypte* 47 : 17–44.

91 Badawy, A. 1954 : *A History of Egyptian Architecture. Vol. I : From the Earliest Times to the End of the Old Kingdom.* Laurence.

92 Baer, K. 1960 : *Rank and Title in the Old Kingdom : The Structure of the Egyptian Administration in the Fifth and Sixth Dynasties.* Chicago.

93 Baines, J. 1988 : "Literacy, social organization, and the archaeological record : the case of early Egypt", in J. Gledhill, B. Bender and M. T. Larsen (eds.), *State and Society : The Emergence and Development of Social Hierarchy and Political Centralization.* London : 192–214.

94 Baines, J. and C. J. Eyre 1983 : "Four notes on literacy", *Göttinger Miszellen* 61 : 65–96.

95 Bard, K. A. 1992 : "Toward an Interpretation of the Role of Ideology in the Evolution of Complex Society in Egypt", *Journal of Anthropological Archaeology* 11 : 1–24.

96 Bard, K. A. (ed.) 1999 : *Encyclopedia of the Archaeology of Ancient Egypt.* London and New York.

97 Baud, M. 2002 : *Djéser et la IIIe dynastie : Imhotep, Saqqara, Memphis, les pyramides à degrés.* Paris.

98 Berger, C. and B. Mathieu (eds.) 1997 : *Études sur l' Ancien Empire et la nécropole de Saqqâra dédiées à Jean–Philippe Lauer.* 2 vols. Montpellier.

99 Bietak, M. 1979 : "Urban Archaeology and the "Town Problem" in Ancient Egypt", in Weeks (ed.) 1979 : 128–133.

100 Bleiberg, E. 1996 : *The Official Gift in Ancient Egypt.* Norman and London.

101 Bolshakov, A. O. 1997 : *Man and his Double in Egyptian Ideology of the Old Kingdom.* Wiesbaden.

102 Brewer, D. J. and Friedman, R. F. 1989 : *Fish and Fishing in Ancient Egypt.* Cairo.

103 Brewer, D. J., Redford, D. B. and Redford, S. 19-- : *Domestic Plants and Animals : The Egyptian Origins*. Warminster.

104 Brink, E. C. M. van den and T. E. Levy (eds.) 2002 : *Egypt and the Levant : Interrelations from the 4th through the Early 3rd Millennium B. C. E.* London and New York.

105 Butzer, K. 1976 : *Early Hydraulic Civilization in Egypt : A Study in Cultural Ecology*. Chicago and London.

106 Darby, W. J. 1977 : *Food : The Gift of Osiris*. 2 vols. London, New York and San Francisco.

107 Davis, W. 1989 : *The Canonical Tradition in Ancient Egyptian Art*. Cambridge.

108 Davis, W. 1992 : *Masking the Blow : The Scene of Representation in Late Prehistoric Egyptian Art*. Berkeley, Los Angels and Oxford.

109 Drenkhan, R. 1976 : *Die Handwerker und ihre Tätigkeiten im Alten Ägypten*. Wiesbaden.

110 Drenkhan, R. 1995 : "Artisans and Artists in Pharaonic Egypt", in Sasson (ed.) 1995 Vol. 2 : 331–343.

111 Dreyer, G. 1987 : "Ein Siegel der frühzeitlichen Königsnekropole von Abydos", *Mitteilungen des Deutischen Archäologischen Instituts, Abteilung Kairo* 43 : 33–43.

112 Dreyer, G. 1998 : *Umm el-Qaab I : Das prädynastische Königsgrab U-j und seine frühen Schriftzeugnisse*. Mainz.

113 Dreyer, G., E.-M. Engel, U. Hartung, T. Hikade, E. C. Köhler and F. Pumpenmeier 1996 : "Umm el-Qaab. Nachuntersuchungen im Frühzeitlichen Königsfriedhof. 7/8 Vorbericht", *Mitteilungen des Deutischen Archäologischen Instituts, Abteilung Kairo* 52 : 11–81.

114 Edwards, I. E. S. 1971 : "The Early Dynastic Period in Egypt", in *The Cambridge Ancient History* Vol. I Part 2A, Cambridge : 1–70.

115 Edwards, I. E. S. 1993 : *The Pyramids of Egypt with New Material.* Penguin Books.

116 Eichler, E. 1993 : *Untersuchungen zum Expeditionswesen des ägyptischen Alten Reiches.* Wiesbaden.

117 El-Metwally, E. 1992 : *Entwicklung der Grabdekoration in den altägyptischen Privatgräbern.* Wiesbaden.

118 Emery, W. B. 1949–1958 : *Great Tombs of the First Dynasty.* 3 vols. Cairo and London.

119 Emery, W. B. 1961 : *Archaic Egypt : Culture and Civilization in Egypt Five Thousand Years Ago.* Harmondsworth.

120 Endesfelder, E. 1994 : "Königliches Boden-Eigentum in der ägyptischen Frühzeit", in S. Allam (ed.), *Grund und Boden in Altägypten (Reichtliche und Sozio-Ökonomische Verhältniss).* Akten des internationalen Symposions Tübingen 18.-20. Juni 1990. Tübingen : 261–274.

121 Eyre, C. E. 1987 : "Work and the Organization of Work in the Old Kingdom", in M. Powell (ed.), *Labour in the Ancient Near East.* New Haven : 167–221.

122 Eyre, C. J. 1994 : "The water regime for orchards and plantations in pharaonic Egypt", *Journal of Egyptian Archaeology* 80 : 57–80

123 Eyre, C. J. 1999 : "The Village Economy in Pharaonic Egypt", in A. K. Bowman and E. Rogan (eds.), *Agriculture in Egypt : From Pharaonic to Modern Times.* Oxford : 33–60.

124 Fakhry, A. 1961 : *The Pyramids*. Chicago and London.

126 Fakhry, A. 1963 : *The Monuments of Sneferu at Dahshur* II. Cairo.

127 Faulkner, F. O. 1969 : *The Ancient Egyptian Pyramid Texts, translated into English*. Oxford.

128 Friedman, R. 1996 : "The Ceremonial Centre at Hierakonpolis Locality HK29A", in Spencer (ed.) 1996 : 16–35.

129 Friedman, R. 2003 : "Return to the Temple : Excavations at HK29A", *Nekhen News* 15 : 4–5.

130 Friedman, R. 2005 : "Finding Lost Souls", *Nekhen News* 17 : 11–12.

131 Friedman, R. and B. Adams (eds.) 1992 : *The Followers of Horus : Studies dedicated to Michael Allen Hoffman*. Oxford.

132 Garcia, J. C. M. 1999 : *Ḥwt et le milieu rural égyptien du IIIe millénaire : Économie, administration et organisation territoriale*. Paris.

133 Gardiner, A. H. 1964 : *Egyptian Grammar*. 3rd ed., revised. Oxford and London.

134 Geller, J. 1992 : "From Prehistory to History : Beer in Egypt", in Friedman and Adams (eds.) 1992 : 19–26.

135 Giddy, L. and D. Jeffreys 1992 : "Memphis, 1991", *Journal of Egyptian Archaeology* 78 : 1–11.

136 Goedicke, H. 1979 : "Cult-Temple and 'State' during the Old Kingdom", in E. Lipinski (ed.), *State and Temple Economy in the Ancient Near East*, I. Leuven : 113–131.

137 Goelet, O. 1999 : ""Town" and "Country" in Ancient Egypt", in M. Hudson and B. A. Levie (eds.), *Urbanization and Land Ownership in the Ancient Near East*. Cambridge MA : 65–116.

138 Grimal, N. 1992 : *A History of Ancient Egypt*. (translated by I. Shaw). Oxford.

139 Hall, R. 1986 : *Egyptian Textiles*. Alyesbury.

140 Harpur, Y. 1987 : *Decoration in Egyptian Tombs of the Old Kingdom*. London and New York.

141 Hartung, U. 2001 : *Umm el-Qaab II : Importkeramik aus dem Friehof U in Abydos (Umm el-Qaab) und die Beziehungen Ägyptens zu Vorderasien im 4. Jahrtausend v. Chr.* Mainz.

142 Hassan, F. A. 1984 : "Environment and Subsistence in Predynastic Egypt", in J. D. Clark and S. A. Brandt (eds.), *From Hunters to Farmers : The Causes and Consequences of Food Production in Africa*, Berkeley, Los Angels : 57–64.

143 Hassan, F. 1988 : "The Predynastic of Egypt", *Journal of World Prehistory* 2–2 : 135–185.

144 Hassan, F. A. 1993 : "Town and village in ancient Egypt : ecology, society and urbanization", in T. Shaw, P. Sinclair, B. Andah and A. Okpoko (eds.), *The Archaeology of Africa : Food, Metals and Towns*. London and New York : 551–586.

145 Hasse, M. 2004 : *Eine Stätte für die Ewigkeit : Der Pyramidenkomplex des Cheops*. Mainz am Rhein.

146 Helck, W. 1954 : *Untersuchungen zu den Beamtentiteln : Des ägyptischen Alten Reiches*. Gluckstadt.

147 Helck, W. 1974 : *Die altägyptischen Gaue*. Wiesbaden.

148 Helck, W. 1985 : "Gedanken zum Ursprung der ägyptischen Schrift", in Posner-Kriéger (ed.) 1985 I : 395–408.

149 Helck, W. 1987 : *Untersuchungen zur Thinizenzeit*. Wiesbaden.

150 Helck, W. und E. Otto (eds.) 1975–1986 : *Lexikon der Ägyptologie*. 7 vols. Wiesbaden.

151 Hendrickx, S. 1996 : "The Relative Chronology of the Naqada Culture : Problems and Possibilities", in Spencer (ed.)

1996 : 36–69.

152 Hendrickx, S. and L. Bavay 2002 : "The Relative Chronological Position of Egyptian Predynastic and Early Dynastic Tombs with Objects Imported from the Near East and the Nature of Interegional Contact", in Brink and Levy (eds.) 2002 : 58–80.

153 Hendrickx, S., Faltings, D., de Beeck, L. O., Raue, D. and Michiels, C. 2002 : "Milk, Beer and Bread Technology during the Early Dynastic Period", *Mitteilungen des Deutischen Archäologischen Instituts, Abteilung Kairo* 58 : 277–304.

154 Hendrickx, S., R. F. Friedman, K. M. Cialowicz and M. Chlodnicki (eds.) 2004 : *Egypt at its Origins. Studies in Memory of Barbara Adams*. Leuven.

155 Hoffman, M. A. 1982 : *The Predynastic of Hierakonpolis*. Giza and Macomb.

156 Holmes, D. L. 1992 : "Chipped Stone-Working Craftsmen, Hierakonpolis and the Rise of Civilization", in Friedman and Adams (eds.) 1992 : 37–52.

157 Hornung, E. (translated from the German by D. Lorton) 1999 : *The Ancient Egyptian Books of the Afterlife*. Ithaca.

158 Hornung, E. (translated by D. Lorton) 1999 : *History of Ancient Egypt*. Edinburg.

159 Houlihan, P. F. 1989 : *The Birds of Ancient Egypt*. Warminster.

160 Ikram, S. 1995 : *Choice Cuts : Meat Production in Ancient Egypt*. Leuven.

161 Iversen, E. 1955 : *Canon and Proportions in Egyptian Art*. London.

162 James, T. G. H. 1996 : "The Earliest History of Wine and Its Importance in Ancient Egypt", in McGovern, P., Fleming, A. J. and Katz, S. H. (eds.), *The Origins and Ancient History of Wine.* Amsterdam : 197–213.

163 Janssen, R. and J. 1989 : *Egyptian Household Animals.* Aylesbury.

164 Jaquet-Gordon, H. K. 1962 : *Les noms domaines funéraires sous l' Acien Empire égyptien.* Cairo.

165 Jones, D. 2000 : *An Index of Ancient Egyptian Titles, Epithets and Phrases of the Old Kingdom.* 2 vols. Oxford.

166 Jones, J. 2002 : "The Textiles at Abydos : New Evidence", *Mitteilungen des Deutschen Archäologischen Instituts Abteilung Kairo* 58 : 323–342.

167 Kahl, J. 1994 : *Das System der ägyptischen Hieroglyphenschrift in der 0.-3. Dynastie.* Wiesbaden.

168 Kahl, J. 2002- : *Frühägyptisches Wörterbuch.* Wiesbaden.

169 Kahl, J., N. Kloth and U. Zimmermann 1995 : *Die Inschriften der 3. Dynastie : Eine Bestandsaufnahme.* Wiesbaden.

170 Kaiser, W. 1956 : "Stand und Probleme der ägyptische Vorgeschichtsforschung", *Zeitschrift für ägyptische Sprache und Altertumskunde* 81 : 87–109.

171 Kaiser, W. 1957 : "Zur inneren Chronologie der Naqada-kultur", *Archaeologia Geographica* 6 : 69–77.

172 Kaiser, W. 1990 : "Zur Entstehung des gesamtägyptisches Staates", *Mitteilungen des. Deutischen Archäologischen Instituts, Abteilung Kairo* 46 : 287–299.

173 Kanawati, N. 1977 : *The Egyptian Administration in the Old Kingdom.* Warminster.

174 Kanawati, N. 1980 : *Govermental Reforms in Old Kingdom Egypt.* Warminster.

175 Kanawati, N. 1992 : *Akhmin in the Old Kingdom : Part I : Chronology and Administration.* Sydney.

176 Kanawati, N. 2001 : *The Tomb and Beyond : Burial Customs of Egyptian Officials.* Warminster.

177 Kanawati, N. 2003 : *Conspiracies in the Palace : Unis to Pepi.* London and New York.

178 Kantor, H. 1944 : "The Final Phase of Predynastic Culture, Gerzean or Semainean ?", *Journal of Near Eastern Studies* 3 : 110–136.

179 Kantor, H. 1992 : "The Relative Chronology of Egypt and Its Foreign Correlations before the First Intermediate Period", in R. W. Ehrich (ed.), *Chronologies of Old World Archaeology.* 3rd ed., vol. I. Chicago and London : 3–21.

180 Kaplony, P. 1963 : *Die Inschriften der ägyptischen Frühzeit.* 3 vols. Wiesbaden.

181 Kemp, B. J. 1975 : "Abydos", in W. Helck und E. Otto (Eds.), *Lexkon der Ägyptologie* I : 28–41, Wiesbaden.

182 Kemp, B. J. 1977 : "The Early Development of Towns in Egypt", *Antiquity* 51 : 185–200.

183 Kemp, B. J. 1989 : *Ancient Egypt : Anatomy of a Civilization.* London and New York.

184 Köhler, E. C. 1995 : "The State of Research on Late Predynastic Egypt : New Evidence for the development of the Pharaonic State ?", *Göttinger Meszellen* 147 : 79–92.

185 Köhler, E. C. 2002 : "History or Ideology ? New Reflection on the Narmer Palette and the Nature of Foreign Relations in Pre- and Early Dynastic Egypt", in Brink and Levy (eds.) 2002 : 499–513.

186 Lapp, G. 1986 : *Die Opferformal des Alten Reiches*. Mainz am Rhein.

187 Lauer, J.-P. 1955 : "Sur le dualisme de la monarchie égyptienne et son expression architectural sous les premières dynasties", *Bulletin de l' Institut Francais d' Archéologie Orientale* 55 : 153–171.

188 Lichtheim, M. 1975 : *Ancient Egyptian Literature. Vol. I : The Old and Middle Kingdoms*. Berkley, Los Angels and London.

189 Loprieno, A. 1995 : *Ancient Egyptian. A linguistic introduction*. Cambridge.

190 Maisels, C. K. 1999 : *Early Civilizations of the Old World. The Formative Histories of Egypt, The Levant, Mesopotamia, India and China*. London and New York.

191 The Metropolitan Museum of Art 1999 : *Egyptian Art in the Age of the Pyramids*. New York.

192 Midant-Reynes, B. 2000 : *The Prehistory of Egypt : From the First Egyptians to the First Pharaohs* (translated by I. Shaw). Oxford.

193 Midant-Reynes, B. 2003 : *Aux origines de l' Egypte : Du Néolithique à l' émergence de l' Etat*. Paris.

194 Morgan, J. de 1986 : *Recherches sur les origines de l'* Égypte. 1. Paris.

195 Murray, M. A. 2000a : "Cereal production and processing", in Nicholson and Shaw (eds.) 2000 : 505–536.

196 Murray, M. A. 2000b : "Viticulture and wine production", in Nicholson and Shaw (eds.) 2000 : 576–608.

197 Murray, M. A. 2000c : "Fruits, vegetables, pulses and condiments", in Nicholson and Shaw (eds.) 2000 : 609–655.

198 Nicholson, P. T. and I. Shaw (eds.)2000 : *Ancient Egyptian Materials and Technology*. Cambridge.

199 O'Connor, D. 1992 : "The Status of Early Egyptian Temples : An Alternative Theory", in Friedman and Adams

(eds.) 1992 : 83–98.

200 O'Connor, D. and D. P. Silverman (eds.) 1995 : *Ancient Egyptian Kingship*. Leiden.

201 Osborn, D. J. and Osbornova, J. 1998 : *The Mammals of Ancient Egypt*. Warminster.

202 Petrie, W. M. F. 1900 : *The Royal Tombs of the First Dynasty. 1900. Part I*. London.

203 Petrie, W. M. F. 1901 : *The Royal Tombs of the Earliest Dynasties. 1901. Part II*. London.

204 Petrie, W. M. F. 1920 : *Prehistoric Egypt*. London.

205 Posner-Kriéger, P. (ed.) 1985 : *Mélanges Gamal Eddin Mokhtar*. 2 vols. Cairo.

206 Posner-Kriéger, P. and J. L. de Cenival 1968 : *The Abu Sir Papyri* (Hieratic Papyri in the British Museum. 5th Series). London.

207 Redford, D. 1992 : *Egypt, Canaan, and Israel in Ancient Times*. Princeton.

208 Redford, D. (ed.) 2001 : *The Oxford Encyclopedia of Ancient Egypt*. 3 vols. Oxford.

209 Robins, G. 1994 : *Proportion and Style in Ancient Egyptian Art*. London.

210 Robins, G. 1997 : *The Art of Ancient Egypt*. Cambridge.

211 Roth, A. M. 1991 : *Egyptian Phyles in the Old Kingdom : The Evolution of a System of Social Organization*. Chicago.

212 Roth, A. M. 1992 : "The pśs-kf and the "opening of the mouth" ceremony : a ritual of birth and rebirth", *Journal of Egyptian Archaeology* 78 : 113–147.

213 Roth, A. M. 1995 : *A Cemetery of Palace Attendants. Including G 2084*–2099, *G 2230 + 2231, and G 2240*. Boston.

214 Said, R. 1993 : *The River Nile. Geology, Hydrology and Utilization*. Oxford.

215 Samuel, D. 2000 : "Brewing and baking", in Nicholson and Shaw (eds.) 2000 : 537–576.

216 Sasson, J. J. M. (ed.) 1995 : *Civilizations of the Ancient Near East*. 4 vols. New York.

217 Sauneron, S. 2000 : *The Priests of Ancient Egypt*. Ithaca.

218 Schäfer, H. 1986 : *Principles of Egyptian Art*. ed. by E. Brunner-Traut, translated & edited by J. Baines. Oxford.

219 Seidlmayer, S. J. 1996a : "Town and State in the Early Old Kingdom : A View from Elephantine", in Spencer (ed.) 1996 : 108–127.

220 Seidlmayer, S. J. 1996b : "Die staatliche Anlage der 3. Dyn. in der Nordweststadt von Elephantine. Archäologische und historische Probleme", in M. Bietak (ed.), *Haus und Palast im alten Ägypten/House and Palace in Ancient Egypt*. Vienna : 195–214.

221 Serrano, A. J. 2002 : *Royal Festivals in the Late Predynastic Period and the First Dynasty*. (BAR International Series 1076), Oxford.

222 Sethe, K. 1908–1922 : *Die ägyptischen Pyramidentexte*. 3 vols. Leipzig.

223 Shafer, B. E. 1998 : "Temples, Priests, and Rituals : An Overview", in Shafer, B. E. (ed.), *Temples of Ancient Egypt*. London and New York : 1–30.

224 Shaw, I. (ed.) 2000 : *The Oxford History of Ancient Egypt*. Oxford.

225 Shinnie, P. L. 1996. *Ancient Nubia*. London and New York.

226 Smith, W. S. 1946 : *A History of Egyptian Sculpture and Painting in the Old Kingdom*. London.

227 Smith, W. S. 1971 : "The Old Kingdom in Egypt and the Begenning of the First Intermediate Period", in *The Cambridge Ancient History*, Vol. I Part 2A, Cambridge : 145–207.

228 Smith, W. S. 1981 : *The Art and Architecture of Ancient Egypt* (revised and updated by W. K. Simpson). 2nd edition. Penguin Books.

229 Spencer, J. 1979 : *Brick Architecture in Ancient Egypt*. Warminster.

230 Spencer, A. J. 1993 : *Early Egypt : The Rise of Civilisation in the Nile Valley*. London.

231 Spencer, A. J. (ed.) 1996 : *Aspects of Early Egypt*. London.

232 Stadelmann, R. 1981 : "La ville de pyramide à l'Ancien Empire", *Revue d'égyptologie* 33 : 67–77.

233 Stadelmann, R. 1985a : "Die Oberbauten der Königsgräber der 2. Dynastie in Sakkara", in Posner-Kriéger (ed.) II 1985 : 295–307.

234 Stadelmann, R. 1985b : *Die ägyptischen Pyramiden : Vom Ziegelbau zum Weltwunder*. Mainz am Rhein.

235 Swelim, N. M. A. 1983 : *Some Problems on the History of the Third Dynasty*. Alexandria.

236 Takamiya, I. H. 2004a : "Egyptian Pottery Distribution in A-group Cemeteries, Lower Nubia : Towards an Understanding of Exchange Systems between the Naqada Culture and the A-group Culture", *Journal of Egyptian Archaeology*

90 : 35–62.

237 Takamiya, I. H. 2004b : "Development of Specialisation in the Nile Valley during the 4th Millennium BC", in Hendrickx 他 (eds.) 2004 : 1027–1040.

238 Trigger, B. G. 1976 : *Nubia under the Pharaohs*. London.

239 Trigger, B. G., B. J. Kemp, D. O'Connor and A. B. Lloyd 1985 : *Ancient Egypt : A Social History*. Cambridge.

240 Uphill, E. P. 1988 : *Egyptian Towns and Cities*. Alysbury.

241 Valbelle, D. 1990 : *Les neuf arcs. L'Égyptien et les étrangers de la préhistoire à la conquête d'Alexandre*. Paris.

242 Vogelsang-Eastwood, G. 1993 : *Pharaonic Egyptian Clothing*. Leiden.

243 Waddell, W. G. 1980 : *Manetho*. (English translation). Cambridge MA and London.

244 Way, T. von der 1993 : *Untersuchungen zur Spätvor- und Frühgeschichte Unterägyptens*. Heidelberg.

245 Weeks, K. (ed.) 1979 : *Egyptology and the Social Science*. Cairo.

246 Wilkinson, A. 1998 : *The Garden in Ancient Egypt*. London.

247 Wilkinson, T. A. H. 1999 : *Early Dynastic Egypt*, London and New York.

248 Wilkinson, T. A. H. 2000a : *Royal Annals of Ancient Egypt : The Palermo Stone and its Associated Fragments*. London and New York.

249 Wilkinson, T. A. H. 2000b : "Political Unification : towards a reconstruction", *Mitteilungen des Deutischen Archäologischen*

Instituts, Abteilung Kairo 56 : 377–395.

250 Williams, B. B. 1986 : *The A-group Royal Cemetery at Qustul : Cemetery L*. Chicago.

251 Wilson, H. 1988 : *Egyptian Food and Drink*. Alyesbury.

252 Zibelius, K. 1978 : *Ägyptische Siedlungen nach Texten des Alten Reiches*. Wiesbaden.

253 Ziermann, M. 1993 : *Elephantine XVI. Befestigungsanlagen und Stadtentwicklung in der Frühzeit und im frühen Alten Reich*. Mainz am Rhein.

索　引

遺跡名・地名索引

［あ］
アクミン　59
アスワン　7, 59, 199, 200, 213
アバディーヤ　194
アビュドス　29, 34, 35, 37, 39, 40, 46, 47, 49, 52, 53, 96, 97, 102, 108, 127, 129, 136, 140, 144, 162, 164, 165, 175, 197, 205, 206, 209, 220, 224, 226, 237, 249, 252, 254, 255, 270, 281, 283
アブ・グラーブ　131
アブ・シール　58, 153, 189, 258
アブ・ラワシュ　151
アマルナ　95
アルマント　235, 237
イラン　208, 268, 300
ウム・エル=カアブ　37, 46, 47, 136, 140, 206
エドフ　158, 195, 197
エル=カブ　59, 195, 197, 219
エル=クッラ　158
エル=ハガルサ　59
エレファンティネ　158, 159, 175, 194, 195, 197, 209, 220, 222
オマリ　89
王家の谷　61, 125, 133, 191

［か］
カフーン　76, 191
カルーガ（・オアシス）　15
ギザ　55, 93, 102, 125, 140, 145, 148, 151, 152, 171, 192, 239, 274, 276, 285
クストゥール　37, 125, 129, 206, 208
ゲベル・シェイク・スレイマン　209
ゲベレイン　265
コプトス　17, 175, 224, 226, 270
下エジプト=デルタ
下エジプト　9, 13, 15, 29, 117, 123–125, 130, 131, 144, 165, 169, 170, 173, 176, 177, 190, 218, 219
コム・エル=ヒスン　198

［さ］
サイラ　145, 158
ザウィエット・エル=マイティン　158
ザウィエト・エル=アリアン　144
サッカラ　40, 49, 52, 53, 58, 59, 73, 83, 84, 89, 101, 102, 140–142, 152, 153, 165, 176, 189, 209, 236, 237, 240, 254, 255, 270, 272, 283–285
シェイク・サイード　59
シワ（・オアシス）　15
シンキ　158
上エジプト　9, 10, 12–15, 17, 26, 29, 31, 34, 35, 37, 59, 60, 70, 96, 104, 117, 123, 125, 131, 158, 169, 170, 173, 175–177, 183, 186, 190, 197, 198, 206, 212, 218, 219, 232, 233, 237, 301
西部砂漠　14, 15, 17, 22, 23, 177, 202
西部墓地　240

［た］
ダックラ（・オアシス）　15, 59, 177, 212
ダハシュール　55, 145, 176, 192, 240, 272
タルカン　37, 107, 140, 186
第一急湍　34, 35, 199, 200
第二急湍　34, 37, 194, 195, 200, 206, 208,

282
ティニス　46, 47, 49, 175
デイル・エル=ゲブラウィ　59
テーベ　60, 61, 191
デシャシャ　59
テル・イブラヒム・アワド　220, 224
テル・エル=イスウィド　35
テル・エル=ファルカ　35, 96
デルタ　9, 10, 13, 25, 31, 34, 35, 37, 47, 60, 61, 82, 96–98, 158, 186, 188, 190, 198, 201, 224, 253
トゥラ　37, 148, 186
東部砂漠　15, 17, 202
東部墓地　240

［な］
ナカダ　29, 31, 34–37, 93, 96–99, 101, 102, 106, 111, 113, 118, 120, 122, 123, 125, 127, 129, 133, 135, 140, 158, 161–163, 175, 178, 183, 186, 189, 194, 195, 202, 203, 205, 208, 209, 211, 214, 218–220, 222, 224, 229, 233, 237, 249, 252–255, 259, 264, 265, 267, 268, 270, 271, 277, 280, 282, 286, 288
西アジア　23, 24, 60, 76, 78, 104, 112, 198, 201, 203, 213, 252, 253, 268, 299–304
ヌビア　29, 34, 35, 37, 39, 61, 125, 129, 194, 195, 197, 200, 201, 203, 205, 206, 208, 209, 212, 213, 282
ネケン　222

［は］
バダリ　26, 104, 232
バハリヤ（・オアシス）　15
パレスチナ　29, 34, 39, 47, 61, 79, 97, 98, 136, 162, 201–203, 205, 206, 208, 209, 213, 251, 282
ヒエラコンポリス　29, 35–37, 39, 47, 96, 101, 106, 108, 135, 140, 144, 175, 183, 186, 195, 197, 206, 218, 220, 222, 226, 235, 265, 280
ビュブロス　213
ファイユーム　14, 15, 23, 25, 31, 60, 103, 158, 186
ファラフラ（・オアシス）　15, 177
ブト　35, 98, 162, 219
ブバスティス　226, 228
ヘリオポリス　116, 216, 219, 226, 228, 272
ヘルモポリス　228
ヘルワン　37, 186, 189

［ま］
マーディ　31, 98, 202
メイドゥーム　55, 145, 240, 276
メイル　59
メソポタミア　182, 208, 252, 268, 282, 286, 298
メリムデ・ベニ・サラーム　25
メンデス　35
メンフィス　49, 52, 53, 98, 116, 130, 168, 173, 176, 177, 188–191, 198, 228, 254, 293, 294

［わ］
ワディ・カリグ　212
ワディ・クッバニーヤ　78
ワディ・ハンママート　17, 212
ワディ・マガラ　212

事項索引

［アルファベット］
Aグループ文化　29, 34, 35, 203, 206, 208, 209
U－j号墓　37, 97, 136, 205, 206, 249, 251–254

［あ］
アク　231, 239
アビュドスの王名表　40
アブ・シール文書　258
亜麻　24, 25, 27, 76, 77, 103, 104, 106, 112, 235, 284
赤ピラミッド（北のピラミッド）　145, 147
赤冠　120, 125, 129–131
威信財　163, 203, 205, 214, 280, 281, 283
印影　46, 47, 79, 98, 128, 167, 251, 256, 268
印章　46, 85, 86, 162, 168, 219, 251, 268, 270, 272, 282, 300
ウアス杖　127
ウラエウス　127
浮彫　37, 71, 127, 129, 131, 153, 155, 238, 239, 253, 256, 264, 267, 268, 271, 272, 285
牛　13, 23, 25, 27, 68, 70, 80, 82, 83, 168
エジプト語　9, 74, 95, 97, 116, 117, 173, 189, 201, 231, 246, 255, 256
衛星ピラミッド　147, 148, 151, 157
円筒印章　98, 251
遠征隊　15, 212–214
オアシス　15, 17, 22, 59, 177, 212
オストラコン　246
オリーブ　76, 79, 201
オマリ文化　78, 89
王権　x, 37, 39, 53, 55, 58, 59, 61, 115, 117–120, 122–124, 128–131, 133, 134, 155, 159, 161, 218, 244, 253, 259, 265, 268, 277, 295
王号　37, 118, 122–124
王朝民族侵入説　298, 299
王妃のピラミッド　151, 155, 157, 158, 240, 258
黄金のホルス王号　123, 124

［か］
カー　151, 231, 239
カーの祠堂　226, 227, 230
カーナヴォンのナイフの柄　120, 267
カルトゥーシュ　124
河岸神殿　147, 148, 151–153, 176, 192, 272
家畜　23–25, 27, 68, 79, 80, 83, 86, 90, 98, 101, 111, 127
開口の儀式　232, 233, 235
階段ピラミッド　52, 53, 141, 142, 144, 147, 274, 276
階段ピラミッド・コンプレックス　157
殻竿　127
灌漑　28, 70, 71, 73, 129
岩窟墓　61, 238
キルト　106, 107, 128, 129, 297
偽扉　231, 238, 272
儀式　128–131, 156, 217, 228, 229, 232, 233, 235
魚尾形ナイフ　31, 233, 235
金　17, 28, 108, 200, 270, 276, 283
グリッド　263, 270, 274
供物卓　238, 268, 272, 274
供物リスト　239
供養文　239, 243, 258
屈折ピラミッド（南のピラミッド）　145, 147, 176, 272
ゲベル・エル=ターリフ出土のナイフの柄　120, 267
原王朝　36
御料地　165, 167, 192
交易　28, 35–36, 39, 59–60, 199, 201–203, 205, 208–209, 211–214, 236, 282, 283, 309
工房　93, 222, 274, 278, 280, 283–285
黒檀　102, 200, 209, 213, 271, 276, 283
黒頂土器　31, 34
暦　109
棍棒（頭）　71, 106, 118–120, 125, 127–130, 164, 211, 222, 253, 267, 269, 271, 281

[さ]
サソリ王の棍棒頭　71, 106, 129, 211, 222, 267
宰相　73, 84, 161, 164, 165, 171, 172, 228, 243, 284
宰相称号　164
自伝　258, 259
社会階層　27, 28, 31, 135, 160, 183, 288, 291
殉葬　138, 140, 164, 165, 237
称号　122, 124, 163–165, 167, 168, 170–173, 176, 177, 194, 227–229, 255, 258
上下エジプト（ニスウト・ビティ）王号　123, 124
城塞　177, 191, 194, 195, 197, 209
象形文字　246, 247, 249
白冠　125, 129
真性ピラミッド　145, 147
神殿　58, 61, 82, 84, 99, 131, 144, 152, 155, 175, 177, 195, 197, 214–218, 220, 222, 224–230, 243, 256, 261, 262, 267, 269, 272, 278, 280–282
図像　39, 46, 53, 58, 106, 107, 119, 120, 122, 125, 128, 131, 133, 175, 212, 215, 232, 251, 253, 261–263, 265, 268, 269
図像表現　28, 37, 118–120, 122, 124, 127, 129, 216, 238, 245, 260, 265, 268, 269, 271, 277, 294
セト王号　49, 123, 219
セド祭　106, 127, 128, 130, 131, 144
セム（神官）　228
セルダブ　238
石製容器　46, 136, 203, 213, 236, 254, 270, 276, 284
石碑　46, 163–165, 226, 238, 246, 254, 267, 270–272, 274
先王朝時代　19, 26, 27, 29, 65, 73, 75–79, 83, 85–87, 91, 93, 96, 99, 101–104, 108, 111, 112, 118, 125, 127, 128, 131, 134, 135, 159–162, 175, 182, 183, 186, 188, 194, 195, 198, 202, 203, 213, 214, 217–220, 222, 224, 228, 229, 232, 235, 237, 243, 255, 264, 267, 270, 271, 277, 279, 282, 283, 286
専業化（専門化）　280, 281–283
専門家　279–283, 285, 286, 291, 293
閃緑岩　200, 212, 270
葬祭財団　240
葬祭周壁　101, 140, 144
葬祭神官　165, 192, 232
葬祭殿　61, 134, 142, 147, 148, 151–153, 155, 258, 272, 274
装飾土器　31, 280
装身具　34, 107, 108, 112, 119, 203, 233, 264, 270, 276
象牙　31, 102, 118–120, 136, 200, 209, 213, 230, 251, 264, 270, 271, 281, 283
増水　6, 7, 10, 12, 25, 26, 67, 68, 70, 71, 109, 111, 181
続（もしくは終末期）旧石器時代　15, 19, 21, 22, 87, 91, 202

[た]
太陽信仰　55, 58, 226
大スフィンクス　125, 152
大ピラミッド　239
第○王朝　36, 122
地下回廊施設　52, 141
地方の小型ピラミッド　157, 178
沖積低地　7, 10, 12, 15, 26, 27, 34, 67, 70, 71, 134, 140, 151, 181, 200, 296
長距離交易　28, 39, 205, 206, 214, 293, 294
彫像　103, 104, 106, 151, 215, 220, 231, 238, 239, 258, 259, 264, 270, 274, 276, 285
徴税　168, 169, 171
デモティック（民衆文字）　246
デュアリズム　117, 122, 124, 125, 133, 144, 293, 294
トリノ・パピュルス　40
トルコ石　108, 212, 270, 283
土壙墓　135, 233, 235, 236
都市　x, 28, 102, 180–183, 186, 188, 190,

194, 195, 198, 199, 267, 283, 290
銅　17, 27, 28, 201

［な］
ナカダ文化　26, 27, 29, 31, 34–36, 104, 106, 108, 112, 113, 118, 119, 183, 186, 197, 203, 206, 233, 237, 243, 253, 264, 301
ナルメル王の棍棒頭　127, 128, 130, 164, 222
ナルメル王のパレット　106, 125, 128, 129, 164, 211, 222, 269
二女神（ネブティ）王号　123, 124
ネメス　125
ノモス　147, 159, 173, 175–177, 195, 199, 293

［は］
バダリ文化　26, 27, 29, 31, 70, 76, 78, 134, 202, 232, 233, 264, 267, 298
パピルス　10, 89, 90, 157, 217, 246, 254, 258, 259
パレット　31, 108, 120, 128, 194, 203, 253, 267, 269, 271, 281
パレルモ・ストーン　40, 68, 109, 130, 169, 220
パン　91–93, 95, 112, 284
波状把手土器　162, 203, 205
波状剥離ナイフ　31
白色交線文土器　31, 264
ビール　95, 96, 112
ヒエラコンポリス一〇〇号墓　36, 106, 128, 135, 265, 300
ヒエラティック（神官文字）　246, 254, 258
ヒエログリフ（聖刻文字）　109, 127, 167, 168, 173, 190, 191, 246, 247, 249, 252–256, 269
ピラミッド　52, 53, 55, 58, 59, 93, 99, 133, 138, 141, 142, 144, 145, 147, 148, 151–153, 155–160, 170, 171, 176–179, 189–192, 194, 197, 230, 239, 240, 258, 272, 276, 279, 293
ピラミッド・コンプレックス　144, 147, 152, 153, 157, 272
ピラミッド・テキスト　78, 155–157, 216, 219, 258
ピラミッド都市　194
日乾レンガ　27, 99–102, 111, 112, 135, 136, 138, 140, 181, 186, 197, 222, 224–226, 229, 233, 236–238, 294
羊　23–25, 27, 68, 80, 82, 83
ファイアンス　112, 203, 222, 230, 270, 271, 296
ファイユーム文化　24, 25, 68, 70, 76, 92
プトレマイオス朝　19, 40, 64
プロポーション　261, 263, 270, 274
封泥　46, 162, 163, 165, 167, 249, 251, 254, 268
豚　25, 27, 80, 83, 84, 168
分業化　279, 284
ヘカ杖　120, 127, 131
ヘリオポリスの神学　116
ホルス王号　37, 46, 49, 122–124, 219
ホルスとセト王号　49, 123, 219
ホルスの巡幸　168, 169
ホルスの道　201

［ま］
マアト　116, 117
マスタバ（墓）　58, 101, 138, 140, 142, 144, 152, 189, 192, 209, 236–238, 240, 258, 272, 285, 299
マーディ・ブト文化　29, 31, 35, 202
ミイラ　231, 232, 235, 237, 239, 270
麦　21, 23–27, 66–68, 70, 73, 74, 79, 91–93, 95, 96, 109, 111
紫水晶　108, 200, 270, 283
メリムデ文化　25, 70, 74, 83, 89, 101
メンフィスの神学　116
文字　x, 28, 36, 37, 39, 46, 53, 55, 76, 85, 91, 98, 112, 118, 120, 122, 128, 133, 136, 160, 162, 163, 168, 169, 178, 181,

192, 205, 212, 220, 228, 239, 245–249, 251–256, 258–260, 268, 269, 277, 282–284

［や］
山羊　23–25, 27, 68, 80, 82, 83
冶金術　28, 112

［ら］
ラー神の息子王号　124
ラピスラズリ　108, 203, 206, 270, 283, 300, 303
ラベル　46, 98, 109, 128, 129, 136, 162, 163, 169, 209, 220, 249, 251, 252, 254, 270, 282
来世　134, 144, 155, 156, 159, 230–232, 235, 236, 239, 240, 243, 244, 258, 261, 272
リビア人　202

［わ］
ワイン　78, 97, 98, 112, 173, 201, 298
ワインブドウ　78, 79, 97, 297

古代人名・神名索引

［あ］
アシュ（神）　219
アトゥム（神）　116, 216, 219
アヌビス（神）　219
アネジイブ（王）　79, 98, 168
アハ（王）　47, 138, 140, 169, 189, 209, 237, 270
アメン（神）　61, 116
イシス（女神）　216
イムヘテプ　142
ウアジェト（女神）　123, 219
ウセルカフ（王）　58, 153
ウニス（王）　141, 155
ウプワウト（神）　219
オシリス（神）　134, 156, 157, 216, 219, 224

［か］
カー（王）　122, 169
カア（王）　47, 228
カーバー（王）　144
カゲムニ　84
カセケムウィ（カセケム）（王）　49, 53, 79, 98, 123, 140, 158, 168, 213, 270
カフラー（王）　55, 148, 152, 212, 274
クフ（王）　55, 102, 148, 151, 152, 171, 192, 212, 213, 239, 276
ゲブ（神）　216, 217
ケンティアメンティウ（神）　224
ケントカウエス（王妃）　192

［さ］
サテト（女神）　197, 222
サネケト（王）　53
サフラー（王）　153, 172
ジェセル（王）　52, 53, 141, 142, 144, 157, 167, 212, 226, 272, 274, 276
ジェト（王）　127, 138, 165
ジェドエフラー（王）　151, 212
シェプセスカフ（王）　55, 152
ジェル（王）　108, 128, 138, 140, 165, 167, 209, 237, 255, 270
シュウ（神）　216, 217
スネフェル（王）　55, 145, 147, 148, 158, 176, 192, 240, 272, 274, 276
セクメト（女神）　229
セケムケト（王）　144, 197
セト（神）　123, 124, 127, 158, 216, 219
セメルケト（王）　123

［た］
ツタンカーメン（王）　125, 278
テティ（王）　59, 239, 240
テフネト（女神）　216
デン（王）　47, 123, 125, 127, 128, 138, 165, 168, 228, 237, 255, 284

［な］
ナルメル（王）　47, 106, 125, 127–130, 138, 140, 164, 208, 211, 222, 269
ニウセルラー（王）　131
ニトクリス（女王）　59
ニネチェル（王）　52, 141
ヌト（女神）　156, 216, 217
ネイト（女神）　219
ネイトヘテプ（王妃）　140, 237
ネクベト（女神）　123, 219
ネフェルイルカラー（王）　153, 258
ネフェルエフラー（王）　258
ネフティス（女神）　216
ネブラー（王）　52

［は］
ハトホル（女神）　229
プタハ（神）　116, 219
フニ（王）　145, 158, 176, 197
ヘテプセケムウィ（王）　52, 141
ヘテプヘレス（王妃）　102, 239, 276
ペピ１世（王）　59, 190, 226, 227
ペピ２世（王）　59
ヘマカ　165, 254
ペルイブセン（王）　49, 123, 219, 255, 256
ホルス（神）　116, 122–124, 134, 158, 216, 218, 219

［ま］
マネトン　19, 40, 46, 47, 49, 53, 59
ミン（神）　224, 270
メチェン　77, 176
メニ（＝メネス）（王）　46, 47
メネス（＝メニ）（王）　46, 47, 188
メンカウラー（王）　55, 148, 152, 172, 192, 274

［ら］
ラー（神）　58, 116, 124, 219

研究者名索引

［あ］
アッツラー, M.　190
アレン, J. P.　156
ウィルキンソン, T. A. H.　37
エメリー, W. B.　40, 140
エル＝メトウァリー, E.　272
オコナー, D.　226, 227

［か］
カール, J.　255, 256
カナワティ, N.　240
カプロニー, P.　167
カンター, H.　299
ゲーラー, J.　96
ケンプ, B. J.　225, 226

［さ］
ザイデルマイヤー, S.　159, 226, 230
シュタデルマン, R.　189
ストラドウィック, N.　172

［た］
チャイルド, G.　290–292
ドライヤー, G.　136, 162, 251, 252
トリッガー, B. G.　182

［は］
ハッサン, F. A.　181

ビータク, M.　183
ペトリー, F.　224
ペトリー, W. M. F.　40, 224, 288, 298, 299
ヘルク, W.　168, 284
ヘンドリックス, S.　96, 99
ホルムズ, D.　280

[ま]
マイゼルス, C. K.　290–292

[ら]
ロス, A. M.　233

高宮　いづみ（たかみや　いづみ）

近畿大学文芸学部・国際人文科学研究所助教授。早稲田大学エジプト学研究所客員研究員。専門は、考古学とエジプト学。

1958年茨城県生まれ。1982年早稲田大学第一文学部卒。1985年早稲田大学大学院文学研究科博士課程前期修了、1991年同大学院博士課程後期満期退学。1994年ケンブリッジ大学考古・人類学科 M. Phil. 課程修了。文学修士、M. Phil.。早稲田大学文学部助手、早稲田大学、明治大学、聖心女子大学、信州大学、千葉大学非常勤講師を経て現在に至る。

1983年以来、早稲田大学および（財）中近東文化センターのエジプト調査隊のメンバーとして、アブ・シール南遺跡をはじめとするエジプトの遺跡調査に参加。2003年からはアメリカン・リサーチ・センターのヒエラコンポリス遺跡調査隊メンバーとして、先王朝時代の集落址調査を手がける。とくにエジプトにおける初期国家形成について、および王朝時代の社会に関する考古学的研究に関心を持つ。

【主な著書】
『古代エジプトを発掘する』（単著、岩波新書）、『エジプト文明の誕生』（単著、同成社）、『古代オリエント事典』（共編著、日本オリエント学会、岩波書店）、『世界美術大全集2　エジプト美術』（共著、小学館）、『古代王権の誕生Ⅲ　中央ユーラシア・西アジア・北アフリカ編』（共著、角川書店）他。

シリーズ：諸文明の起源 2
古代エジプト 文明社会の形成 学術選書 012

平成 18(2006)年 6 月 15 日 初版第 1 刷発行

著　　者…………高宮いづみ
発 行 人…………本山 美彦
発 行 所…………京都大学学術出版会
京都市左京区吉田河原町 15-9
京大会館内（〒 606-8305）
電話（075）761-6182
FAX（075）761-6190
振替 01000-8-64677
HomePage http://www.kyoto-up.or.jp

印刷・製本…………㈱太洋社
カバー写真…………高宮いづみ
装　　幀…………鷺草デザイン事務所

ISBN 4-87698-812-9
定価はカバーに表示してあります